U0516102

图书在版编目（CIP）数据

产业技术创新战略联盟稳定性研究／许传坤，李瑞
光著. -- 北京：社会科学文献出版社，2020.11
（云南省哲学社会科学创新团队成果文库）
ISBN 978 - 7 - 5201 - 6091 - 9

Ⅰ.①产… Ⅱ.①许… ②李… Ⅲ.①产业经济 - 技
术革新 - 企业联盟 - 研究 - 中国 Ⅳ.①F279.244

中国版本图书馆 CIP 数据核字（2020）第 026159 号

·云南省哲学社会科学创新团队成果文库·
产业技术创新战略联盟稳定性研究

著 者／许传坤 李瑞光

出 版 人／王利民
责任编辑／范 迎

出 版／社会科学文献出版社·人文分社（010）59367215
　　　　　地址：北京市北三环中路甲 29 号院华龙大厦 邮编：100029
　　　　　网址：www. ssap. com. cn
发 行／市场营销中心（010）59367081 59367083
印 装／三河市东方印刷有限公司

规 格／开 本：787mm × 1092mm 1/16
　　　　　印 张：19.25 字 数：303 千字
版 次／2020 年 11 月第 1 版 2020 年 11 月第 1 次印刷
书 号／ISBN 978 - 7 - 5201 - 6091 - 9
定 价／148.00 元

本书如有印装质量问题，请与读者服务中心（010 - 59367028）联系

云南省哲学社会科学创新团队成果文库

产业技术创新战略联盟
稳定性研究

Research on Stability of Strategic Alliance for
Industrial Technological Innovation

许传坤　李瑞光　著

社会科学文献出版社
SOCIAL SCIENCES ACADEMIC PRESS(CHINA)

《云南省哲学社会科学创新团队成果文库》
编辑说明

　　《云南省哲学社会科学创新团队成果文库》是云南省哲学社会科学创新团队建设中的一个重要项目。编辑出版《云南省哲学社会科学创新团队成果文库》是落实中央、省委关于加强中国特色新型智库建设意见，充分发挥哲学社会科学优秀成果的示范引领作用，为推进哲学社会科学学科体系、学术观点和科研方法创新，为繁荣发展哲学社会科学服务。

　　云南省哲学社会科学创新团队自 2011 年开始立项建设，在整合研究力量和出人才、出成果方面成效显著，产生了一批有学术分量的基础理论研究和应用研究成果，2016 年云南省社会科学界联合会决定组织编辑出版《云南省哲学社会科学创新团队成果文库》。

　　《云南省哲学社会科学创新团队成果文库》从 2016 年开始编辑出版，拟用 5 年时间集中推出 100 本云南省哲学社会科学创新团队研究成果。云南省社科联高度重视此项工作，专门成立了评审委员会，遵循科学、公平、公正、公开的原则，对申报的项目进行了资格审查、初评、终评的遴选工作，按照"坚持正确导向，充分体现马克思主义的立场、观点、方法；具有原创性、开拓性、前沿性，对推动经济社会发展和学科建设意义重大；符合学术规范，学风严谨、文风朴实"的标准，遴选出一批创新团队的优秀成果，根据"统一标识、统一封面、统一版式、统一标准"的总体要求，组织出版，以达到整理、总结、展示、交流，推动学术研究，促进云南社会科学学术建设与繁荣发展的目的。

编委会

2017 年 6 月

前　言

随着经济与科技全球化进程的加快,企业发展的决定性因素由资源、资本、劳动力等转向知识、技术、人才等,经济的增长不再是依靠增加劳动力、资本和生产资料的高消耗。企业在发展过程中很难占据所需要的全部智力资源,所以有效地利用高校和科研机构科技资源的产学研合作成了推动企业技术创新的重要途径。在此背景下,产业技术创新战略联盟作为有效地整合了产业内各个企业以及非企业组织(高校、科研院所)的技术和科研力量、提高产业技术创新效率、有效利用联盟成员各自优势资源的一种创新型组织形式,受到了企业管理者和各国政府部门的高度重视,技术创新已经成为现代经济发展的最显著特征。

20 世纪 70 年代末,产业技术创新战略联盟就开始在发达国家和地区蓬勃发展,其主要特点在于有效地整合产业内优势资源、产生协同创新效应和外部规模经济及范围经济。产业技术创新战略联盟主要解决产业内的共性关键技术问题,以获得产业竞争优势,而不是解决单个企业的技术问题,因此,产业技术创新战略联盟大多面向国家高新技术产业领域及各个地区重点产业或者支柱性产业领域,例如美国半导体产业联盟、欧盟生物产业联盟都是比较有国际影响力的产业技术创新战略联盟。调查显示,自20 世纪 90 年代末,各种产业技术创新战略联盟在我国一些地区的高新技术领域悄然兴起。我国在 2005 年提出了"国家技术创新引导工程",目的是引导和形成企业成为技术创新的主体,提升我国产业技术创新能力的薄弱环节,增强企业技术创新的活力,而产业技术创新战略联盟就是以企业为主体、以市场为导向、以利益为纽带的新型技术创新的组织形态。2007年,政府在钢铁、煤炭、化工和农业装备 4 个产业领域建立了以企业为主体、以市场为导向、产学研相结合的技术创新战略联盟，这种新型的产业组织能有效地促进产学研结合，不仅能将技术、产品、应用、服务集合成为产业技术链，还能将多个产业技术链布阵、联网，促进相互协作和共同发展，从而促进整个产业的壮大。为了构建基于产学研的产业技术创新战略联盟的技术创新体系，加快提升产业技术创新能力，科技部等六部委2008年底联合发布《关于推动产业技术创新战略联盟构建的指导意见》，2009年又发布《国家技术创新工程总体实施方案》，把产业技术创新战略联盟作为实施技术创新工程的载体之一予以重点建设。推动产业技术创新战略联盟的构建与发展，是促进产业技术创新、引导技术创新要素向企业集聚、提升产业核心竞争力的最有效的途径。

云南省自2010年起全面启动产业技术创新战略联盟的构建工作，截至2014年底，已在贵金属材料、红外光电、钛产业、民族药、装备制造等领域认定了48家省级产业技术创新战略联盟试点。这些联盟试点围绕产业共性关键技术需求开展协同创新，在实践中创造出了许多好的经验，取得了显著的成效。贵金属材料产业技术创新战略联盟、食用菌产业技术创新战略联盟被列入第三批"国家级产业技术创新战略联盟试点"，钛产业技术创新战略联盟和三七产业技术创新战略联盟被列为科技部重点培育对象。实践证明，产业技术创新战略联盟在增强企业技术创新主体地位、突破产业共性关键技术、实现科技资源有效分工与协作方面发挥了重要作用，然而我们也不应忽视产业技术创新战略联盟稳定性不高、运行绩效难以达到预期等问题。因此，正确识别产业技术创新战略联盟稳定性的影响因子及作用关系，规范政府监督管理行为，提高产业技术创新战略联盟稳定性成为亟待解决的课题。

在前人研究的基础上，本书从不同的研究领域和不同维度对产业技术创新战略联盟的概念作了较为全面深入的探讨，通过理论演绎构建了不同层面的概念模型，并以云南省产业技术创新战略联盟为调查样本进行实证研究。研究结果表明：

第一，产业技术创新战略联盟稳定性的SD仿真模拟结果表明，考察期内，产业技术创新战略联盟的稳定变化趋势呈现先增加后降低的倒U形态势。单因素调整和多因素组合调整会对产业技术创新战略联盟稳定性产生不同的影响。总体来说，战略目标、初始关系等单因素调整效果较为简单直接，一般不会对产业技术创新战略联盟稳定性的系统造成根本性改变，而多因素组合调整对产业技术创新战略联盟稳定性影响的作用机理更为复杂。

第二，产业技术创新战略联盟投机行为博弈的 SD 仿真模拟结果表明，产业技术创新战略联盟投机行为的演化结果取决于政府有关部门对投机盟员的惩罚力度、惩罚机制等因素。惩罚力度大小与产业技术创新战略联盟投机行为演化过程的动态性密切相关，动态惩罚机制在产业技术创新战略联盟投机行为演化的波动性控制方面具有明显效果。

第三，品质因素和情境因素对产业技术创新战略联盟稳定性具有显著的正向影响，机会主义对产业技术创新战略联盟稳定性呈显著的负向影响。互动因素中信任、沟通、利益分配和承诺对产业技术创新战略联盟稳定性的正向影响显著，利益分配的影响最大，沟通次之，信任和承诺较小，而管理控制对产业技术创新战略联盟稳定性的影响未得到证实。产业技术创新战略联盟稳定性对联盟绩效具有显著的正向影响。

鉴于作者水平所限，书中不妥之处恳请专家学者和广大读者批评指正。

作 者
2019 年 1 月

目 录

第一章

产业技术创新战略联盟稳定性的研究脉络与进展

一 产业技术创新战略联盟的建设历程

(一) 产业技术创新战略联盟产生的背景

随着科技进步的加快和全球竞争的加剧，技术创新活动呈现出规模大、社会协作等复杂巨系统特性，技术创新成本也越来越高，单个企业的有限资源很难满足重大技术创新活动的需求。[①] 合作创新愈发成为企业技术创新的重要模式，企业迫切需要寻求有资源互补优势的合作伙伴，组成技术创新战略联盟，以保持竞争优势。因此，随着全球化竞争以及对研发能力的挑战，高校/科研院所在解决技术难题方面发挥了重大作用，由此高校、科研院所成为企业合作伙伴的重要备选对象，产学研合作成为知识转化为经济效益的有效途径。发达国家的企业作为技术创新的主体，不仅从事产业化开发、应用研究，甚至还开展基础研究，而由于长期以来体制机制方面的问题，我国科研人员过多地集中在高校、科研院所，企业中的创新力量不足，从而使产学研合作在我国显得尤为重要。产学研合作不畅，严重制约着我国科技经济的发展。

改革开放以来，加快以知识创新和技术创新为基础的国家创新体系建设逐步引起政府、企业和学术界的高度关注。为使高校、科研院所和企业

---

① Ruckman, K., "Technology Sourcing Acquisitions: What They Mean for Innovation Potential," *Journal of Strategy and Management* 2 (2009): 56 – 75.

之间建立产学研合作运行机制，我国于 1992 年开始实施产学研联合开发工程，取得了一系列重要成果，在推动企业成为创新主体，加快企业自主创新能力方面发挥了积极的作用。但在企业与高校、科研院所的产学研合作中仍存在一些亟待解决的突出问题，如产学研合作多以短平快的项目合作为主，缺乏战略层面的深层次合作，无法适应产业共性关键技术研发的需要；产学研合作形式松散，创新资源分散重复，企业特别是中小企业缺乏技术创新的有效支撑服务，等等。因此，为进一步引导和明确企业的科技创新主体地位，我国于 2005 年开始实施国家技术创新引导工程。而后，又于 2007 年提出企业主体、市场导向和利益纽带的新型技术创新组织形态——产业技术创新战略联盟，并陆续制定了《国家技术创新工程总体实施方案》、《关于推动产业技术创新战略联盟构建的指导意见》、《国家科技计划支持产业技术创新战略联盟暂行规定》和《关于推动产业技术创新战略联盟构建与发展的实施办法（试行）》等一系列政策措施，进一步推动了各地建设产业技术创新战略联盟的步伐。与此同时，各地方结合产业实际积极落实国家政策，出台了一系列切实可行的措施办法，大力支持产业技术创新战略联盟组建和发展。

产业技术创新战略联盟改变了企业单打独斗、恶性竞争的局面，有效整合了创新资源，实现产业链与创新链的有机结合。产业技术创新战略联盟在提高企业技术创新主体地位，突破产业共性关键技术，实现科技资源有效分工与协作方面发挥了重要作用，对构建创新型国家具有战略意义。尤为重要的是，产业技术创新战略联盟可以聚集企业、高校及科研院所的技术、人才、平台等创新资源，实现优化配置和共建共享。产业技术创新战略联盟逐渐成为推动产业竞争格局演变的新型产业组织形态。

（二）云南省产业技术创新战略联盟发展概况

1. 发展特点

云南省自 2010 年起全面启动产业技术创新战略联盟构建工作，截至 2014 年底已在贵金属材料产业、红外光电产业、钛产业、民族药产业、装备制造业等领域认定了 48 家省级产业技术创新战略联盟试点（见表 1-1）。

表 1-1　省级产业技术创新战略联盟试点清单

序号	联盟名称	对外责任主体单位
1	云南省面向东南亚南亚文化旅游电子商务产业技术创新战略联盟	云南新锐和达信息产业有限公司
2	外场强化过程与装备产业技术创新战略联盟	昆明理工大学
3	云南省红外光电产业技术创新战略联盟	北方夜视科技集团有限公司
4	贵金属材料产业技术创新战略联盟	贵研铂业股份有限公司
5	多联产煤化工产业技术创新战略联盟	云南煤化工集团有限公司
6	云南省临空产业技术创新战略联盟	云南省机场集团有限责任公司
7	可溶性固体钾盐矿资源产业化开发产业技术创新战略联盟	云南云天化有限责任公司
8	云南省钛产业技术创新战略联盟	云南省科学技术发展研究院
9	云南省高效精密数控机床技术创新战略联盟	沈机集团昆明机床股份有限公司
10	高原山区公路水路建管养运交通产业技术创新战略联盟	云南省公路开发投资有限责任公司
11	云南省三七产业技术创新战略联盟	文山市苗乡三七实业有限公司
12	云南省民族药产业技术创新战略联盟	云南省药物研究所
13	云南省石斛产业技术创新战略联盟	光明食品集团云南石斛生物科技开发有限公司
14	云南省灯盏花产业技术创新战略联盟	红河千山生物工程有限公司
15	云南省咖啡产业技术创新战略联盟	云南省农业科学院热带亚热带经济作物研究所
16	云南省鸡产业技术创新战略联盟	昆明华曦牧业集团有限公司
17	云南省蔗糖业技术创新战略联盟	云南省农业科学院甘蔗研究所
18	云南省食用菌产业技术创新战略联盟	中华全国供销合作社总社昆明食用菌研究所
19	云南省马铃薯产业技术创新战略联盟	云南农业大学
20	云南省太阳能光热产业技术创新战略联盟	云南省电子工业行业协会
21	云南省生物疫苗产业技术创新战略联盟	中国医学科学研究院医学生物研究所
22	云南省实验动物产业技术创新战略联盟	昆明医科大学
23	云南省肉牛产业技术创新战略联盟	云南省草地动物科学研究院
24	云南省生猪产业技术创新战略联盟	云南神农农业产业集团有限公司
25	云南省花卉产业技术创新战略联盟	云南省农业科学院花卉研究所

序号	联盟名称	对外责任主体单位
26	云南磷资源高效开发利用产业技术创新战略联盟	云南磷化集团有限公司
27	云南省生物质能源产业技术创新战略联盟	云南师范大学
28	国产兰花产业技术创新战略联盟	大理兰国花业发展有限公司
29	云南省文山丘北辣椒产业技术创新战略联盟	文山州农业科学院
30	云南省杂交水稻产业技术创新战略联盟	云南金瑞种业有限公司
31	三七产业标准化及国际化技术创新战略联盟	昆明圣火药业（集团）有限公司
32	云南省危险废物处置产业技术创新战略联盟	云南省应用技术研究院
33	云南省奶业技术创新战略联盟	云南农业大学
34	普洱茶产业技术创新战略联盟	普洱茶研究院
35	云南省牛羊种质资源产业技术创新战略联盟	云南中科胚胎工程生物技术有限公司
36	云南省火腿产业技术创新战略联盟	宣威火腿行业协会办公室
37	云南省车用天然气产业技术创新战略联盟	云南鼎世鑫纪能源开发有限公司
38	云南省农业走出去产业技术创新战略联盟	云南省农业科学院
39	云南省食品与农产品安全检测产业技术创新战略联盟	云南省应用技术研究院
40	云南省卫星应用产业技术创新战略联盟	云南省应用技术研究院
41	云南省装备制造企业信息化推进产业技术创新战略联盟	云南省机械研究设计院
42	云南省铁路养护机械电控技术应用与制造产业技术创新战略联盟	云南省计算机软件技术开发研究中心
43	云南省农业设施电子产业技术创新战略联盟	云南省电子工业研究所
44	云南省青刺果产业技术创新战略联盟	丽江贡和实业有限公司
45	云南省农药产业技术创新战略联盟	云南云大科技农化有限公司
46	云南省红茶产业技术创新战略联盟	云南滇红集团股份有限公司
47	云南省林产业技术创新战略联盟	云南云景林纸股份有限公司
48	云南省美藤果产业技术创新战略联盟	西双版纳印奇生物资源开发有限公司

云南省 48 家联盟试点，在产业领域、组建模式、发展目标以及区域布局等方面具有以下几方面特点。

（1）产业领域分布广泛，以农业和生物医药产业为主

目前，云南省 48 家联盟试点涉及信息技术、装备制造、新材料、矿产

资源、交通航空、生物医药、现代农业、新能源、节能环保、现代服务等产业，几乎涵盖所有重点发展领域。其中现代农业产业占比最高，达到45.8%，其次为生物医药产业，占比16.7%（见图1－1）。联盟所涉领域大多为传统优势产业或国家倡导的战略性新兴产业，市场前景好，产业附加值高。但与此同时，这些产业要么面临转型升级，转变发展方式，要么正处于成长期，都有许多共性关键技术需要解决。而如何优化资源配置、提高资源利用效率、避免无序竞争、形成行业自律也是各联盟试点单位应关心的问题。

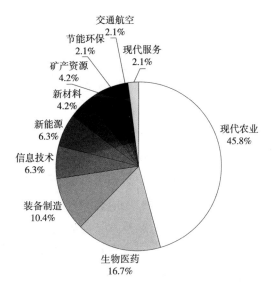

图1－1　云南省产业技术创新战略联盟涉及产业分布情况

（2）组建模式多样，以龙头企业主导为主

根据核心成员（一般为联盟发起单位，即盟主）不同的经济类别，可以把联盟划分为企业主导型、高校/科研院所单位主导型、社会组织主导型。

其中，私企牵头13家，国企牵头11家，高校牵头5家，科研院所牵头17家，社会组织牵头2家。企业类占比50%，高校/科研院所单位类占比约为45.8%，社会组织类占比约为4.2%（见图1－2）。

（3）联盟目标多元化，以产业技术攻关为主

通过调研及座谈我们发现，云南省产业技术创新战略联盟成员合作的目标不尽相同，技术攻关型为其联盟主要目标类型。

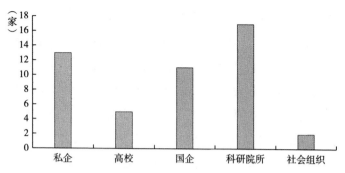

图1-2 云南省产业技术创新战略联盟牵头单位性质分布

——技术攻关型

技术攻关型联盟主要以发挥企业、高校及科研院所的各自优势,降低研发成本和风险,共享创新资源为目的。利用企业对市场需求反应灵敏、销售渠道健全的特点,结合高校基础研究的积累及人力资源,再加上科研院所对某一领域应用基础研究及工程技术的系统性开发体系,三者的有机结合有利于提升研发效率,缩短产品投放市场周期。技术攻关型联盟大多是为解决某一领域中某一类或几类关键技术,共同开展项目研究。云南省产业技术创新战略联盟试点中有15家技术攻关型联盟,占联盟总数约31%,其中比较典型的有贵金属材料产业技术创新战略联盟等。

贵金属材料产业技术创新战略联盟是云南省第一批认定的省级试点,同时也是科技部认定的国家级试点,其目标为在国家政策与资金引导下,依托联盟建立以企业为主体,产学研结合,市场化、多元化投融资和促进成果转化的有效机制,大力促进行业技术进步,建立贵金属材料领域公共技术创新支撑平台,成为国家技术创新体系的重要组成部分;贵金属材料领域前沿、共性、关键技术的研发基地;产学研结合的纽带和载体;技术创新资源的集成与共享通道。该联盟有企业12家,高校12家,科研院所8家,牵头单位是贵研铂业股份有限公司,其成员涵盖国内贵金属材料产业领域内的知名企业、高校/科研院所,包括清华大学、中南大学、西北有色金属研究院、昆明贵金属研究所、中国石油化工股份有限公司等。该联盟自成立以来已申请各类政府项目20项,获得项目经费1.29亿元,该联盟内部自筹经费组织项目15项,投入经费344万元;申请发明专利112项,授权36项,申请实用新型专利15项,授权13

项；研制国家标准 15 项，批准 2 项，研制行业标准 45 项，批准 24 项，研制企业标准 32 项，批准 32 项；近年来获中国有色金属工业协会颁发的科技进步一等奖 2 项，二等奖 3 项，三等奖 1 项；获云南省科技进步一等奖 1 项，二等奖 1 项，三等奖 2 项；取得核心技术成果 18 项；组织技术转移及成果转化 3 项；培养中青年学术技术带头人 5 人，省级技术创新人才 18 人，省级创新团队 4 个；组织建设研发机构 6 个，包括稀贵金属综合利用新技术国家重点实验室、贵金属催化技术与应用国家地方联合工程实验室、工业产品质量控制和技术评价国家实验室、胡壮麒院士工作站、郑兰荪院士工作站、邱冠周院士工作站。

——产业链整合型

产业链整合型联盟以打造有竞争力的产业链为总体目标，产品创新依赖整个产业链的竞争力，需要获得产业上下游产品配套。云南省产业技术创新战略联盟试点中有 32 家产业链整合型联盟，占联盟总数约 66.7%，其中比较典型的有云南省花卉产业技术创新战略联盟等。

云南省花卉产业技术创新战略联盟属云南省第二批认定的省级试点，联盟的任务是探索建立以企业为主体，以市场为导向，产学研结合的产业技术新机制；继承和共享技术创新资源，突破云南省花卉产业发展战略及共性、关键技术瓶颈，搭建联合攻关研发平台；开展技术辐射，培育云南省花卉产业重大技术及产品创新的产业集群主体，使联盟成为云南省花卉技术创新体系的重要组成部分。整合资源，建立产学研技术创新机制，构筑产业技术创新平台。统一协调和充分利用优势科技资源，建立在产业技术创新价值链基础之上的契约式协作机制；互惠互利、优势互补，建立技术转移和回馈机制；瞄准前沿，统筹关键技术联合研发，规划与分工协作，突破产业共性技术；共同开展云南省花卉产业发展战略研究，解决行业发展中遇到的技术、产业化问题。该联盟现有成员 17 家，其中企业 12 家，高校 1 家，科研院所 4 家，牵头单位是云南省农业科学院花卉研究所。该联盟成员涵盖云南省内从事花卉研发、种植、销售、园林工程等相关领域的知名机构，如昆明国际花卉拍卖交易中心有限公司、云南锦苑花卉产业股份有限公司、昆明杨月季园艺有限公司、云南省花卉产业联合会等。该联盟抓住花卉产业链条短、各企业经营品种单一、相互沟通交流少等特点，充分发挥牵头单位云南省农业科学院花卉研究所的科研优势，以技术链凝聚产业链各方，通过组织各类研究及产业化项目把产业链条上各方串联起来，共同促进"云花"产业发展。例如，以联盟牵头单位云南省农业科学院花卉研究所为全面技术支撑单位，联盟成员云南锦苑花卉产业股份有限公司为项目承担单位的"提升鲜切花产业的关键技术集成与示范项目"于 2014 年获得云南省科技厅立项支持，项目起止年限为 2014 年 10 月至 2017 年 10 月，总经费为 2700 万元，其中专项经费 300 万元，自筹 2400万元。该项目以提升产业竞争力，打造云花产业升级版为目标，以云南最具全球竞争力的月季、香石竹与非洲菊三类鲜切花为主要研究对象，提升科技创新体系、生产经营体系、市场服务体系三大产业核心体系，推动知识产权、标准、技术、市场、资本等关键要素的有效配置，实现科技对产业链的全支持和全覆盖。在此模式下，该联盟成立近 3 年来，依托各成员单位建设技术创新平台 15 个，其中国家级平台 4 个，省级平台 9 个，其他2 个；组织技术转移及成果转化 26 项，其中直接转让技术成果 16 项，技术转化 8 项，成果转化、示范生产 2 项；已发布技术标准 36 项，在研 31项，获授权新品种 69 项，获授权专利 70 项，新申请专利 67 项；获得云南省科技进步一等奖 2 项，云南省科技进步二等奖 1 项，中国标准创新贡献奖项目类三等奖 1 项，云南省标准技术创新奖 1 项。

又如食用菌是云南省特色优势产业，面对食用菌产业前端采摘、中端物流、后端深加工产业链条不完整的问题，中华全国供销合作总社昆明食用菌研究所牵头组建云南省食用菌产业技术创新战略联盟，同步开发产业链上各项产品和技术。该联盟成员覆盖了采摘、物流、外贸、研发、包装等完整的食用菌产业链，大大提升了食用菌市场规范性和国际知名度。

——技术标准合作型

技术标准合作型联盟的目标是制定产业技术标准，通过技术标准实现创新技术的商业化。虽然技术标准本身具有公共产品的特性，但部分技术包含了大量创新技术及相关知识产权，这类技术标准关系到产业潜在的商业利益，已成为企业积极争夺的对象。通过技术标准合作型联盟制定竞争性技术标准，有利于产业新技术应用、整个产业竞争力提升、保护消费者利益。该联盟现有成员 1 家，牵头单位是昆明圣火药业（集团）有限公司。为了解决三七产业化标准中的知识产权问题，三七产业相关企业、高校/科研院所组成三七产业标准化及国际化技术创新战略联盟，对成员单位的专利许可证进行限量互换，实现技术共享。

（4）地域分布较广，以昆明地区为主

云南省联盟试点，目前主要分布于昆明市、文山州、红河州、西双版纳州、大理州、普洱市等州市，其中大部分为生物医药、高端装备制造、新材料、光电子、新能源、节能环保、交通服务等高新技术产业，其他州市，由于经济、科技水平相对较弱，技术创新能力缺乏等原因，尚无产业技术创新战略联盟通过省级试点认定。联盟试点中有28家牵头单位在昆明市，占到联盟总数的75%（见图1-3）。

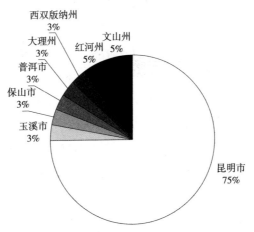

图1-3　云南省产业技术创新战略联盟牵头单位区域分布

2. 主要成效

为全面了解云南省产业技术创新战略联盟试点取得的成效，课题组于2013年年底收集了相关联盟试点运行情况总结。鉴于第三批联盟试点成立时间较短，故文本分析仅以第一批和第二批联盟试点为样本，分别从技术平台共建、项目联合申报、产业共性关键技术突破、技术标准制定、人才培养及团队建设等方面进行总结分析。

（1）共建联盟试点技术平台，实现资源共建共享

云南省各联盟试点在联盟成员各自原有平台的基础上进行资源共享，扩大平台应用范围，开展合作交流，为联盟的可持续发展提供了基础支

撑。其中，以云南省花卉产业技术创新战略联盟、云南咖啡产业技术创新战略联盟、云南省生物疫苗产业技术创新战略联盟、云南磷资源高效开发利用产业技术创新战略联盟、云南省临空产业技术创新战略联盟等为主的15家联盟试点在平台建设方面取得了一定成绩，平台建设以实习培训基地、信息化网站建设、国家级及省级工程中心（工程实验室）、研发中心、研发核心技术创新平台等多种形式为依托，以解决行业关键共性技术与核心技术的创新为发展方向，推动所在行业快速发展。

云南省花卉产业技术创新战略联盟构建并有效运行了13个国家级、省部级、市级及联盟内部的创新平台，其中5个平台于2013年新获立项或认定，分别是科技部国家观赏园艺工程技术研究中心、商务部的3个公共服务平台和昆明市科技局昆明特色植物组培快繁工程技术研究中心；其余8个创新平台均有效运行并取得突出成效，如云南省花卉育种重点实验室与云南省花卉工程技术研究中心已连续3年考核为"优秀"。

"稀贵金属综合利用新技术国家重点实验室"是贵金属联盟依托贵研铂业股份有限公司建设的，先后投入建设和运行费用3326.95万元，形成了专业性强、特色鲜明的稀贵金属综合利用新技术研发平台。实验室目前拥有稀贵金属冶金循环回收技术研究、稀贵金属催化技术及应用研究、稀贵金属新材料新技术及应用研究和稀贵金属分析检测评价4个科研平台。针对实验室应用基础研究、新技术新工艺及新产品、分析检测评价的目标，实验室需要拥有先进的贵金属科研和检测平台，目前拥有相关仪器设备250余台。随着重点实验室新科研楼的投入使用，实验室科研用房达到11000余平方米，确保了科研工作的需求。同时，实验室应积极完善相关体制机制，瞄准行业发展前沿，不断加大人才培养引进和开展创新性研究力度；实验室建设期间新承担国家及省部级课题共计65项、申请/授权发明专利69项、制定标准和规范28项、发表论文103篇、获省部级科技奖励共11项。研究成果在环境治理、制药、电子、航天航空等领域获得应用，取得了良好的经济效益和社会效益，在行业关键技术创新、辐射和推广方面发挥了重要作用。

（2）申报联盟试点联合项目，实现技术链与产业链紧密结合

据统计，云南省产业技术创新战略联盟试点自成立运行以来，都启

动、实施了相应的项目，联盟试点通过政府立项及其内部立项等，以培育和发展云南战略性新兴产业为目标，以高新技术重大产品的产业化为主要任务，以关键技术和核心技术的突破与创新为核心，深化产学研结合，实现技术链支撑产业链，共实施项目 207 项，项目涵盖重大科技专项、重点新产品开发、应用基础研究、科技创新人才培育、科技创新平台建设等类型，项目累计投入资金 69.76 亿元，其中累计申请政府资助 4.46 亿元（见表 1-2）。

表 1-2　云南省联盟试点（第一、二批）联合项目汇总

单位：个，万元

序号	联盟名称	项目	自筹资金	财政资金
1	云南省面向东南亚南亚文化旅游电子商务产业技术创新战略联盟	6	1842.5	440
2	外场强化过程与装备产业技术创新战略联盟	12	2244.5	1262
3	云南省红外光电产业技术创新战略联盟	3	3000	200
4	贵金属材料产业技术创新战略联盟	18	57763	13734
5	多联产煤化工产业技术创新战略联盟	8	63823	2777
6	云南省临空产业技术创新战略联盟	3	985	257
7	可溶性固体钾盐矿资源产业化开发产业技术创新战略联盟	5	1557	90
8	云南省钛产业技术创新战略联盟	29	482107.5	5120
9	云南省三七产业技术创新战略联盟	1	1560	360
10	云南省民族药产业技术创新战略联盟	1	800	400
11	云南省石斛产业技术创新战略联盟	4	245	245
12	云南省灯盏花产业技术创新战略联盟	4	1270	170
13	云南咖啡产业技术创新战略联盟	3	290	85.4
14	云南省鸡产业技术创新战略联盟	3	2970	340
15	云南省蔗糖业产业技术创新战略联盟	2	410	200
16	云南省食用菌产业技术创新战略联盟	1	2090	790
17	云南省马铃薯产业技术创新战略联盟	3	2144	2144
18	云南省太阳能光热产业技术创新战略联盟	5	278	78
19	云南省生物疫苗产业技术创新战略联盟	16	20032	6066
20	云南省实验动物产业技术创新战略联盟	1	3000	3000

序号	联盟名称	项目	自筹资金	财政资金
21	云南省肉牛产业技术创新战略联盟	8	11367.2	1500
22	云南省生猪产业技术创新战略联盟	9	9732	1150
23	云南省花卉产业技术创新战略联盟	55	27822.9	4150
24	云南省磷资源高效开发利用产业技术创新战略联盟	7	312.4	102.1
	合计	207	697646	44660.5

（3）加强科技创新成果，提升综合创新水平

云南省产业技术创新战略联盟试点成立后，围绕产业发展的共性关键技术签订了一批科研攻关项目，部分项目正在积极地研究实验中，已经取得了阶段性成果。各联盟试点围绕产业共性关键技术开展研究，据统计，2013 年，云南省产业技术创新战略联盟试点共突破核心关键技术 24 项，获得专利授权 142 项，发表学术论文 58 篇，其中 SCI/EI 31 篇，制定国标 8 项、行标 15 项、地标 12 项、企标 6 项；现已通过科技成果鉴定并完成成果转化的项目有 14 项；少数联盟已开始进行产业技术路线图的编制工作，其中，多联产煤化工产业技术创新战略联盟已完成《云南省煤化工产业技术路线图编制报告》。

（4）初步形成多层次人才体系，支撑作用逐步显现

针对高新技术产业化人才队伍建设的瓶颈和不足，云南省产业技术创新战略联盟试点通过"联合培养"新技术人才的形式，构建了定位明确、结构合理、层次清晰、衔接紧密、促进人才可持续发展的培养和支持体系，根据各产业技术创新战略联盟的发展规划，均逐步构建了相关关键技术研发和攻关创新团队，培养了一批具有创新能力和发展潜力的中青年学术与技术带头人及后备人才、学术技术骨干和技术创新人才。联盟试点共计培养研究生（含硕士、博士）103 人，省级中青年学术和技术带头人、技术创新人才 33 人。

团队建设方面，各联盟试点根据联盟内自身发展的需要，借助引进高层次人才和团队、培养创新型人才和团队来突破产业内共性关键技术、发展新兴产业并尽快实现规模化。截至 2013 年底，云南省产业技术创新战略联盟试点共建成云南省省级创新团队 3 个（贵金属材料产业技术创新战略

联盟的"昆明贵金属研究所稀贵金属低维材料省创新团队"和"稀贵金属电接触新材料及制备技术省创新团队",云南省钛产业技术创新战略联盟的"昆明钢铁控股有限公司工业纯钛板卷生产技术研发省创新团队"),院士工作站2个(贵金属材料产业技术创新战略联盟的"胡壮麒院士工作站"与"郑兰荪院士工作站")。通过人才团队的建设来解决高端、领军人才匮乏和断层的现象,推进了产学研合作的组织化、制度化、长效化。

3. 存在的问题

从总体上看,云南省产业技术创新战略联盟试点仍处于发展初期,运行方面尚存在"六为主、六缺乏"等问题。

(1)组建动因方面:以政府项目为主,缺乏市场性动力

现阶段,云南省产业技术创新战略联盟试点组织形式较为松散,协同创新行为具有短期化和形式化的特征。在解决产业共性关键技术问题过程中,大多数以争取财政项目支持为主要手段,具有明显的套利性,真正以市场需求为导向、自发投入组织项目的还不多。

(2)成员选择方面:以短期利益为主,缺乏战略性

云南省产业技术创新战略联盟试点成员选择标准主要集中在资源互补、能力互补、诚信度、是否具有合作精神等方面。在实际运行中,盟员大多看重短期内成员之间如何合作而取得较好的经济收益;尚缺乏围绕产业链和创新链,组织盟员开展长期项目储备等长远的战略规划。

(3)沟通协调方面:以少数盟员沟通为主,缺乏协同性

调研发现,云南省产业技术创新战略联盟试点日常沟通不紧密,主要集中在初始关系较为紧密的联盟成员之间进行,其他盟员的参与度不高,难以发挥联盟试点盟员协同创新作用。有的联盟试点盟员分布在不同省区市,只有在项目申报时召开座谈会或研讨会,且沟通方式较为单一,多以会议和电话为主,难以形成盟员有效信息反馈的良性互动局面。

(4)风险共担方面:以形式规定为主,缺乏约束性

据不完全统计,云南省绝大多数产业技术创新战略联盟试点在风险共担机制方面只在联盟组建时,对联盟盟员在风险共担方面的责、权、利做了简单规定,但约束性不强。少数联盟试点并未考虑风险方面的问题,在合作协议中的风险防控措施规定不具体,致使在运行过程中遇到研发失败

等不可预见的风险时，难以妥善解决相关问题。

（5）成果共享方面：以理想化设计为主，缺乏操作性

产业技术创新战略联盟试点认定之初即要求联盟盟员对知识产权、成果转化收益等合作成果共享做出责权利相关规定，但在实际运行过程中对利益分配的制定缺乏可操作性。比如联盟试点在解决所处产业共性关键技术问题时，通常会结合各盟员所处产业链和技术链的位置做合理分工，并就产生的经济效益以及知识产权等成果做明确划分，但对于没有实际参加项目攻关的联盟盟员的利益共享鲜有说明。这一方面会影响盟员积极性，另一方面会使联盟试点的成立动力和目的不一致，不利于联盟试点持续发展。

（6）退出机制方面：以盟员数量稳定为主，缺乏灵活性

产业技术创新战略联盟应为开放式的组织模式，允许盟员自由进出。但调研中我们发现，云南省部分产业技术创新战略联盟试点虽然签署退出协议等，但是并未建立"可进可退"的灵活的退出机制，退出机制仅停留在协议层面，导致一些既没有合作能力也没有合作意愿的企业长期滞留在联盟试点中，导致联盟试点工作主体臃肿、联盟盟员合作意愿下降等问题，直接影响联盟试点稳定发展。

二 问题的提出

产业技术创新战略联盟作为一种新型战略联盟组织形式，在有效整合创新资源、增强企业创新主体地位等方面显示出强大优势和发展潜力。然而，2012年科技部对56家联盟试点开展绩效评估工作后发现，联盟试点总体运行绩效不佳，仅26家联盟试点被评为"优秀"，约50%的联盟试点为"合格"，甚至有4家联盟试点被取消试点资格。云南省产业技术创新战略联盟试点也遭遇了同样的问题，2014年考核的26家产业技术创新战略联盟试点中的优秀率仅为50%。美国麦肯锡咨询公司所做的技术联盟续存调查报告显示，20世纪90年代以来参与技术联盟的800多家美国企业中，近半数的技术联盟在成立最初的2年内遇到严重问题，仅40%的技术联盟存续4年以上，而合作关系超过10年的仅占14%。在此基础上，库柏

等对技术联盟失败率的预测为 50% ~ 60% 。产生联盟运行绩效不好的原因是多方面的，但重要原因之一就是产业技术创新战略联盟多决策中心共同施压、相互妥协、经常性谈判、利益冲突等内在属性以及控制手段的缺乏，导致联盟控制成本上升、学习效率下降，造成联盟不稳定。① 产业技术创新战略联盟不稳定会对技术进步和经济发展产生诸多不利影响。首先，高失败率会导致盟员难以达到预期的合作效果，难以充分调动和发挥盟员的优势互补，将挫伤企业、高校及科研院所等机构组建产业技术创新战略联盟的积极性和主动性。其次，联盟稳定性是联盟成功的决定性因素，是衡量联盟绩效的重要指标，并且很大程度上影响了联盟的运行效率和持续发展。

目前，在我国以企业为主体的创新模式面临巨大挑战而产业技术创新战略联盟发展水平又相对落后的情况下，产业技术创新战略联盟的稳定性对联盟的存在及产业技术创新战略目标的实现至关重要。在对云南省产业技术创新战略联盟试点的调研中，我们发现联盟盟员较多关注以何种创新模式、利益分配和信任来实现产业技术创新战略联盟的稳定运行（见图 1 - 4）。

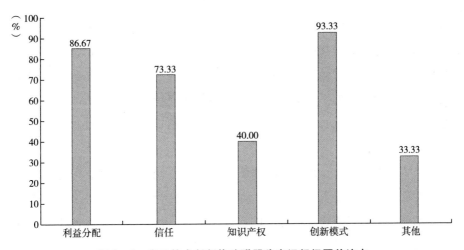

图 1 - 4　产业技术创新战略联盟稳定运行问题关注点

---

① Dussauge, P., et al., "Asymmetric Performance: the Market Share Impact of Scale and Link Alliances in the Global Auto Industry," *Strategic Management Journal* 25 (2004): 701 - 711.

因此，本文选取产业技术创新战略联盟稳定性的影响因素、系统动力学和产业环境特性为研究主线，以云南省产业技术创新战略联盟试点为调查样本，探索产业技术创新战略联盟稳定运行的影响因子及其相关关系，以期提出推动产业技术创新战略联盟稳定持续发展的措施建议。

三 研究目的及意义

（一）研究目的

竞争环境的变化迫使越来越多的企业、高校、科研院所等组成产业技术创新战略联盟，开展协同创新，但是产业技术创新战略联盟未必会带来共赢效果，盟员单位该如何应对这种情况，才能达到满意的合作效果？这在很大程度上取决于产业技术创新战略联盟的稳定性。本研究的目的在于借鉴国内外战略联盟稳定性最新研究成果，科学界定产业技术创新战略联盟稳定性概念、稳定性影响因素及其作用机理，结合产业技术创新战略联盟运行现状，应用系统分析和博弈模型等方法，揭示产业技术创新战略联盟稳定性相关的复杂因果关系；引入系统动力学理论方法，基于产业技术创新战略联盟内部运行过程构建仿真模型，以定量观测影响因子水平的动态特性，通过仿真模型模拟产业技术创新战略联盟稳定性变化趋势；以政府监督管理为研究视角，博弈论与系统动力学相结合，构建产业技术创新战略投机行为博弈的系统动力学模型，为优化产业技术创新战略联盟内外部激励，为我国产业技术创新战略联盟组建和稳定性运行提供科学的理论依据和实践方法。

第一，构建产业技术创新战略联盟稳定性系统理论框架，为完善联盟稳定性动力学模型提供理论依据。通过文献研究及专家访谈等手段分析产业技术创新战略联盟稳定性的影响因子体系及作用机理，构建产业技术创新战略联盟的运行动态过程，提出较为科学合理的匹配性、有效性、互动性和共赢性产业技术创新战略联盟稳定性子系统，丰富产业技术创新战略联盟稳定性系统理论的研究内容，为完善我国产业技术创新战略联盟稳定性的系统结构和影响因子的互动关系提供理论依据。

　　第二，从系统动力学基础理论出发，开展产业技术创新战略联盟稳定性系统研究，分析产业技术创新战略联盟稳定性系统影响因子互动关系的复杂性，构建匹配性、有效性、互动性和共赢性稳定性子系统的基模流图，为建立产业技术创新战略联盟的系统动力学流图提供理论依据。

　　第三，开展产业技术创新战略联盟稳定性系统仿真研究。依据产业技术创新战略联盟稳定性影响因子的因果关系，建立联盟稳定性影响因子的结构流图，开展 SD 仿真研究，分析产业技术创新战略联盟稳定性的变化趋势和影响因素的作用机理。

　　第四，以政府监督管理为研究视角，博弈论与系统动力学相结合，构建政府与产业技术创新战略联盟盟员投机行为博弈的系统动力学模型，为从不同视角增强产业技术创新战略联盟稳定性提供方向性选择。

　　第五，产业技术创新战略联盟稳定性实证研究。本研究将在科学调查设计的基础上，开展云南省产业技术创新战略联盟试点现状调研和实证分析，一方面验证本研究的理论假设，另一方面为学界更为深入的研究提供佐证和指南。综合相关研究结果，为增强产业技术创新战略联盟稳定性，提升联盟绩效水平提供参考性建议。

（二）研究意义

1. 理论意义

　　战略联盟是一个反映竞合关系的一般性概念，其中包含了各种形式的战略联盟组织形式，如研发联盟、产学研联盟，甚至虚拟组织、供应链联盟、产业技术创新战略联盟等。这些不同形式的联盟组织模式的稳定性情况存在相异的机理，比较研究这些不同的战略联盟稳定性情况，可以得到非常有意义的成果，因而也是未来研究的重要方向。[①] 产业技术创新战略联盟作为一种新型的联盟组织形式具有多主体、多目标等特性，管理难度大，其稳定性影响因子更为复杂，已受到学界和企业界人士的共同关注。产业技术创新战略联盟稳定性受什么因素影响？不同的市场环境下，这些

---

① Yan, A., Zeng, M., "International Joint Venture Instability: A Critique of Previous Research, a Reconceptualization, and Directions for Future Research," *Journal of International Business Studies* (1999): 397 – 414.

影响因素有什么变化？怎样才能维持产业技术创新战略联盟稳定和持续发展？这一系列问题是研究产业技术创新战略联盟必须要回答的，并且这一系列问题也长期困扰着采取产业技术创新战略联盟这种形式的企业、高校、科研院所以及政府部门。然而，国内对产业技术创新战略联盟的研究尚处于起步阶段，对于产业技术创新战略联盟稳定性的研究目前仅限于联盟影响因素、稳定性判断等方面，而这些仅是产业技术创新战略联盟稳定性研究的一部分。国内外研究集中在产业技术创新战略联盟的运行模式、概念、特征、利益分配等，对产业技术创新战略联盟稳定性的影响因素的理论和实证研究十分缺乏。虽然有学者从匹配模块、互动模块、共赢模块等3个子系统角度提出产学研技术联盟稳定性动力模型[①]，开展动态研究，但其子系统划分方法尚缺乏理论依据。另外，与企业战略联盟相比，产业技术创新战略联盟是结构相对松散的一种联合体，具有多主体、多目标等特性，管理难度大，其稳定性影响因子更为复杂。产业技术创新战略联盟稳定性作为对战略联盟稳定性重要补充的研究领域，有较大的研究空间。

2. 实践意义

产业技术创新战略联盟作为我国技术创新工程的主要载体之一，在我国各地蓬勃发展。然而，规模大不一定意味着绩效水平高。我国产业技术创新战略联盟虽然数量规模较多，但由于理论研究和实践经验上的欠缺，造成运行效率不高、稳定性不强等问题。因此，如何构建产业技术创新战略联盟稳定性的运行机制，发挥政府监督管理作用，如何抓住主要矛盾提升联盟运行绩效是摆在企业、高校/科研院所、政府部门面前的客观问题。本研究将基于系统动力学、博弈论等理论，模拟产业技术创新战略联盟运行状态，研究不同影响因子及政府部门对产业技术创新战略联盟稳定性的作用机理，为产业技术创新战略联盟相关部门提供决策参考。

四　研究的主要创新点

本研究从相关理论基础出发，构建了产业技术创新战略联盟的稳定性

---

① 原毅军、田宇、孙佳：《产学研技术联盟稳定性的系统动力学建模与仿真》，《科学学与科学技术管理》2013年第4期。

概念模型，提出相应的研究假设。通过描述性统计分析、探索性因子分析和多元线性回归等统计分析方法，对基于理论分析和逻辑推演提出的产业技术创新战略联盟稳定性的概念模型进行实证研究，并考察了环境动荡性在其中的调节效应。在继承现有研究成果的基础上，本研究的创新点主要体现在以下几个方面。

第一，构建了较为科学、完善的产业技术创新战略联盟稳定性的理论模型。一方面，本研究以系统思考为基础，采用专家访谈等手段，结合扎根理论思想，构建了较为科学、完善的包含匹配性、有效性、互动性和共赢性的产业技术创新战略联盟稳定性的 MEIW 系统模型，分别搭建各子系统与酝酿期、组建期、互动期和绩效期 4 个运行阶段的关联关系，丰富了产业技术创新战略联盟稳定性理论。另一方面，在协同创新大环境下，本研究构建的"情境因素 + 品质因素 + 互动因素 + 机会主义—稳定性—联盟绩效"产业技术创新战略联盟稳定性的概念模型，为学者关于战略联盟稳定性不同观点的融合提供了一种可能的关系分析框架。目前，对产业技术创新战略联盟的相关研究很多，但关于产业技术创新战略联盟稳定性的理论依据研究不多，定量研究更少见成果。

第二，在我国产业技术创新战略联盟实践背景下，实证检验了产业技术创新战略联盟稳定性的多维性质，弥补了我国在产业技术创新战略联盟稳定性结构方面实证研究的不足。现阶段，对战略联盟稳定性的研究取得的成果大多是通过对西方发达国家进行研究而得出的，针对我国国内战略联盟现状对联盟稳定性进行系统性和连续性研究的学者以及研究成果尚不多见，对产业技术创新战略联盟开展稳定性的研究更为有限，而利用量化分析方法对战略联盟稳定性进行实证研究的学术成果更为稀少。综观国内已有的一些研究成果，可以看出，国内战略联盟的管理实践与国外关于联盟稳定性的理论之间存在明显的不同和偏差。通过实证研究方法对理论研究成果进行验证逐渐成为研究特点，尤其是利用量化分析方法进行研究更是对联盟稳定性研究的重要补充。本研究将在我国产业技术创新战略联盟的实践背景下检验联盟稳定性的多维性质，实证分析能力对比、联盟经验等情境因素，声誉、共享价值等品质因素以及信任、沟通、管理控制等互动因素对产业技术创新战略联盟稳定性的影响，弥补有关产业技术创新战略联盟实证研究方面的不足。

第三，将博弈论与系统动力学相结合，以新的视角研究分析产业技术创新战略联盟稳定性的问题，构建政府与盟员投机行为博弈的系统动力学模型，弥补传统博弈模型求出的纳什均衡仅给出博弈结果却无法说明如何达到这个结果的弊端，对产业技术创新战略联盟的投机行为问题进行建模分析，刻画政府部门与产业技术创新战略联盟盟员投机行为的动态特性，以政府部门的视角研究分析产业技术创新战略联盟稳定性的问题。

第四，从实证角度探讨了环境动荡性对产业技术创新战略联盟稳定性的调节作用。环境动荡性一直是组织研究的焦点问题。关于环境动荡性对战略联盟稳定性的调节效应，已有研究表明环境动荡性会削弱沟通等因素对战略联盟稳定性的作用效果。本研究选取云南省产业技术创新战略联盟试点作为研究对象，实证检验环境动态性对产业技术创新战略联盟稳定性的互动影响因素发挥调节作用未得到检验支持。这一方面说明产业技术创新战略联盟非一般意义上的战略联盟，具有其独特性；另一方面，实证检验结果为云南省产业技术创新战略联盟试点的稳定发展提供了实证依据，同时也丰富了现有文献对环境动荡性影响的研究。

五 产业技术创新战略联盟的概念和特征

(一) 产业技术创新战略联盟的相关概念

1. 产业技术创新

美籍奥地利经济学家约瑟夫·熊彼特在《经济发展理论》（1912）中指出"技术创新是资本主义经济增长的主要源泉"，将创新定义为把一种从来没有过的关于生产要素的"新组合"（包括引进新产品和新技术、开辟新市场、控制原材料新的供应来源和实现工业的新组织等）引入生产体系，其中与技术相关的创新是熊彼特创新概念的主要内容。这一理论又在他以后的著作《经济周期》《资本主义、社会主义和民主主义》中加以运用和发挥。熊彼特的创新理论在提出之初并未受到广泛关注，直到 20 世纪 50 年代，技术创新对经济的作用才日益被认识，学者们从国家、产业、区域和企业等层面对技术创新开展深入研究。在熊彼特的创新理论基础上，现代技术创新理论得以发展。20 世纪 70 年代以来，国际上将技术创新作为评价国家经济增长和综合竞争力的主要指标。

20 世纪 90 年代，产业技术创新是伴随着技术创新理论的不断完善和逐步深入研究而提出的。弗里曼在 1997 年首次提出了包含技术和技能创新、产品创新、管理创新（含组织创新）、流程创新和市场创新的产业创新理论。产业技术创新作为产业层次的技术创新活动，一方面是指充分发挥产业综合力量的协同创新作用，以突破产业共性关键技术等产业内的联合创新活动，利用产业重大创新技术及产业组织创新，增强产业技术综合竞争力；另一方面引发产业组织结构发生变化的产业或技术创新战略。[①]

（1）产业技术创新与企业技术创新的关系

长期以来，技术创新中的个体行为更受关注，而企业间的相互关系以及产业的整体行为则显得不那么重要。产业技术创新与企业技术创新的本质是共通的，两者的过程也基本相同，但前者是以企业技术创新为基础，其所蕴含的外延比后者更广，技术创新与产业结构升级、与产业组织发展变化以及技术创新在企业与企业以及产业与产业之间转移扩散的过程等关系也隐含其中。然而，两者在创新主体、创新动力、创新结果和实现途径等方面又不完全相同，存在着紧密的联系和明显的区别（见表 1 - 3）。

表 1 - 3　产业技术创新与企业技术创新的区别与联系

内容	产业技术创新	企业技术创新
创新主体	企业集群	单一企业
创新目的和动力	国家整体利益	企业自身利益
创新结果	技术升级、产业结构优化	市场竞争力、经济效益
实现路径	国家产业计划	企业战略
产业技术创新是有组织的企业技术创新		

① 丁云龙：《技术创新对产业结构的影响分析》，《东北大学学报》（社会科学版）2000 年第 4 期。

① 创新主体方面。企业技术创新以企业为主体，虽然与少部分其他企业或高校及科研院所协同创新，但主要还是企业的个体行为；虽然企业仍为产业技术创新的主体，但其更多表现为一种集群行为，由政府、高校及科研院所、企业群体共同参与。

② 创新的目的和动力方面。自身利益最大化是企业的直接创新追求和动力所在，经济利益虽然也是产业技术创新的主要目的和动力之一，但产业技术创新的动力和目的更为宏观，一般以国家、地区以及产业的整体利益为基本出发点，并综合考虑社会、环境以及整体经济利益等。

③ 技术创新的目标方面。企业技术创新立足解决企业生产经营的实际技术难题，提高产品市场占有率、提升竞争力水平以及增加经济效益为企业技术创新的直接目标。相比较企业技术创新，产业技术创新则不仅追求产业技术水平和产业综合竞争力的提升，而且力求实现产业结构优化调整和产业技术转型升级等。

④ 实现目标的路径方面。企业在充分分析所在市场现状以及自身资源的基础上制定相关战略，开展一系列与战略规划相关的技术创新活动。而产业技术创新则立足国家、产业等方面的全局利益，依赖更高层面的产业技术创新发展规划与计划，在国家宏观指导下，突出以企业为主体的创新行为。

此外，产业技术和企业技术的关系决定了产业技术创新是有组织的企业技术创新。处于竞合关系的若干相关关联的企业个体组成产业，同时处于同一产业链的各企业和部门的技术集合又构成了产业技术，其作为主要技术方式决定着生产经营形式。

（2）产业技术创新与产业结构升级

各个产业之间的相互联系及其联系方式等共同组成了产业结构。① 产业结构优化升级即产业结构从低级形态向高级形态转变的过程或趋势，经济增长来源于各个产业部门的增长，也就是说，各个产业部门的增长过程体现了经济增长的过程。因此，各个产业部门合理的结构比例是经济增长的客观要求。产业结构的优化调整能使经济资源实现优化配置，同时各个

---

① 张耀辉：《产业创新的理论探索——高新产业发展规律研究》，中国计划出版社，2002。

产业的协同发展也有助于实现经济效益最大化。事实上，经济增长水平、资源情况、技术创新水平以及经济政策等很多因素影响和制约产业结构的变化。技术创新是制约产业结构优化升级的关键因素。根据熊彼特的观点，技术创新通过引入全新的生产函数，可以显著提升潜在的产业水平，而产业结构优化升级的过程，就是伴随着技术进步和生产社会化程度的提高，不断提高产业结构作为资源转换器的效能和效益的过程。因此，技术创新也就是产业结构优化升级的最直接的动力（见图1-5）。

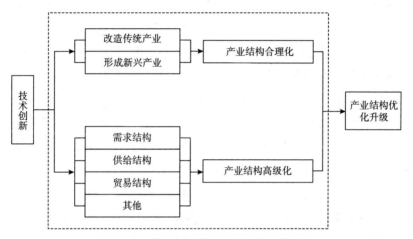

图1-5 技术创新推动产业结构优化升级

（3）产业技术创新的特征

基于前文分析可知，产业技术创新与企业技术创新的区别包含了以下几个方面特征。

① 产业技术创新是基于产业技术的活动。在企业经营活动和经济社会活动中，存在组织创新、管理创新和制度创新等，它们都可能产生商业价值，但为了使概念更加聚焦，还需将技术与非技术创新加以区别。技术依据不同的特征就具有不同类型，而产业技术创新聚焦于产业技术引发的创新活动。

② 产业技术创新所基于的技术变动允许有较大的弹性。产业技术创新的定义中并未强调技术突破程度，因此在概念的外延上，不仅包括基于产业技术开发的新产品、新工艺等，也可以包括由渐进性创新而产生的产品或工艺改进。在实现的方式上，可以在研究开发获得的新知识、新技术的基础上实现技术创新，也可以将已有技术进行新的组合来实现产业技术层面的创新。

③ 产业技术创新是技术与经济结合的概念。产业技术创新不是单纯的技术活动，而是技术与经济紧密结合的活动。本质上讲，产业技术创新是一种经济活动，是以产业技术为起点，实现经济目的的活动形式。因此，产业技术创新的关键是实现技术的商业化，检验其成功与否的标志是其商业价值。

2. 战略联盟

20 世纪 90 年代，美国 DEC 公司总裁简·霍普兰德（J. Hopland）和管理学家罗杰·奈杰尔（R. Nigel）首次提出战略联盟概念，随后便引起理论界和实业界的广泛关注。不同学者从不同角度给出战略联盟的定义，较为一致地认为战略联盟是企业的特殊发展战略问题。企业可以通过内部扩张、并购重组以及战略联盟三种方法实现自身进一步发展。内部扩张属于内生型的成长方式，具有一定程度的局限性，往往缺乏对外界变化的适应能力和关注度，造成企业发展缓慢。战略联盟与并购重组属于以外部资源填补自身发展不足的发展方式，即外部型成长方式。然而，战略联盟与并购重组之间存在极大的不同（见表 1-4）。

按照不同分类标准可以将企业战略联盟划分为不同类型。从治理结构角度可以分为股权式战略联盟、契约式战略联盟；从价值链角度可以分为横向战略联盟、纵向战略联盟、混合战略联盟；依据合作的正式程度又可分为实体战略联盟、虚拟战略联盟（见图 1-6）。

表 1-4　战略联盟与并购重组的区别

内容	战略联盟	并购重组
组建出发点	联盟成员企业平等合作，实现战略目标共赢；联盟内盟员企业各自具有独立性	通过股权购买，实现产权、控制权的转移
运作灵活性	灵活高效，具有时效性；随着联盟组织形式的瓦解，盟员合作协议终止	并购重组和管理模式按照并购方意愿和规章制度执行
合作范围	特定领域以及协议规范下协同合作	全方位整合
根本区别	是否发生股权的转移	

从联盟的合作内容上看，在研发、生产和销售各个环节上都可以形成战略联盟，美国 NRC 组织根据联盟在不同阶段的合作内容进行了如下分类（见表 1-5）。

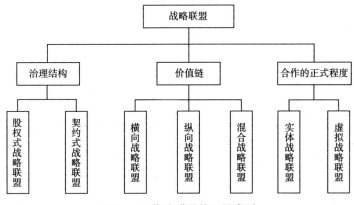

图 1-6　战略联盟的不同类型

表 1-5　根据价值链环节的战略联盟分类

阶段	联盟内容
研发阶段	许可证协议、交换许可证合同、技术人员交流计划、共同研发、以获得技术为目的的投资
生产阶段	OEM 供给、辅助制造合同、零部件标准协定、产品组装及检验协定
销售阶段	销售代理协定
全面性战略联盟	产品规格调整、联合分担风险

3. 产业技术创新战略联盟内涵及特征

（1）内涵及主要特征

产业技术创新战略联盟最早可以追溯到 20 世纪 20 年代的英国研究联合体，随后传至法国、德国等欧洲国家。20 世纪 60 年代，日本在借鉴研究联合体模式的基础上，组建了工矿业技术研究组合和 VLSI 技术研究组合，有效提升了企业科技创新水平，加快了日本企业在相关技术领域的创新步伐。[①] 20 世纪 70 年代末，产业技术创新战略联盟在美、日、欧等发达国家和地区快速发展。进入 21 世纪以来，世界范围内电子、制药、计算机等领域的产业技术创新战略联盟每年均以倍数增长。[②] 我国将产业技术创

---

① 邸晓燕、张赤东：《产业技术创新战略联盟的类型与政府支持》，《科学学与科学技术管理》2011 年第 4 期。

② 李新男：《创新"产学研结合"组织模式　构建产业技术创新战略联盟》，《中国软科学》2007 年第 5 期。

新战略联盟与高新技术企业、创新型企业作为国家技术创新工程的重要载体加以着力推进，产业技术创新战略联盟得以蓬勃发展。

目前，管理学界和企业界对产业技术创新战略联盟的界定仍有争议，学者们对其定义的解读也大有不同。本文采用科技部、财政部等六部门提出的产业技术创新战略联盟的定义：定位于产业技术创新，是由企业、大学、科研机构或其他组织机构，以企业的发展需求和各方的共同利益为基础，以提升产业技术创新能力为目标，以具有法律约束力的契约为保障，形成的联合开发、优势互补、利益共享、风险共担的技术创新合作组织（见图 1–7）。

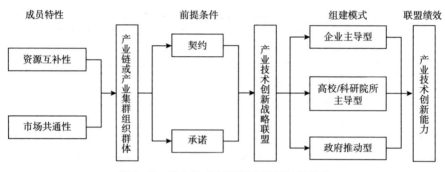

图 1–7 产业技术创新战略联盟逻辑关系

① 盟员性质多样。产业技术创新战略联盟的运行和发展是联盟各方通过协同合作，使知识这一稀缺资源得到优化配置，解决产业共性关键技术问题，促进产业链与技术链的有机结合。相对于客体，独立性是产业技术创新战略联盟主体应具备的基本条件。所谓独立性是指联盟主体能决策是否实施联盟活动，是否有能力进行联盟活动，是否有能力承担联盟带来的风险与收益。基于上述认识，在产业技术创新战略联盟中，主体应是参与联盟的不同性质的各方，包括企业、高校与科研院所、政府、中介服务机构等，属于多元创新组织之间以知识或技术为纽带的外部合作关系。

② 谋求长效机制。从组织形态上看，产业技术创新战略联盟是以企业为主体，以创造专利、技术标准等知识产权为战略目标，以盟员资源优势互补和协同创新为途径，形成的长效机制合作共同体。长效机制是产业技术创新战略联盟的应有之义，也就是说，联盟就是要克服以具体项目为纽

带的产学研合作的短期行为，而使合作能长期、有效和持续地进行。① 将各产业创新组织联系起来的根本要素是技术研发方向和技术产出目标，这也就意味着联盟是一种相对稳定的、长期的合作关系，不是一种形式上的或意向性的合作关系，也不是基于某个科研项目而建立的临时性的短期合作关系。

③ 盟员竞合关系。产业技术创新战略联盟多为自发的、非强制的，联盟成员各方仍旧保持着原有企业的经营独立性。产业技术创新战略联盟是由相互独立、拥有各自战略取向和利益目标的经济主体组成，这一内在属性决定了战略联盟在产业技术创新合作过程中，联盟盟员将处于竞争与合作的状态中。竞合是一种将竞争与合作合二为一的过程和现象，具有二元性。广义上讲，竞合包括相同的竞争对手在此时间合作而在彼时间竞争。② 产业技术创新战略联盟不管是针对竞争对手还是上下游的合作伙伴，都同时存在竞争和合作的关系。

④ 创新目标明确。除了技术开发活动外，技术创新为产业技术创新战略联盟的核心内容。现代技术创新理论将技术创新理解为"包含技术、管理等方方面面创新的有机结合的经济活动过程"。技术的商业化和价值实现对技术创新活动具有同样重要的意义。另外，产业技术创新战略联盟是企业、高校及科研院所等合作主体之间以产业技术为纽带形成的协同合作关系，联盟目标通常具有战略性，主要通过盟员之间的技术创新合作，解决所处产业领域的共性关键技术问题，实现产业链与技术链的有机结合，最终通过联盟内容风险共担机制、利益共享机制等完善、确保联盟各盟员实现共赢的战略目标。

⑤ 冲突不可避免。产业技术创新战略联盟的目标在于通过协同合作，使不同性质的盟员获得持续性的利益共享。因此，可以将产业技术创新战略联盟建立的积极动因归纳为追求利益共享、技术创新以及产业发展，即联盟成员一方面通过整合联盟内部相关单位互补性资源

① 李新男：《创新"产学研结合"组织模式　构建产业技术创新战略联盟》，《中国软科学》2007 年第 5 期。

② Zineldin, M., "Co - opetition: The Organisation of the Future," *Marketing Intelligence and Planning* 22 (2004): 780 – 790.

创造联盟价值；另一方面通过协同创新，实现核心竞争力提升、技术创新、资源共享水平提高，从而有效提升所在产业的可持续发展。更深层的解释是，联盟盟员追求波特价值链与企业知识价值链这两条平行同步的价值链，以延长联盟生命周期。但由于每个联盟盟员都具有独立性，他们都会在追求自身利益和目标的过程中因利益和目标的差异而不断产生冲突。首先，联盟盟员难以就一系列产业共性关键问题形成统一意见，建立共同的产业技术创新战略目标。其次，上述共同目标将可能与某些盟员自身的战略目标存在分歧。可以说，利益会使联盟成员之间产生冲突，当联盟成员认为自身收益低于贡献时，就会寻求新的利益平衡而导致冲突的发生。

⑥ 具有联盟子块。针对特定产业技术创新的问题，并非所有联盟盟员都会参与。联盟盟员根据自身特点和任务的不同，会动态组合，形成若干联盟块。长期来看，联盟块的数量和内容也是动态变化的，就联盟内部而言，随着某个单一项目的结束，相对应的联盟块就面临解散或重组。联盟内部知识共享程度越深，成员之间的能力越相似，这就意味着企业之间的合作可能会破坏联盟相关企业能力的不可模仿性和不可替代性。古拉利指出，联盟成立之初的社会关系网络不仅影响新关系的创立，而且影响联盟的设计、进化和最终的成功。虽然实证研究尚未完全证实上述论断，但是大多数研究仍在争论成员之间存在初始关系是否比不存在初始关系更能增强彼此之间的信任度。[①] 因此，有了前期更为紧密的合作关系，面对下一个任务，原联盟块的成员更容易再次结为新的联盟块（见图1-8）。

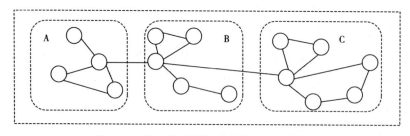

图1-8　产业技术创新战略联盟内部联盟块

① Oxley, J. E., Sampson, R. C., "The Scope and Governance of International R&D Alliances," *Strategic Management* 25 (2004): 723-749.

（2）与相关范畴的关系

产业技术创新战略联盟作为协同技术创新过程中所采取的一种新的组织模式，与以往已在实际生产运作中得到应用的一般战略联盟、产学研战略联盟、行业协会等模式相比，主要有以下区别与联系（见表1－6）。

表1－6　产业技术创新战略联盟与相关范畴区别与联系

类型	主体	目标	组织形式	伙伴关系	期限
产业技术创新战略联盟	企业、高校/科研院所等	产业技术创新	法律约束力的契约	较稳定	长效机制
一般战略联盟	两个以上企业	企业个体目标	股权式、契约式等	较稳定	短中期
产学研战略联盟	企业、高校/科研院所等	合作研发、资源共享等	形式化临时性居多	较松散	短期
行业协会	企业为主	会员利益	民间组织	稳定	长期
总结	产学研合作的深化及战略联盟在产业层面的升华				

① 与一般战略联盟的联系与区别。一般意义上的战略联盟特指企业战略联盟，通常被定义为"资源、能力和核心竞争力相结合，追求共同利益、产品创新等企业之间的合作关系"。而产业技术创新战略联盟作为战略联盟的一种类型，合作主体不仅包含企业法人，还强调高校/科研院所或其他组织机构的共同作用。产业技术创新战略联盟作为战略联盟的典型组织模式，由企业、高校/科研院所及其他独立法人组成。盟员组成与一般战略联盟有所区别，相同点是立足共同需求，按照自愿原则选择契约型或股权型的治理结构。

② 与行业协会的联系与区别。行业协会是指介于政府与企业之间、商品生产业与经营者之间，并为协会成员提供服务、咨询、沟通、监督、公正、自律、协调的社会中介组织。行业协会作为一种民间性组织，不属于政府的管理机构系列，它是政府与企业的桥梁和纽带，更多地表现为非营利性、自治性和公益性。在产业技术创新战略联盟实践中，有部分联盟是依托行业协会组建的，由行业协会组成秘书处等执行机构，并在产业技术创新工作中发挥重要作用。与产业技术创新战略联盟相比，行业协会成员之间的关系较为松散，盟员之间具有更为广泛的交流与合

作活动。

③ 与产学研战略联盟的联系与区别。通常意义上，产学研战略联盟与产业技术创新战略联盟的成员都包括企业、高校/科研院所及其他中介结构，但产学研战略联盟更多表现为针对单个项目的短期行为，项目结束，使命也随即完成，而产业技术创新战略联盟则强调联盟成员解决产业共性关键技术问题，形成协同创新的长效机制。

（二）产业技术创新战略联盟稳定性

回顾国内外战略联盟稳定性的研究文献可以发现，战略联盟稳定性研究大致以 2000 年为界线划分为两个阶段，每个阶段针对联盟稳定性研究的侧重点和深度各不相同，总体上会随着联盟稳定性问题研究的深度而不断增加。总体来看，国外是从统计分析到多视角对战略联盟稳定性的两个阶段进行考察。我国对战略联盟的研究起源于 20 世纪 90 年代，受西方先进管理思想的影响且伴随着经济全球化进程的加快，战略联盟得到了迅速的发展，联盟数量也急剧增加，成为一种新型的产业组织典型范式。然而，战略联盟作为一种新的合作竞争模式，既为联盟成员提供了合作共赢的渠道，却也面临着较高的失败率，其组织本身也是非常复杂的。2000 年以前，我国学者对战略联盟的研究侧重于联盟的竞争力、运行机制或流程等，对联盟稳定性的研究较少见。进入 21 世纪，我国学者开始关注战略联盟稳定性的问题。

1. 战略联盟稳定性内涵的演化

20 世纪 90 年代以前，战略联盟的不稳定性通常被视为联盟的解体或清算。[①] 这类早期研究认为，战略联盟的终结或联盟成员之间所有权的改变就是企业战略联盟不稳定性的表现。上述现象仅以表面结果为导向来衡量战略联盟的稳定性，并没有以过程为导向开展企业战略联盟稳定性方面的问题研究。这种研究方法注重对出售、清算和破产等统计数据与结果的反映，从而会较为忽视稳定性或不稳定性的动态变化。如表 1-7 中所示，

---

① Kogut, B., "The Stability of Joint Ventures: Reciprocity and Competitive Rivalry," *The Journal of Industrial Economics* (1989): 183 - 198.

半数以下的被研究的联盟有较好的运行成果。若以流动性、收购和重组来界定不稳定联盟，则大部分研究揭示的联盟不稳定比率在 30% ~ 50%。[①]

表 1 - 7　20 世纪 90 年代战略联盟稳定性研究综述

序号	研究者和研究时间	联盟类型	时间段	研究案例	不稳定性
1	Franko，1971a	合资企业	1961 ~ 1967 年	1100 家合资企业	28.5% 不稳定
2	Killing，1983	合资企业		36 家合资企业	30% 不稳定
3	Stuckey，1983	合资企业	1955 ~ 1979 年	60 家铝行业合资企业	42% 不稳定
4	Beamish，1985	合资企业	1984 年以前	66 家合资企业	45% 不稳定
5	Gomes Casseres，1987	合资企业	1900 ~ 1975	2378 家合资企业	30.6% 不稳定
6	Harrigan，1988	战略联盟	1975 ~ 1986 年	895 家战略联盟	42% 持续超过 4 年
7	Kogut，1988	合资企业	1988 年以前	149 家合资企业	51.7% 不稳定
8	Bleeke 和 Ernst，1991	跨行业联盟	1990 年为止	49 个战略联盟	—
9	Park 和 Russo，1996	合资企业	1979 ~ 1988 年	204 家合资企业	27.5% 失败率
10	Park 和 Ungson，1997	合资企业	1979 ~ 1988 年	186 家合资企业	43% 解散

资料来源：Killing，P.，*Strategies for joint venture success*，Routledge，2012，p. 89.

国际合资企业因跨国界及文化差异而产生了比其他联盟更脆弱的组织结构、更多的内部冲突以及更高的风险比例，暗示了其合作动机及潜在的不稳定因素与其他类型的联盟有所区别。20 世纪 90 年代以后，大量文献开始关注国际合资企业的不稳定研究，指出相对于普通组织（通常是全资子公司形式），联盟表现得更为不稳定，在股权式战略联盟的文献中，不稳定性被定义为控制权（股权）的改变和终止。[②] 合资企业在转移和整合隐性知识方面是最有效的治理模式，两个公司的员工共同工作，使沟通频繁而直接，还能分享经验，协同与合作伙伴的战略目标，有效减少机会主义。同时，许多合资公司的失败是因为管理上的问题，如文化冲突和不同的控制系统。合资企业可能是让合作伙伴盗走重要技术的"特洛伊木马"。

---

① Beamish，P. W.，Banks，J. C.，"Equity Joint Ventures and The Theory of The Multinational Enterprise," *Journal of International Business Studies* （1987）：1 - 16.

② Kogut，B.，"The Stability of Joint Ventures：Reciprocity and Competitive Rivalry," *The Journal of Industrial Economics* （1989）：183 - 198.

然而，事实证明，这种情况实际上很少发生。相较于股权式"互为人质"的形式，契约式联盟创建了一个"单一人质"的模式，这增加了合作伙伴信任的难度，也增加了战略联盟的不稳定性。

随着对战略联盟稳定性问题研究的深入，学者对联盟的不稳定也有了不同的界定，如戈麦斯·加塞尔指出，战略联盟应在某种程度上呈现不稳定，而且争论不应畏惧联盟的不稳定，而应欢迎[1]，认为联盟过于稳定将产生停滞和孤立。同时他还提出，某些联盟的解散是可以预期的，在某种程度上，解散暗示着共同的目标已经实现。英克潘和比米什指出，战略联盟的不稳定性表现为非计划内的联盟目标、联盟契约、联盟控制方式及联盟伙伴关系等方面的重大变化。[2] 此外，许多研究者还特别强调，战略联盟的终止并不意味着联盟的失败。既定目标实现后的联盟终止以及有效生命周期内联盟有计划的终止都是自然的、有预期的，和联盟的失败并不等同。

相对于很多研究以联盟的所有成员为整体，试图解释一个特定企业为何加入特定联盟、如何寻求合作伙伴、如何以及为何结成联盟、如何管理联盟，以及在一定环境下联盟如何运行[3]，也有学者关注联盟内部网络模块的稳定性，如史蒂芬斯和罗伯特·大卫的研究重点是企业关系模式的战略联盟而不是企业个体行为。

Yan 和 Zeng 指出了战略联盟稳定性先前研究的一些局限性。[4] 首先，一连串的研究都是通过理论视角和方法来检验联盟的稳定性，但是没有一种理论模型能够提供广泛的视角来洞察联盟的本质。不相容的观点产生不同的甚至相矛盾的研究结果，导致了相关研究不是累积的和可比较的。其次，这些结果还有非普遍性的问题。例如，大多数研究集中于国际合资企

---

[1] Casseres, B. G., *The Alliance Revolution: The new Shape of Business Rivalry*, Harvard University Press, 1996, p. 22.

[2] Inkpen, A. C., Beamish, P. W., "Knowledge, Bargaining Power, and The Instability of International Joint Ventures," *Academy of Management Review* 22 (1997): 177 - 202.

[3] Beamish, P. W., Banks, J. C., "Equity Joint Ventures and The Theory of The Multinational Enterprise," *Journal of International Business Studies* (1987): 1 - 16.

[4] Yan, A., Zeng, M., "International Joint Venture Instability: A Critique of Previous Research, a Reconceptualization, and Directions for Future Research," *Journal of international Business Studies* (1999): 397 - 414.

业的不稳定性，但是这些结果不一定适用于其他类型的联盟。最后，研究者在确认不同种类的不稳定因素时，对这些因素是如何出现以及怎样影响不稳定性并没有阐释清楚。

2. 产业技术创新战略联盟稳定性界定

随着对战略联盟稳定性问题研究的不断深入，联盟稳定性的界定也由最初仅以结果为导向衡量逐渐向以过程为导向衡量的演化。稳定性是一个复杂的变量，不同的合作伙伴可能会有不同看法。为了形成一个严密的产业技术创新战略联盟稳定性的概念，需考虑以下两个关键点：一是从一个相对狭窄的视角界定的稳定性将影响对产业技术创新战略联盟的结果判断，因为稳定可使联盟获得成功。二是从更广泛的角度看，把稳定性可被看成一个导致联盟成功的输入条件和合作伙伴之间的相互作用的输出结果。

企业战略联盟的稳定性一般是指企业战略联盟作为一种组织形式在一定时期保持不变的状态。也就是说，在一定时期内，虽然这一组织形式内部随时处于运动、变化、矛盾、冲突之中，但联盟基本形式是不变的。通过对 55 个国际战略联盟运行经验的研究结果，Ushimaru 指出若联盟满足以下情形可称为稳定：没有合作伙伴退出联盟的可能，合作关系稳定并且未来会继续保持，合作伙伴之间没有激烈的冲突。[①] 基于此，产业技术创新战略联盟稳定性可以理解为，联盟成员在实现既定战略目标的过程中，当联盟中的企业、高校/科研院所等参与者对联盟合作的总体满意程度能确保联盟正常运作和发展时，联盟所处的一种状态。这个概念表明，产业技术创新战略联盟稳定性意味着保持现状和适应改变的二元化关系。本研究提出的定义中，联盟稳定是由联盟能否正常运行与发展以及联盟合作满意度来衡量的，其中，联盟能否正常运转是判断联盟稳定与否的首要条件，可以通过观察直接获得。对联盟运行状态进行判断之后，还须借助盟员对联盟合作的满意度去进一步考量联盟的稳定性。

通过本研究的定义，不稳定性对产业技术创新战略联盟成员来讲是不可取的，由于联盟现状的变化不利于任何联盟盟员。Das 和 Teng 认为不良

---

① Ushimaru, H., "Managing Strategic Alliances," 18 (2005): 127–133.

发展的后果是联盟经常会非计划性地提前终止和重构。[1] 这也是研究者通常将联盟不稳定性作为联盟表现不佳替代物的原因。我们需要理解为何自愿商业合作的语用策略常常导致不稳定。合作伙伴之间的相互作用和协调确定在何种程度上合作成员能意识到对联盟绩效的协同效应，指的是合作伙伴对联盟的满意度。因此，被指向联盟过程方面的联盟稳定性概念应该与联盟绩效相关但又有区别：稳定性不是一个最终的结果，但它是联盟绩效的一个决定因素。

尽管大量研究以联盟的结果作为衡量联盟成败的标准，但联盟的成功还是一个有限的研究领域，到目前为止，尚无公认的联盟成功的衡量标准。有一种解释将稳定性作为衡量联盟业绩或成败的标准，这就暗示着一个更稳定的联盟可能会持续更长的时间，合作伙伴可能具有优越的性能，有望达到预期目的。在对国际合资企业性能的早期研究中，杰林格指出，稳定性往往是联盟绩效的一个衡量标准。[2] 然而，我们已经意识到，使用稳定性作为衡量的标准也有局限性，因为它不直接衡量联盟的成功、过程和结果。

相反，把稳定性作为联盟成功与否的决定性因素更合理。例如，西姆和拉里认为，稳定是股权合资企业的一个关键性因素。[3] 一旦建立了一种联盟，稳定性就会变成获得战略联盟的竞争优势的条件，即使联盟（尤其是水平的）被设计为短期的，稳定仍将是实现所期望的目标的一个显著因素。

六　战略联盟稳定性的预测判断及影响因素

2000 年以后，战略联盟稳定性研究逐步向影响因素、稳定性识别和稳定性条件等多视角深入。值得一提的是，Das 和 Teng 通过合作与竞争、韧性与灵活性、短期与长期等 3 个冲突 6 个变量构建了联盟稳定性的理论框

[1] Das, T. K., Teng, B., "Instabilities of Strategic Alliances: an Internal Tensions Perspective," *Organization Science* 11 (2000): 77 – 101.

[2] Geringer, J. M., "Strategic Determinants of Partner Selection Criteria in International Joint Ventures," *Journal of International Business Studies* (1991): 41 – 62.

[3] Sim, A. B., Ali, M. Y., "Determinants of Stability in International Joint Ventures: Evidence From a Developing Country Context," *Asia Pacific Journal of Management* 17 (2000): 373 – 397.

架，试图从联盟内部冲突（tensions）的视角解释战略联盟不稳定的内在机理；同时指出，如果一个联盟非计划性地、过早地解散或合并/收购，那就应将其归结于联盟固有的内在不稳定性。[1] 联盟内部矛盾的理念为充分例证联盟的各类竞争因素提供了理论深度。

（一）联盟稳定性的预测及判断

随着战略联盟稳定性问题研究的深入，学者们开始关注通过何种因素组合可以预测和判定联盟稳定性的趋势。鲁埃尔等人在过去的联盟稳定性研究中，经过由统计学观察构成的方法过程、理论分析和实证调查，研究提出联盟演化的根本动力取决于国际合资企业前期的运作。[2] 有学者从资源互补性和联盟设计两个角度，提出了联盟稳定性分析模型，识别了一些用来预测联盟的稳定性和持续期的因素。通过资源的互补性和设计的复杂性来预测上述联盟哪个更稳定或更持久是存在矛盾的。总体来看，资源互补性越强，联盟稳定性就越强，但复杂性越强，稳定性就会变差。由此可得出，最稳定的联盟类型应具有较低的资源互补性和复杂性，这类联盟的目的独特专一，在同一成员行为或文化过程中不需要消耗有价值的资源。持续时间最长的联盟需要投入较多的资源到相对简单的活动或安排中。同样，具有较高成本压力和交流压力的联盟往往不稳定（见表1-8）。

表1-8 航空联盟类型选择

资源互补性	高	计算机预订系统	管理合同	股权治理
	中	空间协议、特许经营	联合服务	联合营销
	低	代码共享	保险和部分池	行李搬运和地面维护
		低	中	高
		联盟设计的复杂性		

资料来源：Williamson, O. E., "Comparative economic organization: The analysis of discrete structural alternatives," *Administrative science quarterly* (1991): 269-296。

---

[1] Das, T. K., Teng, B., "Instabilities of Strategic Alliances: an Internal Tensions Perspective," *Organization Science* 11 (2000): 77-101.

[2] Reuer, J. J., Ariño, A., "Contractual Renegotiations in Strategic Alliances," *Journal of Management* 28 (2002): 47-68.

　　盖尔特曼和奥迪亚（Ghertman and Obdia）提出了辨别联盟稳定性的条件，说明为什么有些协议成功而有些失败，并通过资源互补性的平衡分析提出了战略联盟的稳定性评价模式。如果一个联盟在危险时期表现出稳定的资源平衡关系，那么可以认定这个联盟是稳定的。他们认为，是4个因素让联盟保持稳定：和平条件、松散的反垄断规则、关键成功因素的稳定状态、资源互补性的平衡与联盟设计的一致性。联盟稳定性的必要条件在于资源互补性与联盟设计的有机协调。如果处于不利地位的合作伙伴发现两者之间错位，将会重新谈判或者终止联盟。盖尔特曼和奥迪亚通过资源互补性与联盟设计相互关系推断出联盟稳定的4种类型（见表1－9）。

　　史蒂芬斯提出了联盟稳定性的定量测算[①]，联盟盟员的动态变化作为其衡量工具。模块密度 a/n（$n-1$）$/2$，其中，a 表示模块内的联盟数量，n 表示模块内的企业数量。战略联盟稳定性 $r_s/$（$r_a+r_l+r_s$），其中，r_s 表示既定联盟模块时间 t_x 和 t_{x+1} 存在的联盟关系总数（即时间段内保持不变的联盟关系数），r_a 表示 t_{x+1} 时刻存在而 t_x 时刻不存在的联盟关系数（新增的联盟关系数），r_e 表示 t_x 时刻存在而 t_{x+1} 时刻不存在的联盟关系数（减少的联盟关系数）。此公式对联盟成员的基数敏感，在连续的时间段内，联盟块的边界和结构重叠越大，联盟越稳定。

表1－9　资源互补性和联盟设计一致性

资源互补性		联盟设计	
		是	否
	是	稳定	立即谈判或失败
	否	当资源互补性不稳定时有可能再次谈判	迅速失败

　　资料来源：Rhoades, D. L., Lush H., "A typology of strategic alliances in the airline industry: Propositions for stability and duration," *Journal of Air Transport Management* 3 (1997): 109 – 114。

（二）联盟稳定性影响因素分析

　　国外学者对产业技术创新战略联盟稳定性的影响因素进行了研究，或

---

① Stephens, R. D., *Strategic Alliance Block Stability in International Technology Partnering Networks* (ProQuest, UMI Dissertations Publishing, 1998), p. 19.

基于理论层面，或基于具体产业和企业案例，提出了影响联盟稳定性的各个相关因素（见表 1 - 10）。国内学者对战略联盟稳定性影响因素的分析，大多是以资源基础理论、交易费用理论等为基础，以具体战略联盟为样本开展实证研究分析的较少。蔡继荣和胡培从资源基础论、交易费用理论、博弈论等理论视角梳理了战略联盟稳定性研究的演进脉络，并指出了对联盟稳定性要求的不足。[①]

表 1 - 10　联盟稳定性影响因素综述

序号	作者	主题	联盟类型	结论
1	Sim 和 Ali（2000）	稳定性	发展中国家的 59 个国际合资企业	伙伴间的合作和心理距离显著影响合资企业稳定性
2	Das 和 Teng	不稳定性	一般意义的战略联盟	合作与竞争、韧性与灵活性、短期与长期愿景：内部冲突理论框架
3	Bidault 和 Salgado（2001）	稳定性	法国 29 个联盟	产业和组织越复杂，合作协议越易发展改变，多点联盟越不稳定
4	Gill 和 Butler	不稳定性	英国和马来西亚的 2 家日本合资企业	影响稳定性的主要因素：信任、冲突和依赖，主要因素的相对重要性取决于不同的文化
5	Emst 和 Bamford（2005）	稳定性	一般意义的战略联盟	企业韧性是联盟不稳定的根本原因，联盟灵活性有助于成功；即使联盟是稳定的，执行者也需要重构其联盟
6	Nakamura	不稳定性	231 家日本国际合资企业	组织间学习会改变伙伴间的讨价还价能力；这种改变经常会导致合资企业不稳定

资料来源：Geringer, J. M., Woodcock, C. P., *Agency costs and the structure and performance of international joint ventures*（International Joint Ventures：Economic and Organizational Perspectives. Springer, 1995），pp. 75 - 89。

影响联盟稳定性的因素主要包括以下方面。

---

① 蔡继荣、胡培：《国外战略联盟稳定性研究评析》，《外国经济与管理》2006 年第 6 期。

一是控制权结构因素。基林认为,跨国公司主导的方式相对于控制权对等的方式更利于维持联盟稳定性。[①] 比米什和布罗杰特认为,联盟伙伴拥有相等的股权结构或近似的股权数量能够利于维护联盟的稳定性。亨那特等通过对57个美日联合企业联盟的调查研究,认为控制权可作为影响联盟不稳定的指标。此外,也有学者针对某一具体行业分析影响联盟稳定性的因素,如毕尔里等人研究发现,生物技术行业产品开发的早期阶段,在核心企业有更高水平的财务灵活性的情况下,股权治理结构更加不稳定。

二是信任因素。张明、江旭、高山行从联盟间的信任等方面对联盟稳定性进行了研究,指出联盟风险可分为关系风险和绩效风险,并提出了信任和控制两种降低联盟风险的方法,其中企业间的信任被广泛地认为是联盟稳定的基础以及联盟成功的重要标志。[②] 江旭、高山行、李垣在随后的研究中进一步完善了联盟稳定性的定义,指出稳定性包含动态、以过程为基础、多维结构等特性,联盟伙伴关系的稳定决定着联盟整体的稳定性,最后还提出使用二阶因子分析结构去度量联盟稳定性的状态。[③] 杨光采用社会资本等理论深入研究联盟稳定性问题,指出联盟盟员间高层领导的商业友谊会反作用于联盟盟员的机会主义行为,并对盟员之间的信任产生间接影响,从而对战略联盟的稳定性产生影响。[④] 胡耀辉研究认为,机会主义行为是影响联盟持续发展的重要因素,盟员之间的信任程度能够降低机会主义行为的发生概率,进而促进联盟的稳定发展。[⑤]

三是联盟经验与联盟范围因素。帕克等指出,联盟盟员拥有较多的联盟经验则能够提高联盟的稳定性。哈里根研究认为,联盟伙伴能够从以往的合作过程中获得经验,以避免之前联盟失败的因素,进而提高联盟的稳

---

① Killing, P., *Strategies for Joint Venture Success* (Routledge, 2012), p. 48.

② 张明、江旭、高山行:《战略联盟中组织学习、知识创造与创新绩效的实证研究》,《科学学研究》2008年第4期。

③ 江旭、高山行、李垣:《战略联盟的范围、治理与稳定性间关系的实证研究》,《管理工程学报》2009年第2期。

④ 杨光:《高层人员的商业友谊与战略联盟的稳定性研究》,《科学学与科学技术管理》2009年第2期。

⑤ 胡耀辉:《企业技术创新联盟持续发展研究》,《科学学与科学技术管理》2007年第2期。

定性。① 合作伙伴的规模和前联盟经验（除收购的预测）、联盟的范围、类型涉及的技术联盟及合作伙伴的国籍等相较于其他变量，已被普遍认为对联盟稳定性的影响更强。联盟盟员必须决定彼此之间任务或功能的接口区域。一般来说，一个联盟协议可能涉及三个不同的功能区或合作活动：研发、制造和营销。产业技术创新战略联盟的范围可以用成员之间开展创新活动的数量来表示，不同规模、不同领域的战略联盟的合作范围不尽相同。产业技术创新战略联盟的范围比单一联盟更广泛，选择的范围对联盟随后的动态发展具有重要意义。例如，鲁埃尔等人认为，联盟范围越广，伴随的不确定性就越大，联盟运行会越困难。一个联盟合作范围的增长幅度越大，就会带来更大程度的协调，导致比例较高的成本，从而增大合作的潜在危害。② 更高层次的合作、协调、整合的需要也可能增加有关目标、系统、程序和策略的不相容问题。可以预见，随着联盟范围的不断增加，联盟未来稳定发展的可能性会不断降低。

四是合作伙伴及资源投入因素。蒋国平提出，联盟的高失败率会在联盟内部产生消极影响，联盟伙伴的选择会直接影响联盟是否能保持稳定并获得成功。③ 达斯等指出，资源投入是影响联盟稳定性的功能性因素。王向晖、胡继云等提出了战略联盟企业投入资源的个别振荡子与联盟体系统振动子的比值、战略联盟企业投入资源的互补性是影响战略联盟稳定性的条件，同时指出联盟企业建立学习机制的重要性。④ 蔡继荣以我国轿车工业竞争性战略联盟为实证对象，分析和验证了联盟伙伴特征、可置信承诺对战略联盟稳定性的作用效应，研究表明，关系资产投入和质量测度的伙伴可置信承诺行为对联盟稳定性具有显著影响。⑤ 哈里根等基于对联盟盟

---

① Harrigan, K. R., "Joint Ventures and Competitive Strategy," *Strategic Management Journal* 9 (1988): 141 -158.

② Gulati, R., Singh, H., "The Architecture of Cooperation: Managing Coordination Costs and Appropriation Concerns in Strategic Alliances," *Administrative Science Quarterly* (1998): 781 - 814.

③ 蒋国平：《企业战略联盟高失败率原因分析及其成功之路》，《现代财经·天津财经学院学报》2001 年第 1 期。

④ 王向晖、胡继云等：《战略联盟的稳定性初探》，《技术经济与管理研究》2001 年第 4 期。

⑤ 蔡继荣：《联盟伙伴特征、可置信承诺与战略联盟的稳定性》，《科学学与科学技术管理》2012 年第 7 期。

员在规模等方面的研究指出，规模等特征的差异性可能影响联盟的稳定性。科格特指出，提高合资企业的选择权价值将会影响联盟的稳定性。

五是冲突的管理等因素。帕克等研究认为，联盟伙伴的恶性竞争、冲突等行为可能会导致联盟失败和解体。亨那特等认为联盟盟员的冲突越多，则联盟的稳定程度越差。哈梅尔等认为，联盟盟员通过联盟的平台能够互相学习对方的技术、经验和知识，增强凝聚力，以此能够影响联盟的稳定性。但昆塔斯等认为，联盟可能会使其盟员为了保护各自的技术而陷入"边界困境"。① 巴特勒认为联盟能够对合作盟员的资源予以整合和利用，能够促使盟员获取更多的新知识和新技术。

此外，还有一些学者从其他视角研究了产业技术创新联盟稳定性的影响因素。有学者研究提出了保持联盟稳定性的相关条件：联盟盟员共同致力于系列目标；盟员在结盟后仍能保持相对的独立性；盟员对联盟特定财务绩效的控制；盟员具有为联盟持续贡献的技术或产品等核心资源。Jiang等人结合战略联盟的4个生命周期阶段——合作伙伴选择、构建谈判、组织、绩效评价，从定性的角度研究了各个阶段的主要影响因素。②

（三）基于博弈与系统动力学战略的联盟稳定性

采用不同的定量模型进行战略联盟稳定性"均衡点"的分析是国内战略联盟稳定性研究的一大特点。凯密恩基于三阶段博弈模型的研究认为，联盟伙伴的资源和研发投入、研发策略等影响联盟的稳定性。孔费索来等利用 R&D 竞争动态模型指出，知识吸收能力和研发投入相关。国内学者单汨源和彭忆中首次对战略联盟的稳定性进行了分析，引入了光滑斜坡、自阻斜坡、黏性山坡、循环步4种多组织博弈模型，提出联盟稳定性问题就是虚拟成员组织之间的相互依赖决策问题。③ 李旭军利用 logistic 模型对企业战略联盟的稳定性进行了分析，研究表明，当竞争结果增加了联盟盟

① Butler, C., "Problems in Global Strategic Alliance Management for European Defence Manufacturing Firms," *Management Decision* 46 (2008): 330 – 341.

② Jiang, X., et al, "The Stability of Strategic Alliances: Characteristics, Factors and Stages," *Journal of International Management* 14 (2008): 173 – 189.

③ 单汨源、彭忆中:《战略联盟的稳定性分析》,《管理工程学报》2000 年第 3 期。

员的资源优势而非减少资源优势时，联盟系统将会达到稳定状态。① 蒋樟生在运用贝叶斯博弈模型的基础上建立了基于投资收益预测的决策方程，指出联盟盟员数量越多，就越有利于联盟稳定运行，但盟员对投资收益的先验预期、外部环境的不确定性和负外部效应对联盟稳定运行具有负向作用。② 宋波和黄静利用鹰鸽博弈模型对非对称性合作视角下的战略联盟的稳定性进行了分析，认为在联盟的非对称程度保持不变的情况下，联盟稳定性与联盟盟员冲突的单位成本收益有关。③

　　基于系统动力学视角分析战略联盟稳定性是国内近几年来兴起的新的研究方向，有学者在这方面进行了探索。李煜华等基于系统动力学理论，认为联盟沟通信任机制、合作成员关系、技术创新能力、复杂产品项目、外部环境等是影响联盟稳定性的主要因素。④ 陈文霞运用系统动力学理论分析了复杂产品系统技术创新联盟稳定性，并以航空系统技术联盟为例，开展仿真分析，得出复杂产品系统项目自身对联盟稳定性起到了一定的促进作用。原毅军等结合产学研技术联盟稳定性的反馈特征，从匹配性、互动性和共赢性三方面分析其因果关系，建立了系统动力学模型仿真，结果表明，信任、投机行为、利益分配合理度等内部变量对联盟稳定性具有较大影响。

　　有学者提出战略联盟稳定性的边界问题，如蔡继荣通过研究，提出了稳定性边界的改变将引起联盟的不稳定，并指出对稳定性边界发生变动起关键作用的是联盟的内生交易费用、投资成本和市场交易费用，在不考虑其他因素的情况下，投资成本和市场交易费用较低者减去内生交易费用的值决定了稳定性边界的大小。蔡继荣和郭春梅随后提出了专业化水平与分工协作模式之间的动态决策会影响联盟稳定性，联盟盟员投入战略联盟的资产专用属性、交易价格与联盟内部交易效率之比、市场交易效率等决定

① 李旭军：《基于 logistic 模型的企业战略联盟的稳定性分析》，《科技信息》2010 年第 31 期。
② 蒋樟生：《不完全信息下基于投资收益预测的技术创新联盟稳定性分析》，《统计与决策》2012 年第 14 期。
③ 宋波、黄静：《非对称性合作视角下战略联盟的稳定性分析——基于鹰鸽博弈模型》，《软科学》2013 年第 2 期。
④ 李煜华、陈文霞、胡瑶瑛：《基于系统动力学的复杂产品系统技术创新联盟稳定性影响因素分析》，《科技与管理》2010 年第 6 期。

了联盟稳定性的边界。

此外，陈菲琼和范良聪依据 Das 和 Teng 的联盟内在张力框架，通过对浙江民营企业进行实证分析，基于竞合战略，证明了战略联盟的不稳定性将随着联盟内合作与竞争力量之间差异程度的扩大而上升。[①] 国内对战略联盟稳定性的研究正在成为该领域研究中的一个热点，但该研究更多的只是作为联盟研究中的相关理论的延伸，尚缺乏对战略联盟稳定性的系统性、综合性研究。

在过去的 10 年间战略联盟方面研究受到了学术界和实务界越来越多的关注，虽然大多数研究只涉及简单的联盟稳定性，通常是建立在业务单位层面的合资安排，其研究结果又千差万别（不稳定的范围从 24% 到 75%）而使彼此之间难于比较，但这些成果也足以让我们对企业间合作带来的风险有很好的了解。然而，在联盟合作的文献中存在学术空白和实操管理空白，学术空白源于大多数学术研究未能贡献基于经验验证的知识基础，实操管理空白存在的原因是现有的联盟研究与联盟经理人的需求无关，只提供了管理问题的部分答案。贝尔等人建议，未来的研究应该更专注开发适当的理论和提高与实际操作管理的关联度，以填补两个缺口。[②] 另外，现有文献大多是依靠横截面数据进行分析，缺乏实际运行数据分析[③]，本文尝试在这方面作相关探索。

七　战略联盟稳定性与战略联盟绩效

战略联盟绩效是指联盟运行一段时间之后的运行结果。随着对联盟稳定性问题研究不断深入，学者们开始关注联盟稳定性与绩效水平的关系，并取得了一系列研究成果。稳定性对战略联盟的生存发展和演变非常重要，给联盟绩效收入及成功提供了必要条件。联盟的稳定是联盟绩效提升的重要前

---

① 陈菲琼、范良聪：《基于合作与竞争的战略联盟稳定性分析》，《管理世界》2007 年第 7 期。

② Bell, J., et al., "Dynamics of Cooperation: At the Brink of Irrelevance," *Journal of Management Studies* 43 (2006): 1607 – 1619.

③ Park, S. H., Ungson, G. R., "The effect of national culture, organizational complementarity, and economic motivation on joint venture dissolution," *Academy of Management journal* 40 (1997): 279 – 307.

提，是现阶段国外学者们普遍认同的观点。Das 和 Teng 指出，战略联盟的衡量方式在大量的实证研究中得到发展和丰富，但尚无法解释联盟绩效水平的综合性理论基础。在此背景下，他们通过研究提出了解释战略联盟绩效水平影响因素的理论框架，同时还提出联盟绩效水平不仅受到联盟所处环境的影响，而且联盟盟员的相关特征也在很大程度上对其产生影响。由此，Das 和 Teng 分析了联盟盟员、联盟环境以及联盟之间的各种关系。[①] 麦克臣、斯瓦米达斯等从联盟盟员任务的复杂程度、初始联盟经验、成员国籍、联盟经历不一致性等因素与战略联盟解体和绩效水平的关系开展研究，结果表明，若联盟存在以下情况，如同时开展研发和营销、联盟盟员合作经验欠缺等，那么联盟可能会过早解散或者产生联盟绩效水平较低的结果。与此相类似的，曼齐尼和马里奥托以讨价还价的博弈模型为依据作相关检验，指出战略联盟与其盟员之间目标一致的均衡效益优于不一致时的均衡效益，与信息完美的联盟博弈相比，目标一致性强的联盟也会达到最优利益均衡。[②] 萨道斯基和戴思特斯通过高技术产业战略联盟的样本检验了联盟稳定性与绩效之间的关系，指出可能降低联盟绩效的未来收益不确定等因素。[③]

与此同时，不同的理论学派给出了战略联盟稳定性对绩效水平影响的解释。如 Yang 和 Wang 等基于社会交换理论，以供应链战略联盟的稳定性为研究对象，结合目标依赖等理论开展相关研究，结果表明，联盟盟员的承诺、信任与联盟稳定性有正向影响关系，进而可以有效提升联盟的绩效水平。波特则依据价值链理论论证了联盟稳定性与绩效之间的相互关联，指出战略联盟稳定性的提升有助于降低盟员协调成本及共享价值成本，进而提高战略联盟的绩效。另外，低水平的联盟绩效将导致战略联盟不稳定。Jiang 和 Li 通过对德国 127 家合资企业的案例分析，研究了联盟属性与共享系统的影响以及两者之间的相互作用对整体绩效的影响水平，发现

① Das, T. K., Teng, B., "Partner Analysis and Alliance Performance," *Scandinavian Journal of Management* 19 (2003): 279 - 308.

② Manzini, P., Mariotti, M., "Alliances and Negotiations: An Incomplete Information Example," *Review of Economic Design* 13 (2009): 195 - 203.

③ Sadowski, B., Duysters, G., "Strategic Technology Alliance Termination: an Empirical Investigation," *Journal of Engineering and Technology Management* 25 (2008): 305 - 320.

知识转移与共享对联盟稳定性及创新绩效具有重要影响。

八　产业技术创新战略联盟研究的动态

目前，国外学术界关于产业技术创新战略联盟方面的研究成果较多。20 世纪 80 年代末，国外学术界开始对产业技术创新战略联盟进行研究，进入 21 世纪后对其关注越来越多。有学者以产业技术创新战略联盟风险治理为研究对象，指出联盟盟员契约的签署对规范联盟盟员的行为具有显著作用，并可有效减少联盟创新中的相关风险。巴特勒兹深入分析了产业技术创新战略联盟的功能，指出产业技术创新战略联盟通过有效利用和重新整合盟员优势资源，不仅能满足盟员技术创新中所需的技术、人才、资金等资源的需求，而且可以产生更多的知识和技术。[①] 麦格拉斯等研究了企业参与产业技术创新战略联盟的不同动因，提出当联盟盟员自身的专利价值大于加入联盟所得到的价值时，理性企业会选择不加入。伯姆伯格则以产业技术创新战略联盟在产业层面的稳定性为研究对象，指出影响联盟稳定性的因素包括资源投入程度、联盟盟员的信任、投入回报的对称性等，并指出资源投入是影响联盟稳定性的功能性因素，而且无法借助机制设计去规避资源投入因素。[②]

产业技术创新战略联盟作为一种新兴的战略联盟组织形式，近年来得到我国学者的广泛关注，相关研究成果也在持续增长。陈雯等运用词频分析法对产业技术创新战略联盟相关论文的关键词进行统计，得出该领域研究的主要热点为运行机制、政府行为、组织模式、知识转移、利益分配等。[③]

（一）组建动因与合作伙伴的选择

产业技术创新战略联盟盟员之间合作创新的内在动力即为合作动机，

---

① Butler, C., "Problems in Global Strategic Alliance Management for European Defence Manufacturing Firms," *Management Decision* 46（2008）：330 – 341.

② Wang, Y., Miao, D., "Using Strategic Alliances to Make Decisions about Investing in Technological Innovations," *International Journal of Management* 22（2005）：626.

③ 陈雯、童李文、林晔：《我国产业技术创新战略联盟研究的文献分析（2007 ~ 2012）》，《现代情报》2013 年第 3 期。

是联盟创新行为发生和持续发展的主要原因。不同联盟主体进入联盟的需求有所不同，因此动机也不尽相同。斯蒂尔斯将企业进入联盟的动机划分为合作动机和竞争动机两大类。在合作动机情况下，联盟盟员投入资源和能力，共同得到战略优势，联合研发、开发新产品、面对共同的竞争对手，或者通过提高效率降低生产成本。每个联盟盟员都清晰地了解彼此的期望和目标，有利于增强之间的合作配合度。[①] 产业技术创新战略联盟中不同性质的主体，其参与联盟的动机也有所不同。如企业的主要目的在于以较低的成本获得高校/科研院所的创新成果等互补性资源，由此不断增强自身竞争力；高校/科研院所则更多地希望在契约框架内实现成果的有偿交易，获取经济价值；其他中介机构或是为了履行职能，或是通过提供服务来获得附加价值。

英国战略管理专家戴维·福克纳提出，联盟的成功取决于合作伙伴的正确选择。[②] 产业技术创新战略联盟是企业、高校/科研院所等组织结成的长效合作关系，各类盟员在分析对方资源和能力的基础上，关注盟员合作意识等内容，实现资源信息共享，提升联盟自身的收益性。结合产业技术创新战略联盟运行实践，盟员会涉及所处产业甚至跨产业的众多不同组织利益，包括政府、企业（产方）、高校/科研院所（学研方）、中介机构等不同独立实体。各类不同性质的合作伙伴在产业技术创新战略联盟运作过程中根据自身特点和资源基础，发挥不同的作用。其中，企业（产方）作为创新主体处于产业技术创新战略联盟的核心位置，承担着提供资金、参与研究开发、标准制定、技术推广以及产业化等功能；政府发挥着政策支持、监督管理、搭建公共资源平台、营造有利于产业技术创新战略联盟健康发展的宏观环境等功能；高校/科研院所（学研方）在解决实际技术难题等过程中担负着引领产业技术发展方向、共享创新平台、提供高素质创新人才等作用；中介机构等主要根据产业技术创新战略联盟的具体需要，发挥桥梁纽带作用，在联盟项目实施过程中提供咨询、信息等辅助服务。

---

① Stiles, J., "Partner Selection: Motivation and Objectives," *International Business Partnership* (2001): 577.

② Faulkner, D., *International Strategic Alliances: Co - operating to Compete* (London: McGraw Hill, 1995), p. 221.

（二）运行机制与组织模式

邬备民和李政对产业技术创新战略联盟的绩效考核、信用机制、利益共享与分配机制、人员交流机制、动力机制等进行了研究。[①] 李新男提出，可以依据区域支柱产业发展的需求、已立项科技项目和技术创新产业的需求构建产业技术创新战略联盟。吕健指出，财政资金支持向产业技术创新战略联盟的转变可能会导致机会主义的产生，可能会有一些企业为套取国家对联盟的专项资金支持而参加联盟。[②] 王静将产业技术创新战略联盟的运行机制划分为联盟伙伴选择、联盟盟员任务分工、联盟盟员关系协调、联盟利益分配、联盟运行风险共担等，从运行投入、运行过程和运行产业角度设计运行绩效评价体系，并进行相关案例研究。周青等人以 TD - SC-DMA 产业技术创新战略联盟进行案例研究，分析了联盟运行过程中盟员之间的关系冲突、盟员认知的任务冲突、运行的过程冲突等冲突实践，论证了产业技术创新战略联盟的阶段性演化及其基本特征。[③]

根据核心盟员（一般为联盟发起单位，即盟主）的属性及联盟盟员在产业技术创新中所发挥的不同作用，可以将产业技术创新划分为企业主导型、高校/科研院所主导型、政府推动型三种不同的模式。

① 企业主导型

企业既是国家创新体系的主体，也是拥有各种创新资源的所有者和创新利益的享有者，以企业作为发起人的产业技术创新战略联盟是最重要的联盟组织模式。在企业主导型产业技术创新战略联盟中，最了解产业需求的企业处于该类联盟的中心地位，扮演着联盟盟主的角色，具有一定的组织协调能力。处于主导地位的企业会号召联盟盟员针对产业共性技术问题进行创新资源的整合以及新产品、新技术的研发。企业有能力自主决定要开发哪类新产品、新产品具有何种功能，然后主动找高校/科研院所合作（见图 1 - 9）。

---

① 邬备民、李政：《产业技术创新战略联盟运行机制及策略研究》，《中国高校科技与产业化》2010 年第 7 期。
② 吕健：《我国产业技术联盟形成的主要原因和风险分析》，《商场现代化》2008 年第 34 期。
③ 周青、马香媛、毛崇峰：《产业技术创新战略联盟的阶段性冲突演化研究》，《软科学》2013 年第 7 期。

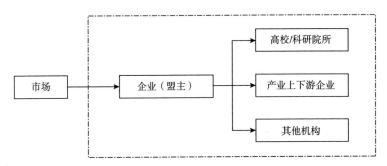

图 1-9　企业主导型产业技术创新战略联盟模式

此种模式以企业为创新活动的起点，通过产学研合作的方式实现产业技术创新的目标。其特点是创新的动力源自市场，通过企业主导的研发活动向创新链的上游传导，企业的创新活动由低端向高端递进，表现为一种自下而上的方向性特征。

企业主导型产业技术创新战略联盟可以减少在技术创新过程中产生的风险，降低新技术的研发成本，而且也能使高校/科研院所在承担一定风险的同时获得丰厚的回报。联盟盟员在盟主的领导下有针对性地进行技术创新，对引导联盟盟员进行新产品、新技术创新具有重要的作用。

② 高校/科研院所主导型

当今高校的主要功能可以归纳为教学、科研和服务三位一体。传统上的大学研究是致力于产生和传播基础知识，科研院所致力于发现新的科学知识，开展用于培养未来科学家、工程师和研究人员的应用基础研究，企业通常需要利用研究成果去解决现实中的商业问题或追求利润最大化和股东权益，然而现今新技术的日趋复杂使企业无法仅靠一己之力成功地获得开展技术研发和商业化必需的资源和能力，因此，企业开始寻找高校/科研院所作为合作伙伴。曼斯菲尔德发现，高校基础研究与企业新产品开发进程具有很强的关联性。[①] 皮萨诺验证了生物领域中的高校专业知识与工业应用具有正相关性。[②] 高校/科研院所在产业技术创新中扮演的角色是一样的，所起的作用是一致的，所以两者的特征具有共同性。高校/科研院

---

① Mansfield, E., "Academic Research and Industrial Innovation," *Research Policy* 20 (1991): 1-12.

② Pisano, G. P., "The R&D Boundaries of The Firm: An Empirical Analysis," *Administrative Science Quarterly* 35 (1990): 153-176.

所主导型的联盟组织模式是指高校/科研院所以完成基础研究，形成技术储备和科技成果，与产业上下游企业建立战略联盟，利用企业市场开拓、应用开发等方面的能力，将科技成果工程化和产业化（见图 1-10）。

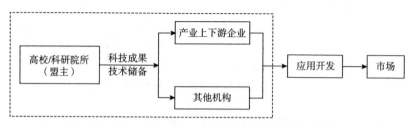

图 1-10　高校/科研院所主导型产业技术创新战略联盟模式

这种模式实现创新动力的路径源自创新链的上游，以高校/科研院所的创新活动为起点，通过实验室成果向应用环节的逐步演进来拉动经济系统的创新活动，最终实现产业系统竞争力的提升，表现为一种自上而下的方向性特征。

③ 政府推动型

某些产业领域可能会同时存在实力和技术水平相当的骨干企业，面对共同的产业共性关键技术问题，单凭其中任何一家的力量都无法解决，但这些企业又难以自发地协同合作。对于这种情况，政府多以行政命令的方式要求联盟盟员按照政府决策开展技术创新活动，研发新产品，解决产业共性关键技术问题。此类型产业技术创新战略联盟中的企业、高校/科研院所等联盟盟员往往缺乏决策自主权，一般是扮演项目执行的角色，联盟盟员之间的互相作用程度不高，联盟整体的稳定性程度也较低（见图 1-11）。

（三）利益分配与绩效评价

产业技术创新战略联盟的利益是由企业、高校/科研院所等利益主体通过协同创新而产生的利益客体，即联盟总体利益。利益主体即利益拥有者，不仅包含处于一定组织内的个人，也包含某个群体或者组织的整体。[1]

---

[1]　董彪：《产学研合作利益分配策略与方法研究》，哈尔滨理工大学硕士学位论文，2006。

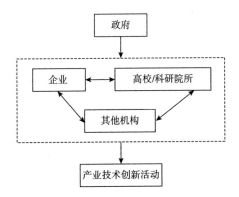

图 1 - 11　政府推动型产业技术创新战略联盟模式

不同的利益主体在产业技术创新战略联盟中发挥着各自不同的作用。

利益客体由人的需要所指的对象构成，产业技术创新战略联盟企业、高校/科研院所等利益主体所需求的对象构成了产业技术创新战略联盟的利益客体。联盟的利益客体包括直接利益和间接利益。相较于其他的战略联盟，产业技术创新战略联盟的整体绩效更多地体现在技术、知识合作的有效性方面，其创新成果更多地表现为产业共性关键技术方面，包括专利、知识产权、重点新产品、技术标准、联合论文发表等，而间接利益则表现为地区科技创新能力的提升。直接利益中的专利等创新成果将在产业化后通过产业的经济利润得以呈现，也就是说，产业技术创新战略联盟的利益分配在产业链的最后阶段将以企业利润的形式得到体现。

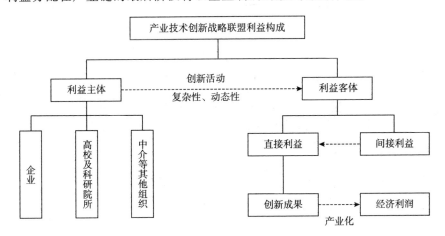

图 1 - 12　产业技术创新战略联盟利益构成

产业技术创新战略联盟的利益主体间的分配方式与开展技术创新的模式密切相关。产业技术创新战略联盟运行过程中，企业与高校/科研院所等组织基于利益共享、风险共担等原则开展深层次的技术协同创新活动。实践中，产业技术创新战略联盟根据实际面对的技术难题的不同性质，高校/科研院所将专利等创新成果转移到企业实现产业化，同时还会与企业继续协同合作，推动相关技术成果的产业化进程。因此，产业技术创新战略联盟中的高校/科研院所会涉及一次性固定支付、产出提成支付以及混合支付等三种形式。①

马雪君等人从联盟个体和整体两个维度出发，构建了包括联盟盟员学习效果、联盟盟员经济收益效果、联盟盟员网络关系效果、联盟盟员管理协调效果以及技术创新成果、内外网络关系效果等指标的产业技术创新战略联盟运行绩效的多层评价指标体系，并针对评价指标的模糊性和联盟内外部环境的不确定因素，建立了一种基于满意度的多级评价模型。荣春节以产业技术创新战略联盟的创新能力为研究对象，对产业技术创新战略联盟创新系统的协同机理和协同过程进行建模分析，并基于产业技术创新战略联盟的创新过程，以创新投入、创新活动等为一级指标设计了战略联盟创新能力评价指标体系。②

（四）产业技术创新战略联盟稳定性研究

产业技术创新战略联盟稳定性方面的研究以依托共生理论为主，将产业技术创新战略联盟进行共生生态系统划分后进行有关稳定性方面的研究。邢乐斌等构建了联盟盟员创新资源总量增长模型，研究了资源投入对产业技术创新战略联盟稳定性的影响，提出了产业技术创新战略联盟维持稳定性的条件和路径，并研究指出联盟稳定性取决于联盟中任何盟员对联盟的资源投入给自己带来的负向作用与从联盟获得资源收益的多少。③ 冯

---

① 李新运、任栋、原顺梅：《产业技术创新战略联盟利益分享博弈分析》，《经济与管理评论》2013 年第 2 期。
② 荣春节：《产业技术创新战略联盟创新能力评价研究》，大连理工大学硕士学位论文，2013。
③ 邢乐斌等：《基于资源投入的技术创新战略联盟稳定性研究》，《科技进步与对策》2010 年第 13 期。

鲁闽利用 Logistic 模型描述设计了寄生模式、偏利共生模式、非对称互惠模式，从利益分配角度探讨了产业技术创新战略联盟的稳定性。[①] 刘林舟等将产业技术创新战略联盟作为共生生态系统，在分析联盟稳定性因素的基础上，构建了 Lorka – Volterra 方程，并运用分析轨线走向的方法分析联盟稳定性，得出了联盟盟员处于互惠共生状态时，联盟可以稳定发展的结果。[②] 蒋樟生等建立了产业技术创新战略联盟的动态系统方程，运用系统决策理论研究指出产业技术创新战略联盟稳定性与联盟盟员从知识转移过程中获得的价值存在正向激励作用。[③]

现有研究成果对我们了解产业技术创新战略联盟的特征、功能、组建运行状态等方面具有很大帮助。不过，以往研究大多体现在总体性和宏观性方面，基于深度个案或定量数据的经验研究不足，关于产业技术创新战略联盟稳定性的影响因素等问题的理论和研究仍需进一步加强。

九　不同理论视角下的战略联盟稳定性分析

产业技术创新战略联盟从属于战略联盟范畴，不同的理论从各自视角对联盟稳定性进行了分析，比较有代表性的有交易费用理论、资源基础理论、资源依赖理论、社会交换理论等（见表 1 – 11）。

表 1 – 11　联盟稳定性相关理论及主要观点

序号	理论名称	主要观点
1	交易费用理论	基于信息不对称所采取的机会主义行为造成联盟成本上升，影响联盟稳定性
2	资源基础理论	为避免专有性资产被套牢，避免核心资源溢出效益培养竞争对手，进行有保留合作

① 冯鲁闽：《基于共生理论的产业技术创新联盟稳定性研究》，南京邮电大学硕士学位论文，2012。
② 刘林舟等：《产业技术创新战略联盟稳定性发展模型研究》，《科技进步与对策》2012 年第 6 期。
③ 蒋樟生等：《基于知识转移价值的产业技术创新联盟稳定性研究》，《科学学研究》2008 年第 S2 期。

续表

序号	理论名称	主要观点
3	资源依赖理论	为获得有限资源结成联盟，需求满足之后，影响联盟稳定性
4	社会交换理论	盟员之间难以信任，使联盟存在竞争与合作平衡问题，影响联盟稳定性

（一）交易费用理论

1937 年，交易费用理论首次被著名经济学家罗纳德·科斯（Ronald Coase）在其著作《企业的性质》中提出。科斯认为，市场交易费用与组织协调管理费用决定了企业边界的形成。"交易费用"这个术语在 1969 年被阿罗第一个使用。

20 世纪 80 年代，威廉姆森从深度和广度上系统阐释了交易费用理论。该理论认为，企业和市场是两种可以相互替代的资源配置机制，由于有限理性、机会主义、不确定性与小数目条件，使得市场交易费用高昂，为节约交易费用，企业作为代替市场的新型交易形式应运而生。

根据这一理论，企业和市场这两种资源配置机制可以互为替代，有限理性、不确定性、机会主义等因素产生较高的市场交易费用。在此情况下，企业作为市场的替代品的新型交易形式随着环境的要求而产生。交易费用的高低决定了企业的存在，为了节约交易费用，企业采取了不同的组织形式。威廉姆森认为，资产专属性、不确定性和交易频率是影响交易费用的主要因素，三者的影响作用与企业内部化发展以规避高交易费用呈正向促进作用，即影响作用越大，企业内部化生产的倾向越明显。[①]

根据威廉姆森的交易费用理论，合作伙伴对不确定性市场的认知和防御能力的增强可借助于建立战略联盟来实现。战略联盟可以有效促进联盟盟员之间的学习交流，增进认识，从而可以减少有限理性产生的成本问题，并可以避免由信息不对称、机会主义导致的败德行为。同时，有学者

---

① Williamsson, O. E., *Markets and Hierarchies, Analysis and Antitrust Implications: A Study in the Economics of Internal Organization* (New York: Free Press, 1975), p. 14.

提出，联盟盟员会舍弃伙伴利益来追逐自身利益，这就导致所有合作伙伴经常性的难以被信赖，由于联盟盟员将会使用各种方法，不管是前期的合同约束还是后期的监督，从而造成减少机会主义和提升信赖所需的费用非常高。盟员之间的不信任在很大程度上影响联盟的稳定性。

但是我们必须注意到，交易费用理论通常没有考虑到有效市场能在长期条件下抑制机会主义行为的可能性。因此，机会主义问题并不像交易费用理论学者说的那样严重。同时，仅对盟员间信任的关注并不能充分认识联盟稳定性问题，其他的因素，如伙伴选择、治理结构，同样非常重要。

（二）资源基础理论

1984 年，沃纳菲尔特在《企业资源基础论》一书中首先提出了"资源基础理论"的概念，指出了企业内部资源对企业获利和维持竞争优势的意义以及对企业创造市场优势决定性的作用。与资源依赖理论相比，资源基础理论更加灵活，它假设资源是无限的，并能创造更多的资源。1991年，巴尼对资源基础理论进行了扩展，认为各种生产技能与复杂技术的整合和协调是企业的核心能力所在。[①] 根据资源基础理论，当企业无法有效使用市场交易或并购获得所有资源时，战略联盟作为互补性资源甚至可以创造更多的资源工具，也能够有效整合联盟内企业的资源以创造新的市场机会和联合竞争优势，因此，战略联盟盟员共享的资源直接影响到战略联盟的稳定性。产业技术创新战略联盟是战略联盟的高级形式，从竞争优势赖以存在的资源的知识属性视角，产业技术创新战略联盟可以被看作拥有互补性独特隐性知识资源的主体为强化自身知识资源基础并通过整合联盟主体间知识资源形成独特整体优势的组织形式和手段。

然而，上述资源一般都是稀缺的、有价值的、不可替代的和难以模仿的，或者通过市场交易获得是不划算的。联盟盟员若将这类专用性资产投入联盟，会因此减弱讨价还价能力，从而出现资源困境。在此情况下，联

---

① Barney, J., "Firm Resources and Sustained Competitive Advantage," *Journal of Management* 17 (1991): 99 – 120.

盟盟员很可能提高自身专有资源的保护水平，这种保护主义势必阻碍联盟内部技术、信息等要素的共享，降低战略联盟价值的发挥，造成联盟潜在不稳定，甚至出现解体的局面。但由于资源基础理论对企业不完全模仿及其资源确定太模糊，仍存在实际操作性较差的问题。

（三）资源依赖理论

资源依赖理论是组织理论的重要理论，起源于20世纪40年代，30年后被广泛应用于组织关系的研究中。目前，与新制度主义理论并列为组织研究的两个重要流派。1978年，杰弗里·普费弗与萨兰奇克出版的《组织的外部控制》是该理论的代表作品。资源依赖理论认为，企业资源具有很大差异且不能完全自由流动，很多资源无法在市场定价的基础上进行交易。同时，相对于企业不断提高的发展目标，任何企业都不可能完全拥有所有必要的资源，资源和目标之间总是存在某种战略差距。因此，为了获得这些资源，企业会与其他组织互动，使这些组织与其处于相同环境并拥有企业所需的资源，由此导致了组织资源依赖性，而这种依赖性使组织得以管理某些环境限制并控制某些情境。

在追求权利最大化过程中，组织通过互助与联结等行为获取稀缺性资源。因此，当组织面对复杂多变的外部环境时，将不再继续波动，而会试图发展战略联盟。但当组织无法从内部取得所需资源时，就必须跟环境中控制关键因素的其他组织发生交换关系。资源依赖理论展示了企业依靠其他伙伴所拥有的特定资源并通过管理国际组织关系来控制和最小化这种依赖。战略联盟使企业可以吸取其他企业资源并降低对环境的依赖级别。当然，联盟的形成通常会增强企业对伙伴的依赖程度。一些学者坚持认为，每个公司所拥有的资源价值决定了在谈判和协商结果时其所具有的议价能力，并把这个观点扩展到合资企业的不稳定性上。根据他们的理论，企业选择股权式联盟是为了获取知识和技术，一旦合作结束，对合作的需求难免就会立刻降低。因此，联盟通常都会提前终结。

但是我们应该清楚地看到，联盟形成中的技术获取是不能被忽视的，而且最核心的资源很难转移和复制，所以不易发生议价能力的变化。多斯发现，学习有助于联盟成功，不学习会导致联盟失败。① 哈伦等发现，议价能力的改变不但没有加剧联盟的不稳定性，反而推进了联盟的适应力。② 因此，在议价能力中的技术获取和转移并不是导致联盟不稳定性的真正原因。

（四）社会交换理论

社会交换理论兴起于 20 世纪 60 年代的美国，由霍曼斯创立，而后在世界范围得到普及和传播，主张人类所有的行为都受到可以带来奖励和报酬的交流活动支配。从而，人类的社会活动可以归因为一类交换，在社会交换中形成的社会关系也属于交换关系的范畴。社会交换理论的代表人物有布劳、埃默森等。

战略联盟与社会关系是社会交换理论所强调的重点，而非交易费用中的交易效率问题。因此，除经济因素外，盟员之间的社会交换形式等非经济因素也是社会交换理论关心的重点。与交易费用理论强调企业经济利益的观点相比，社会交换理论认为，企业战略联盟的成功得益于企业拥有的高素质的管理团队、威望和社会地位等优势。

社会交换理论认为，企业之间的交换不仅对社会具有积极意义，而且具有较高的经济实用性。联盟成员之间的信任来自盟员的可靠性、合法性及信誉。在社会交易过程中，盟员不良的信用对联盟和盟员名誉都具有不利的影响，还会降低或者损坏其关系特质。同时，对于战略联盟合作策略而言，信任水平不仅可以减少不确定性，而且可以加强信任度。

此外，社会交换理论将战略联盟看作关系导向型的合作模式，联盟成员通过社会交换更为紧密地联系在一起，通过技术、信息等资源共享和优势互补，降低生产经营过程的不确定性，不断提高经济产值等指标。但由于盟员之间难以完全相互信任，联盟中存在竞争与合作的平衡问题，从而影响战略联盟的稳定性。

---

① Doz, Y. L. , "The Evolution of Cooperation in Strategic Alliances: Initial Conditions or Learning Processes?," *Strategic management journal* 17 （1996）: 55 – 83.

② Hailén, L. , et al. , "Interfirm Adaptation in Business Relationships," *Journal of Marketing* 55 （1991）: 25.

十　系统动力学理论基础

（一）系统动力学概述

系统动力学（System Dynamics，简称 SD）由美国麻省理工学院福瑞斯特（Jay W. Forrester）教授创始于 1956 年，用来分析研究复杂信息反馈系统。系统动力学初期主要应用于工业企业管理的生产与雇员情况波动、市场股票与市场增长的不稳定性等问题。1961 年，福瑞斯特出版了工业动力学学科的第一本专著《工业动力学》，为系统动力学的发展奠定了基础。系统动力学经过不断应用和发展已逐渐成熟，其理论与应用研究涉及管理、社会等各种学科和领域，认为系统的内部动态结构和反馈机制决定了系统的行为模式和特性。[①] 系统动力学采用定性与定量分析相结合的方式，从系统内部机制与微观结构着手，通过剖析系统进行建模分析，利用计算机模拟技术探索系统内部结构及其动态行为关系，并找寻解决系统内在问题的相关对策建议。因此，系统动力学模型特别适合分析结合社会、经济等非线性的复杂大系统问题。

系统动力学与工业工程学、运筹学、计量经济学等方法相比，有以下几个突出的特点：擅长处理长周期和长期性问题，适合进行数据缺少条件下的研究，擅长处理高阶、非线性、时变问题，常被用来进行情景分析。

（二）系统建模原理

1. 一阶系统的结构行为

系统动力学在时域中，采用状态空间法描述系统结构，进而分析和研究系统。系统向量形式的状态方程为：

$$X = f(X, U, t), X \in R^m, U \in R^r$$

其中，R 为欧式空间；向量 X 为 m 维，U 为 r 维。

---

① 王其藩：《系统动力学》，清华大学出版社，1994。

对于一阶定常自由系统，$m=0$，$r=0$ 时不变系统，则有：

$$dx/dt = f(x) = a_0 + a_1 x + a_2 x^3 + \cdots$$

如果等式右端保留一次项和常数项，上式变为：

$$dx/dt = f(x) = a_0 + a_1 x$$

其原函数为：

$$X = \frac{c}{a_1} e^{a_1 t} - \frac{a_0}{a_1}$$

其中，c 为常数。

可见，当 $a_1 > 0$ 时，系统呈指数增长特征，自然界中的动植物在无约束的条件下表现为此种指数特性。当 $a_1 < 0$ 时，系统呈指数减少，自然界中的放射性射线强度的衰减、被照杀或药杀的细菌消亡过程、人口死亡速率大于出生速率的过程都表现为指数减少。

如果等式右端保留二次项、一次项和常数项，$dx/dt = f(x) = a_0 + a_1 x + a_2 x^3 + \cdots$ 则变为：

$$dx/dt = f(x) = a_0 + a_1 x + a_2 x^2$$

其原函数为：

$$x = \frac{a_1 c e^{a_1 t}}{1 - a_2 c e^{a_1 t}}$$

其中，c 为常数。

可见，$a_1 > 0$，$a_2 > 0$，$t \to \infty$，x 趋于定值，此时系统呈 S 形增长特性。

综上所述，对于一阶系统，无论控制作用多么复杂，系统或者呈指数增加，或者呈指数衰减，或者呈渐进增长。一旦趋于某个既定的目标，则出现平衡且会永远保持下去。因此一阶系统不会发生超调，更不会发生振荡。

2. 二阶系统的结构行为

二阶系统比一阶系统更为复杂，一般在一个系统中包含两个独立的状态变量，并且这两个状态变量在同一个回路中。系统动力学用状态空间法在时域中表述系统的结构和研究系统的功能与行为。系统向量形式的状态方程如下：

$$X = f\ (X,\ U,\ t),\ X \in R^m,\ U \in R',\ 其中，R\ 为欧氏空间。$$

为了简化叙述，这里以二阶定常自由系统为例说明二阶系统的描述问题，这时系统为 $m = 2$，$r = 0$ 时不变系统，其向量方程可表示为：

$$\dot{X} = AX,\ A = \begin{pmatrix} a_{11} & a_{12} \\ a_{21} & a_{22} \end{pmatrix}$$

其中，$\dot{X}$ 表示 dx/dt 组成的列向量；A 为状态转移矩阵。这个向量方程可以从数学角度进行分析，研究其行为特性。下面以库存系统为例，对二阶系统的行为特性进行分析（见图 1 – 13）。

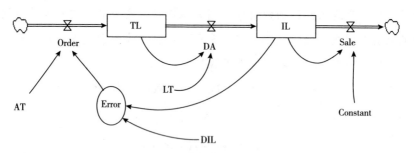

图 1 – 13　二阶库存系统存量流量

在上述库存系统中，如果有在途库存，系统就从一阶系统变为二阶系统。之所以称其为二阶系统，是因为在系统的最大回路中包含了两个水平变量 TL 和 IL。其中，IL 为实际库存量，TL 为在途库存量，LT 为平均订货提前期，$Constant$ 为常量，其他变量与一阶库存系统相同。

这里为了便于分析，假设 $Constant = 0$，该系统的数学描述为：

$$\frac{dIL}{dt} = DA - sale\ \left(DA\ \frac{TL}{LT},\ sale = 0 \right)$$

$$\frac{dTL}{dt} = Order - DA\ \left(Order = \frac{DIL - IL}{AT} \right)$$

即
$$\frac{dTL}{dt} = \frac{TL}{LT}$$

$$\frac{dTL}{dt} = \frac{DIL - IL}{AT} - \frac{TL}{LT}$$

将上式对 t 求导，整理可得：

$$\frac{d^2 IL}{dt^2} + \frac{1}{LT}\frac{dIL}{dt} + \frac{IL}{AT \times LT}$$

可见上式为二阶线性非齐次微分方程，其特征方程为：

$$r^2 + \frac{1}{LT}r + \frac{1}{AT \times LT} = 0$$

该特征方程有两个根 r_1 和 r_2 的取值，可得上述齐次方程的通解如下：

（1）$r_1 \neq r_2$ 时，$IL = c_1 e^{r_1 t} + c_2 e^{r_2 t}$

（2）$r_1 = r_2 = r$ 时，$IL = (c_1 + c_2 t) e^n$

（3）$r = \alpha + \beta_i$ 时，$IL = [c_1 \cos(\beta t) + c_2 \sin(\beta t)] e^{at}$

从齐次方程的通解来看，二阶系统的行为要比一阶系统复杂得多，不但可能出现超调，也可能出现振荡现象。

系统的行为特性同特征方程的变化有关，即同库存偏差调节时间与订货提前期的相对取值有关。即

（1）$AT > 4IT$，特征方程有两个不等实根 r_1 和 r_2，$r_1 \neq r_2$，库存的变化规律如式（1）所示；

（2）$AT = 4IT$，特征方程有两个相等的实根 $r_1 = r_2 = r$，库存的变化规律如式（2）所示；

（3）$AT < 4IT$，特征方程有两个虚根 $r = \alpha + \beta_i$，库存的变化规律如式（3）所示。

在此只考虑了一个简单的线性系统，而且也只分析了其对应的奇次方程解的情况。可见，在二阶系统中，由于库存调节时间 AT 和订货提前期 LT 的比例关系不同，系统的行为特征也不同，如何控制订货使库存达到所期望的目标，与一阶系统相比要复杂得多。

（三）系统动力学流率基本入树建模法

南昌大学贾仁安教授及其研究小组于 1998 年创立了流率基本入树建模法[①]，

---

① 贾仁安、伍福明、徐南荪：《SD 流率基本入树建模法》，《系统工程理论与实践》1998 年第 6 期。

该方法以还原论思想为指导，将图论中生成树理论应用于动态复杂系统的反馈结构分析。此方法将所研究的整个系统按研究目的划分为不同的子系统，然后设定每个子系统内部的流位、流率和辅助变量，抓住系统反馈结构变量中最基本的流率变量，用一组以流率变量为根的树模型来刻画系统内各变量之间的因果关系，最后通过引入嵌运算构建系统网络存量流量图。流率基本入树建模法有两大好处：

（1）有利于分部分、分子系统进行规范化建模，提高线段性思考的集中度与精确度；有利于用整体论与还原论相结合的思想方法对问题进行有效研究；有利于仿真方程的建立。

（2）为利用代数的方法研究动态反馈复杂性系统问题提供了可能性。有了流率基本入树模型，通过将入树的枝转化为枝向量，构造枝向量行列式和枝向量矩阵，就可以利用代数方法进行系统的动态反馈复杂性分析，从而实现图论与线性代数在研究系统反馈动态复杂性问题中的结合。

1. 流率基本入树建模法的基本概念

定义 2.1　若 $t \in T$，一个动态有向图 $T(t) = (V(t), X(t))$ 中，存在一个点 $v(t) \in V(t)$，使 $T(t)$ 中的任何一点 $u(t) \in V(t)$，有且仅有一条由 $u(t)$ 至 $v(t)$ 的有向道路，则此有向图 $T(t)$ 称为一棵入树，且 $v(t)$ 称为树根，满足入度 $d-u(t) = 0$ 的 $u(t)$ 称为树尾，从树根至树尾的一条有向道路称为一根树枝。

定义 2.2　在系统动力学存量流量图中，以流率为树根、以流位为树尾的入树 $T(t)$ 称为流率入树。流率入树 $T(t)$ 中含流位的个数称为入树的阶数，从树尾沿一枝至树根所含流位的个数称为这枝的枝阶长度。流率入树最大枝阶长度称为该入树的阶长度。

定义 2.3　各枝阶长度为 1 的流率入树称为流率基本入树。

定义 2.4　不真包含在任何其他流率基本入树的流率基本入树称为极大流率基本入树。

定义 2.5　存量流量图中任何一个子图称为半子存量图，满足含流位 $L(t)$ 有其流率 $R(t)$（或流出率 $R_1(t)$，或流入率 $R_2(t)$）的半子存时流量图称为子存量流量图。

定义 2.6　已知 $t \in T$，半子存量流量图 $G_1(t) = (Q_1(t), E_1(t),$

F_1 (t)），G_2 (t) $=$ $(Q_2$ (t)，E_2 (t)，F_2 (t)）则

（1）作 G_1 (t) $\cup G_2$ (t) 且保持 F_1 (t) 和 F_2 (t) 确定的映射关系。

（2）若流率 R_P (t) 及其对应的流位 L_p (t) 在 G_i (t) （$i=1$，2）中，则在（1）的基础上再增加一条弧，构成因果链：R_P (t) $\to L_p$ (t)，同时给出实际意义下的因果链极性。

由（1）和（2）所得到一个新的半子存量流量图 G (t)，定义这种运算为嵌运算，嵌运算记为 $\vec{\cup}$，则 G (t) $= G_1$ $(t)\vec{\cup}G_2$ (t)。

嵌运算满足以下性质：

交换律：G_1 $(t)\vec{\cup}G_2$ (t) $= G_2$ $(t)\vec{\cup}G_1$ (t)

结合律：G_1 $(t)\vec{\cup}G_2$ $(t)\vec{\cup}G_3$ (t) $=$ （G_1 $(t)\vec{\cup}G_2$ (t)）$\vec{\cup}G_3$ (t)

2. 流率基本入树建模法的建模步骤

在引入上述基本概念的基础上，给出流率基本入树建模法的基本步骤。

步骤1：通过系统分析，建立流位流率系：

$\{$（L_1 (t)，R_1 (t)）（L_2 (t)，R_2 (t)），$\cdots$，（L_n (t)，R_n (t)）$\}$。

步骤2：分别建立以流率变量 R_i (t) 为根、以流位变量 L_j (t) 为尾的，且流位变量直接或通过辅助变量控制流率变量的流率基本入树，可得图 1 – 14 所示的流率基本入树模型。

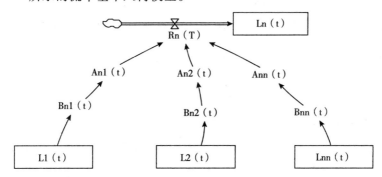

图 1 – 14　流率基本入树模型

图 1 – 14 中 A_{ij} (t)，B_{ij} (t) （其中 i，$j=1$，2，$\cdots$，n）可能是多个辅助变量构成的有向链。

步骤3　对这些基本入树模型 T_1 (t)，T_2 (t)，$\cdots$，T_n (t) 作嵌运

算，即顶点与顶点并、弧与弧并、流率与对应流位相连，则可得流位流率系下的存量流量图模型。

建立流率基本入树和直接建立存量流量图模型是建立系统结构模型的两个等价方法。

同一流位流率系下的网络存量流量图 $G(t)$ 与流率基本入树模型 $T_1(t)$，$T_2(t)$，…，$T_n(t)$ 具有当且仅当关系。即在同一流位流率系下，由网络存量流量图 $G(t)$ 分解可得入树模型 $T_1(t)$，$T_2(t)$，…，$T_n(t)$，由入树模型 $T_1(t)$，$T_2(t)$，…，$T_n(t)$ 可得网络存量流量图 $G(t)$。

十一　现有研究述评

从国内外战略联盟稳定性及产业技术创新战略方面的相关研究综述可以发现，学者们利用各种理论从不同角度，对产业技术创新战略联盟的组织形式、运行机制等各个方面开展了相关研究，取得了卓有成效的研究成果。但这些文献研究的针对性较为欠缺，即使专门针对战略联盟稳定性的研究，其分析也仅适用于一般性的合作冲突分析，尚没有形成一个能够对联盟稳定性做出较为完善解释的理论分析框架。可见，产业技术创新战略联盟稳定性的研究作为战略联盟理论的重要组成部分，尚存在明显的研究缺口和较大的研究空间。综合而言，在该领域的研究尚存在如下一些问题。

首先，对产业技术创新战略联盟稳定性的研究还停留在较初级的阶段，缺乏系统性。现阶段，对产业技术创新战略联盟稳定性方面的分析尚无法真正体现产业技术创新战略联盟的内在特性。产业技术创新战略联盟本质为过程管理问题，既体现资源投入和知识共享，又体现价值创造和实现过程，因而产业技术创新战略联盟稳定性的研究不仅应体现资源投入和控制行为等一般的合作关系，更应追求长效机制的产学研协作组织。可以看出，目前学者的研究还没有将上面相关问题统一到一个整体的研究框架中。

其次，战略联盟稳定性的研究由来已久，但相关研究往往侧重考察各独立解释变量的影响效应，如基于资源基础理论的资源因素，基于交易费用理论的成本因素等，而集成多个视角的整合性研究较为匮乏。同时，关于联盟如何实行过程管理等方面的研究相对较少。产业技术创新战略联盟既有战略联盟的共性特征，又有其独特特性，有必要验证战略联盟稳定性的影响因素对产业技术创新战略联盟是否同样有效。虽然在组织战略文献中一直强调管理与合作过程的重要性，但对战略联盟管理与合作的研究并不多。

最后，从现有的研究看，产业技术创新战略联盟已有的研究成果呈现出零散的碎片化，因只侧重考察各独立影响因素对联盟稳定性的作用机理，而无法作为整合性理论框架。虽然利用量化分析方法对联盟稳定性进行研究的学者越来越多，但目前对战略联盟稳定性的研究仍以定性分析为主，主要包括理论演绎、推导与案例研究等，缺乏管理科学中所重视的严谨性，而且很多研究是从战略联盟研究中衍生出来的，缺乏对产业技术创新战略联盟的特殊形式的深入分析。

十二　小结

本章分析和阐述了产业技术创新战略联盟的基本概念，从产业技术创新战略联盟的组建动因、运作与创新模式以及利益分配等角度进行了较为全面的分析，阐述了资源基础理论等不同理论视角下的战略联盟稳定性的研究。然而，这些相关理论尽管为战略联盟稳定性的研究奠定了基础，做出了一定贡献，但这些理论研究的针对性较为欠缺，即使专门针对战略联盟稳定性的研究，其分析也仅适用于一般性的合作冲突分析，尚没有形成一个能够对联盟稳定性做出较为完美解释的理论分析框架。可见，战略联盟稳定性的研究作为战略联盟理论的重要组成部分，尚存在明显的研究缺口和较大研究空间。

第二章

产业技术创新战略联盟稳定性研究的方法设计

为深入有效地探索产业技术创新战略联盟稳定性的影响因素的作用机制以及稳定性与联盟绩效的关系，本研究基于相关文献和规范性的理论推理提出了概念模型和研究假设，但仍需通过定量的实证研究去验证理论推理和研究假设的准确性。由于本研究属于组织层面的微观研究，其中所涉及的信任、承诺、稳定性等数据无法从现有公开的资料中获取，因而采用调查问卷的形式收集相关数据并进行定量实证研究。本章主要从研究对象、分析方法、问卷设计、数据收集、变量测量、统计分析方法等方面介绍本研究的研究方法与设计。

一 研究对象的选择

在战略联盟现有的实证研究中，对样本的选择各有不同，并未形成很明确的标准。大多数学者根据自身的研究背景、目的以及数据可得性等因素灵活确定。

就研究背景而言，笔者作为项目负责人参与云南省政府决策咨询项目"云南省产业技术创新战略联盟运行机制及绩效评价研究"的调研和撰写工作，并负责云南省产业技术创新战略联盟试点的日常管理和服务工作，对云南省产业技术创新战略联盟的运作活动具有较为深入的了解和认识，因此以云南省产业技术创新战略联盟盟员作为研究对象便于本研究的数据收集工作；就研究内容而言，本研究是决策咨询项目的细化和深化研究，以产业技术创新战略联盟为研究对象，实证检验影响产业技术创新战略联盟稳定性的因素，对政府如何推进产业技术创新战略联盟建设以及联盟如何规范运行都具有重要的参考价值。

二　分析方法的确定

本研究将对以问卷调查方式所收集到的数据进行描述性统计、效度与信度检验、探索性因子分析以及多元线性回归等分析工作。本研究所使用的分析软件为 SPSS 17.0 版。

（1）描述性统计分析

描述性统计主要对样本盟员规模、所属行业等情况进行统计分析，说明各变量的均值、百分比、次数频率等信息，以描述样本的类别、特性等。

（2）效度和信度检验

针对本研究中主要量表进行内部一致性分析，以信度系数 Cronbach a 值来衡量同一概念下各测量题项的一致性，并检验各变量和量表的信度效度。

（3）多元线性回归

多元线性回归分析是一种用于描述、解释或预测多个解释变量和一个被解释变量之间线性关系的统计工具。多元回归分析中选取预测变量进入回归方程式的方法很多，对于何种方法最好，学者间的观点未尽一致，选取方法应与研究设计和研究规划密切联系。为了保证正确使用多元线性回归模型并得出科学结论，需要检验回归模型是否存在多重共线性、序列自相关和异方差三大问题。本研究通过方差膨胀因子（VIF）指数判断多重共线性问题；通过 Durbin – Watson 值（DW 值）来判断序列相关问题；通过回归模型的残差项的散点图判断异方差问题。一般来说，当 $0 < \text{VIF} < 10$ 时，可认为回归模型不存在多重共线性；当 DW 值介于 $1.5 \sim 2.5$ 时，一般可认为回归模型不存在序列自相关问题；当以标准化的预测值为横轴数据和以标准化的残差值为纵轴数据构成的残差散点图呈现无序状态时，则可认为回归模型不存在异方差问题。为了减少回归方程中变量间的多重共线

性问题，需将相关变量进行中心化处理，并利用中心化后的这些变量建构交互项，以备回归分析之用。

三　调查问卷的设计

问卷是以书面问答为主要形式的问题表格，用来收集人们的行为、态度和社会特征等方面的资料，是管理学科调查收集数据最为重要的工作。问卷的合理设计是保证获取数据信度和效度的基础。

（一）主要流程

为了获取比较准确、可靠、有效的研究数据，本研究按照以下流程设计调查问卷。

（1）通过回顾现有的相关文献以及对云南省产业技术创新战略联盟实践的调研认识形成问卷题项。在对信任、承诺、能力对比、沟通等文献详细阅读分析的基础上，借鉴国外权威期刊、学者的理论构思和已有的量表，设计出主要研究变量的测度题项，进而形成本文的调查问卷初稿。

（2）与云南省的科技专家和学术团队成员讨论修改初稿中的相关问卷题项。在参与云南省决策咨询项目活动时，通过访谈形式就本文研究变量的逻辑关系和测度题项的具体设计向同行科技专家请教。同时，笔者征求了所属学术团队成员的修改意见，对问卷层次、题项内容和表达措施等进行讨论和调整，形成调查问卷二稿。

（3）与产业技术创新战略联盟盟员的管理人员进行讨论，再次修改问卷相关题项。与云南省产业技术创新战略联盟盟员单位的 6 位中高层管理人员进行访谈，主要考察三方面的问题：研究变量的逻辑关系是否符合产业技术创新战略联盟实践活动的具体情况；问卷量表中的变量测度题项能否反映盟员单位的相关情况；题项的表达措辞是否便于理解和阅读。在此基础上再次修改问卷，形成调查问卷三稿。

（4）通过预测试对问卷进行纯化，验证变量设置和问卷表达的合理性，修正后形成调查问卷的终稿。

（二）其他事项

在问卷设计过程中，根据相关学者的建议和观点，笔者还通过以下方式来完善问卷内容，以提高问卷的响应率、信度和效度。

（1）问卷表达尽量避免复杂语句或引导性问题，问卷用词力求明确、具体，尽量避免多重含义或隐含某种假设，增强问卷题项的通俗性和易于理解性。

（2）对于一些敏感性问题，问卷尽量不去涉及或将其设置成具有区间范围的答案选项，便于填写者作答，提高答卷者的答题意愿。

（3）在问卷卷首即向答卷者说明，本问卷纯属学术研究，不涉及企业商业秘密，所获信息也不会用于任何商业行为，并承诺对答卷者提供的信息予以保密。

（4）为了更好地保证问卷填写内容的信度和效度，在问卷中设置反向题项，以考察答卷者的填写态度，为避免信息失真和识别无效问卷提供依据。

（5）在预测试前，请2位具有硕士学位的从事科技方面管理和研究的政府工作人员、3位博士生和3位硕士生对问卷层面、题项的表达和措辞等进行审查，并根据他们的建议和意见对问卷内容进行修改和增删。

四 研究数据的收集

由于尚未见到产业技术创新战略联盟稳定性的实证研究，而本研究的实证研究数据又无法从公开的资料库中获取，因此采用向产业技术创新战略联盟盟员发放调查问卷的方式收集数据。问卷的发放对象以云南省产业技术创新战略联盟盟员单位中负责联盟工作的中高层管理人员以及具体参加联盟日常管理工作的人员为主，他们对产业技术创新战略联盟的运作及绩效水平有足够的了解，能回答本调查问卷中各类问题。本研究主要采取两种方式进行问卷发放和回收：（1）在产业技术创新战略联盟实地调研中，将纸质问卷带到企业、高校/科研院所，请相关人员现场填写并当场回收；（2）请各产业技术创新战略联盟的联络员向盟员单位发放问卷并回收。

五 相关变量的测量

问卷设计最关键的是确定测量题项，主要包括构造测量项、测量项的修正和检验测量变项体系。根据邱吉尔的观点，在变量的测量题项具有一致性的情况下，多个问题选项比单一题项更能提高信度，因此本研究设置了多个题项来测量主要研究变量。① 在本研究提出的概念模型中，基于现有的文献研究，提出了各个潜变量的操作化定义和量表设计。各变量的测量项目，是在借鉴已有的国内外研究成果的基础上，结合本研究的研究成果，在必要的修正后形成的。基于前文对产业技术创新战略联盟稳定性影响因素的阐述可以看出，在既有的研究文献中已构建了较为完善的相关变量测量题项体系。因此，本研究中对被测变量稳定性的测量题项将从已有的相关文献中选取（见表2-1）。

所有测量题项构成的调查问卷的初稿的判断尺度采用李克特七点量表，采用分数予以评价正方向记分，分数越高，则表示对测试项目的评价越高，同时配备部分反向记分题项，用于筛选不合格问卷。对于初稿的修饰，笔者邀请了8位联盟联络人和15位盟员负责人进行初步调查，并特别要求他们尽可能对问卷提出修改意见。根据他们反馈的信息和建议，对各待测变量的测量题项进行了删减和修改，尽量使问卷的每个题项都符合中文习惯并通俗易懂，最终确定了整个测量体系构建。

表2-1 问卷各部分测量项目的来源及代码

问卷组成	代码	来源
稳定性	Stab	Van de Ven 和 Walker（1994）；Anderson 和 Weitz（1992）；Mohr 和 Nevin（1990）；Muthusamy（2000）
能力对比	Stro	Jeanne 等（1998）；Henry 等（1999）；Gask（1994）
联盟经验	expr	Wendy 等（2002）
声誉	Reput	Roger（2001）

---

① Churchill, Jr. G. A., "A Paradigm for Developing Better Measures of Marketing Constructs," *Journal of Marketing research*（1979）：64-73.

续表

问卷组成	代码	来源
共享价值观	Shar	Jeanne 等（1998）；Roger（2001）
信任	Trus	Jeanne 等（1998）；Wendy（2002）；Henry 等（1999）
沟通	Commu	Robert 等（1994）；Henry 等（1999）
利益分配	dist	Miles 和 Snow（1987）
管理控制	Contro	Robin（2001）；Henry 等（1999）
承诺	pro	Henry 等（1999）；Wendy 等（2002）
机会主义	Opp	Roge（2001）；Henry（1999）
联盟绩效	Perf	Van de Ven 等（1984）；Simonin（1997）
环境动荡性	curr	Miles 和 Snow（1987）；Milliken（1987）
基本信息		自行设计

通过上述测量体系的构建，所有潜在变量的测量题项皆被确定下来，最终形成本研究的调查问卷。不同的研究目的和理论依据决定着问卷题项的总体安排、内容和量表构成。本研究主要探讨产业技术创新战略联盟稳定性的影响机制，因此要求问卷能够提供研究内容所需的有效数据，使这些数据能用于描述性统计、效度与信度检验、验证性因子分析以及结构方程模型检验等。鉴于此，围绕上述研究目标和内容，本研究所设计的调查问卷主要包括以下几方面内容：（1）联盟基本信息；（2）稳定性的影响因素；（3）联盟稳定性；（4）联盟绩效；（5）产业环境的动荡性。预试问卷施测完毕后，进行预试问卷项目分析、效度检验和信度检验，作为编制正式问卷的依据。

（一）因变量

1. 产业技术创新战略联盟稳定性

本研究的主要因变量是产业技术创新战略联盟稳定性。目前，理论界对战略联盟稳定性的定义尚未取得一致性认识，对于如何衡量战略联盟的稳定程度测量有两个主要方向：一是根据英克潘和比米什对战略联盟稳定性的定义采用稳定与不稳定二分法来直接判定；二是范德温和沃克、安德森和威茨、莫尔和内文从盟员继续留在联盟的意愿角度判断联盟稳定性。① 范德温和沃克通过"盟员关系具有生产率、有价值和平等"来判断战略联盟盟员对现状的满意程度（采用李克特七点量表；1 = 绝对不满意，7 = 完全满意）。

产业技术创新战略联盟稳定性同样是较难测定的概念，对产业技术创新战略联盟稳定性进行实证研究，尤其是利用多元统计法进行量化分析与研究，必须要对稳定性有个清晰的定义，并且在实际研究中能够对联盟的稳定程度进行有效的测度。笔者认为，只要产业技术创新战略联盟盟员都对目前合作状态很满意，不愿或不会破坏整个联盟关系，以及盟员各方都对产业技术创新战略联盟的未来发展充满期待，愿意继续留在联盟，就可以说明联盟处于稳定状态。因此，主要参考穆图萨米在其博士学位论文中提出的联盟稳定性指标体系，通过 6 个题项测量产业技术创新战略联盟盟员对合作现状的满意度：（1）我们和合作伙伴在联盟中的关系能带来很高的产出；（2）我们和合作伙伴在联盟中的关系是有价值的；（3）从联盟中获取的利润和收益是公平和平等的；（4）和合作伙伴组成的联盟增加了我们的收益；（5）联盟有助于我们获得市场份额或竞争优势；（6）加入联盟对我们来说是错误的（反向题项）。通过 4 个题项测量盟员继续留在联盟的意愿：（1）我们继续作为联盟盟员将得到更多利益；（2）我们希望和合作伙伴的关系持续较长时间；（3）我们参与联盟的决策是正确的；（4）我们与合作伙伴的关系很好，我们希望联盟继续存在。以上所有题项均采用李克特七点量表法进行测量。②

2. 产业技术创新战略联盟绩效

本研究为验证产业技术创新战略联盟稳定性对联盟绩效的影响，将联盟绩效作为产业技术创新战略联盟稳定性的因变量。以往对战略联盟绩效的实证研究更多的是关注财务客观指标，比如盈利、增长和成本优势等，但以财务指标为联盟绩效的测量指标却备受争议③，因为有些数字

① Mohr, J., Nevin, J. R., "Communication Strategies in Marketing Channels: A Theoretical Perspective," *The Journal of Marketing* (1990): 36 – 51.

② Muthusamy, S., *Performance and Stability of Strategic Alliances: An Examination of the Influence of Social Exchange Processes* (PhD., Oklahoma State University, 2000), p. 103.

③ Geringer, J. M., Hebert, L., "Control and Performance of International Joint Ventures," *Journal of International Business Studies* (1989): 235 – 254.

很难获得，特别是一些公司会鉴于保密等原因拒绝提供敏感信息。其他学者倾向于主观判断联盟绩效，比如联盟成长性或存活率，这意味着合作关系持续时间越长，越容易达到满意效果。盟员进入联盟通常还为了某些非财务指标等主观目的，比如学习新市场或获得新技术。即使财务指标完全实现，若上述目标没有实现，他们也不会认为联盟是成功的。战略联盟绩效也可以用组织间的学习来反映。鉴于产业技术创新战略联盟绝大多数以契约形式存在，企业、高校/科研院所等不同主体的诉求虽有不同，但以新技术、新产品或市场开拓作为产业技术创新战略联盟绩效的测量指标可以满足共性要求。因此，本研究主要参考范德温等[1]、西蒙尼、穆图萨米等人的测量体系，选取4个题项从盟员学习成效、新产品开发等角度进行测量：（1）我们学会了如何与合作伙伴共同研发和产品生产；（2）我们学会了如何与合作伙伴进行技术、知识交流；（3）我们从合作伙伴那里获得了新技术或竞争力；（4）通过联盟，我们开发了新技术或新产品。以上所有题项均采用李克特七点量表法进行测量。

（二）自变量

1. 情境因素测量体系的构建

正如前文所述，情境因素包括能力对比和联盟经验。对于能力对比和联盟经验的测量体系主要参考了珍妮等、亨利等、盖斯克和温迪等的测量体系，从中分别选取4个题项构建了本研究情境因素的初步测量体系集合。

其中，4个题项测量能力对比：（1）我们和合作伙伴的能力与资源在有些方面是互补的；（2）缺乏对方的参与，合作项目将很难成功（或成本很高）；（3）我们与合作伙伴的相互依赖程度是对称的；（4）合作伙伴没有提出过分的要求。4个题项测量联盟经验：（1）我们参与联盟的频率较高；（2）我们所参与组建的不同联盟之间的差异性较为明显；（3）我们具有较长的联盟历史；（4）我们以往联盟成功的比例较高。以上所有题项均采用李克特七点量表法进行测量。

---

① Van de Ven, A. H., Walker, G., "The Dynamics of Interorganizational Coordination," *Administrative science quarterly* (1984): 598－621.

2. 品质因素测量体系的构建

本研究设定的产业技术创新战略联盟盟员品质因素包括声誉和共享价值观，主要参考了罗杰[①]、珍妮等的测量体系，从中选择了 6 个测量题项构建声誉的初步测量体系，5 个测量题项构建共享价值观测量体系。其中，声誉的测量题项包括：（1）合作伙伴有一个比较优秀的管理者或管理团队；（2）合作伙伴在财务上是安全的；（3）合作伙伴能够吸引和留住有才能的员工；（4）合作伙伴有一个良好的长期的未来；（5）合作伙伴具有创新精神；（6）合作伙伴能合理地利用其资产。共享价值观测量题项包括：（1）我们与合作伙伴的信息交流是坦诚的；（2）合作伙伴与我们企业交流的信息是及时的；（3）合作伙伴与我们企业交流的信息是可靠的；（4）我们与合作伙伴的管理者的处理问题方式有共同之处；（5）我们与合作伙伴相互之间都尊重和理解对方的单位文化。以上所有题项均采用李克特七点量表法进行测量。

3. 互动因素测量体系的构建

基于联盟发展过程提炼的影响，产业技术创新战略联盟稳定性的互动因素主要包括信任、沟通、利益分配、管理控制和承诺等因素。基于前面对信任的阐述和综述可以看出，既有研究文献中已经构建了较为完善的信任测量题项。珍妮等采用"依靠合作企业帮助自身解决问题，尽管我们不是一味地同意合作企业的决策，但我们相信他们行动的意图是好的"等测量信任；温迪等通过合作企业倾向于公平和公正地对待我们的企业；亨利等采用"合作企业对他们约定的事情是诚恳的"等对信任构建了测量体系。笔者从中选取了 6 个测量题项构成本研究中信任的初步测量题项：（1）合作伙伴能完成合作协议中所承担的任务；（2）合作伙伴对他们约定的事情是诚恳和负责的；（3）合作伙伴只对他自己的利益感兴趣（反向题项）；（4）合作伙伴没有足够考虑到我们单位的利益；（5）合作伙伴能公平和公正地对待我们单位；（6）尽管我们不是一味地同意合作伙伴的决策，但我们相信他们行动的意愿是好的。以上所有题项均采用李克特七点

---

① Bennett, R., Gabriel, H., "Reputation, Trust and Supplier Commitment: the Case of Shipping Company/Seaport Relations," *Journal of Business & Industrial Marketing* 16 (2001): 424－438.

量表法进行测量。

沟通的测量题项主要参考罗伯特等[①]、亨利等的测量体系，从中选取了5个题项构建初步测量体系集合：（1）合作伙伴愿意与我们交换相关合作项目的信息；（2）我们和合作伙伴投入了必要的时间，进行面对面的交流；（3）我们与合作伙伴的信息交流是坦诚的；（4）合作伙伴与我们企业交流的信息是及时的；（5）合作伙伴与我们企业交流的信息是可靠的。以上所有题项均采用李克特七点量表法进行测量。

对于利益分配、管理控制和承诺变量的测量体系，主要参考了迈尔斯和斯诺、罗宾、亨利等的测量题项，选取了3个题项测量利益分配：（1）联盟利益分配与合作伙伴投入的资本基本匹配；（2）联盟利益分配与合作伙伴承担的风险基本匹配；（3）联盟利益分配与合作伙伴所做贡献基本匹配。选取了4个题项作为管理控制的初始测量题项：（1）合作初期，我们和合作伙伴均采用正式控制手段；（2）随着我们与合作伙伴之间越来越了解，双方开始采用非正式控制手段（如信任、奖励、交谈等方式）；（3）正式控制手段（如正式的规章制度）和非正式控制手段是相互补充的；（4）随着合作的深入，正式控制手段对合作项目的管理越来越缺乏灵活性。承诺的初始测量题项由3个题项组成：（1）我们与合作伙伴都愿意维持这种合作关系；（2）我们认为合作伙伴是一个重要的商业伙伴；（3）我们企业的关键人员与合作伙伴的关键人员之间建立了个人友谊。以上题项均采用李克特七点量表法进行测量。

4. 机会主义测量体系的构建

对于机会主义变量的测量体系，笔者主要参考了罗杰、亨利等的测量体系，从中选取了4个测量题项构建机会主义的初步测量体系集合：（1）合作伙伴为得到我们的支持，会隐瞒对我们不利的信息；（2）合作伙伴允诺一些事情，后来实际上没有兑现；（3）合作伙伴可能会利用我们未注意或不了解的地方；（4）未经允许，合作伙伴可能会利用我们企业的信息。以上所有题项均采用李克特七点量表法进行测量。

---

① Morgan, R. M., Hunt, S. D., "The Commitment - Trust Theory of Relationship Marketing," *The Journal of Marketing* (1994): 20 – 38.

（三）调节变量

本研究的调节变量为环境动荡性，具体是指产业技术创新战略联盟盟员在合作创新过程中所面临的产品市场和技术环境变化的动荡程度，主要包括技术环境动荡性和市场环境动荡性。[1]

参考迈尔斯和斯诺等人对环境动荡性的描述和定义[2]，本研究通过 5 个题项对环境动荡性进行测量：（1）市场需求变动很快，难以预测；（2）产业内技术发展变化很快；（3）产业竞争非常激烈；（4）产业政策变化很快；（5）产业技术不易改变。以上所有题项均采用李克特七点量表法进行测量。

（四）控制变量

控制变量可能会对被解释变量（产业技术创新战略联盟稳定性）产生影响。为了建立稳定的假设关系，结合前人的相关研究成果，本研究控制变量选取了个体水平和组织水平两类变量，在调查问卷中设计了包括盟员组织和被调查者性质的相关问题。其中，个体水平包括被调查者的性别、学历、职位和工作年限，组织水平控制变量有单位性质和单位人数等。组织规模可能会影响产业技术创新战略联盟的稳定性，因为较大的组织规模通常拥有更好的创新知识基础和更多的创新资源。同样，企业、高校/科研院所等不同的盟员组织性质也会因为内生驱动、知识积累等不同对产业技术创新战略联盟的稳定性产生影响。[3] 因此，这些组织和个体特征变量将被作为控制变量对待。

六　初始调查与数据处理

本研究所用的量表虽然为成熟量表，但国外实证研究的调查对象不

① Moorman, C., Miner, A. S., "The Impact of Organizational Memory on New Product Performance and Creativity," *Journal of Marketing Research* (1997): 91 – 106.

② Snow, C. C., Miles, R. E., "Causes for Failure in Network Organizations," *California Management Review* 34 (1992): 53 – 57.

③ 江旭、高山行、李垣：《战略联盟的范围、治理与稳定性间关系的实证研究》，《管理工程学报》2009 年第 2 期。

同，所有题项是否合适，结构维度是否会发生变化，皆有待进一步分析。基于以上原因，在征求了专家和企业管理者的意见后，决定对量表先进行初始问卷调查。

（一）初始调查问卷

初始调查问卷共 6 个部分：第一部分为被调查者的个人基本信息；第二部分为所在联盟的基本信息；第三部分为联盟稳定性的影响因素测量量表，共 44 个题项；第四部分为联盟稳定性测量量表，共 10 个题项；第五部分为联盟绩效测量量表，共 4 个题项；第六部分产业环境动荡性测量量表，共 5 个题项。问卷采用李克特七点量表。

初始问卷调查结合 2014 年度云南省产业技术创新战略联盟绩效评价工作，于 2015 年 1 月进行，调查对象选择云南省第一、二批 26 家产业技术创新战略联盟的 180 家盟员单位，共发放问卷 180 份，回收 155 份，有效问卷 121 份，样本回收率 86.11%，有效率 67.22%。问卷收集采取现场填写并回收，由研究者本人在现场讲解填写要求，被调查者当面填写。

（二）项目分析

项目分析的主要目的在于检验编制的量表或测验个别题项的可靠程度。本研究采用项目分析常用的检测方法。

方法一，两个极端组比较。以量表总得分的前 27% 和后 27% 进行差异比较，极端组比较结果的差异值即成为决断值或临界比（简称 CR）。决断值检验未达显著的题项最好删除。

方法二，个别题项与总分的相关性。如果个别题项与总分的相关愈高，则表示题项与正题量表的同质性愈高，所要测量的心理特质或潜在行为更为接近。个别题项与总分的相关系数未达显著的题项，或两者为低度相关（相关系数小于 0.4），表示题项与整体量表的同质性不高，最好删除。

方法三，同质性检验。信度系数在项目分析中作为同质性检验指标之一，信度可定义为真实分数的方差占测量分数方差的比例。信度检验旨在检验题项删除后，整体量表的信度系数变化情形，如果题项删除后的量表整体信度系数比原先的信度系数高出许多，则此题项与其余题项所要测量的属性可能不相同，代表此题项与其他题项的同质性不高，在项目分析时可考虑将此题项删除。同质性检验指标之二，共同性与因素负荷量。共同性表示题项能解释共同特质或属性的变异量，共同性的数值越高，表示能测量到此心理特质的程度越多。共同性较低的题项与量表的同质性较少，因而可以考虑删除题项。因素负荷量则表示题项与因素关系的程度，题项在共同因素的因素负荷量越高，表示题项与共同因素（总量表）的关系越密切，即其同质性越高。

根据第一种方法，对量表题项间的反向题重新编码计分，有效数据的总人数为 121 人，乘以 27%，得到高分组的临界位置为 394，低分组临界组位置是 354，采用独立样本 t 检验法，求出高低两组受试者在各题项平均数的差异显著性。由于将 t 检验结果是否达到显著性作为题项删除依据，为避免因题项太多而影响受试者填答意愿，故本研究根据临界比值大于 3.00 作为题目筛选的依据。

第二种方法，计算各题项与总分的相关性，通过相关系数的显著性判断项目的区分能力。分析结果显示，大多数题项与总分的相关性显著大于 0.4。

第三种方法，一份信度理想的量表，其总量表的内部一致性系数至少要在 0.80 以上，一份好的量表或监测除了要有良好的效度外，其信度系数必须达到最基本的指标值，若是量表 a 系数数值越高，表示其信度越高，测量误差越小。量表 a 系数为 0.961，从题项删除后量表的内部一致性 a 系数数值改变值来看，部分题项删除后的量表系数比 0.961 大，考虑删除。采用主成分分析抽取共同因素时，初始的共同性估计值均为 1，根据最后共同性萃取值的大小，可以了解题项所欲测量共同特质的高低。共同性为各题项在共同因素的因素负荷量的平方加总，反映的是共同因素对各题项的解释变异量，这个值是个别题项与共同因素间多元相关系数的平方。因为只抽取一个共同因素，因而共同性可以说是共同因素对各题项的解释变异量，如果题项的共同性越大，表示测得行为或心理特质的共同因素与题项的关系越密切。一般而言，共同性值若低于

0.20（此时因素负荷量小于 0.45），表示题项与共同因素间的关系不密切，则此题项可以考虑删除。从萃取值结果可以发现，部分题项的共同性小于 0.20 且因素负荷量小于 0.45，表示题项与共同因素的程度关系微弱，依此指标可考虑删除。

可见，把萃取的因素限定为 1 时，其数学分析的模型与题项及量表总分间的相关非常类似，萃取的共同因素类似于量表的总分，成分矩阵中的因素负荷量类似于相关矩阵中的积差相关系数，而题项的共同性类似于决定系数，不同的是其总分计算方式。若是所有题项所测量的潜在特质相似，则两个统计量最后呈现的结果大致相同。

在项目分析的判别指标方面，若采用决断值或 CR 值，一般的判别准则必须 CR 值≥3.00，较为严格的判别标准为 CR 值≥3.50；在题项与总分的相关性方面，两者的相关程度必须有中度关系，即积差相关系数值必须≥0.400，上述 CR 值或相关系数均必须达到显著；至于因素符合量的判别法，题项在萃取共同因素的因素符合量必须≥0.45，此时题项的共同性须≥0.20，萃取因素可以解释题项 20% 以上的变异量。项目分析时一般的判别准则见表 2-2。

表 2-2　项目分析判别准则

题项	极端组比较	题项与总分相关	同质性检验 .961		
	决判值		题项删除后的 α 值	共同性	因素负荷量
判断标准	≥3.000	≥.4000	≤.961	≥.200	≥.450

通过上述方法分析，将项目分析各项统计量整理如表 2-3 所列。

表 2-3 为产业技术创新战略联盟稳定性量表中关于极端组比较、题项与总分相关性、同质性检验的统计量结果，从题项决判值、题项与总分的相关性、题项删除后的 a 值改变、题项的共同性与因素负荷量等指标来看，expr2、contr4 和 curr5 在以上 5 个指标的统计量均不理想，opp3、trus3、trus4、stab6 同时在共同性和因素负荷量统计量等方面不理想，因而经项目分析综合评鉴后，从 63 个题项的产业技术创新战略联盟稳定性量表中删除了上述 7 题，保留了 56 题。

表 2 - 3　项目摘要

题项	极端组比较	题项与总分相关	同质性检验 .961			未达标准指标数	备注
	决判值		题项删除后的 α 值	共同性	因素负荷量		
reput1	5.753	.694**	.960	.494	.703	0	保留
reput2	5.271	.611**	.960	.408	.639	0	保留
reput3	5.324	.685**	.960	.494	.703	0	保留
reput4	6.027	.626**	.960	.436	.661	0	保留
reput5	5.094	.621**	.960	.397	.630	0	保留
reput6	8.931	.722**	.960	.531	.729	0	保留
stro1	3.609	.444**	.961	.217	.466	0	保留
stro2	5.075	.455**	.961	.203	.451	0	保留
stro3	8.497	.769**	.960	.589	.767	0	保留
stro4	6.089	.651**	.960	.459	.677	0	保留
expr1	4.786	.521**	.960	.274	.524	0	保留
expr2	#.2.138	#.174	#.962	#.022	#.150	5	删除
expr3	4.593	.470**	.961	.286	.452	1	保留
expr4	7.558	.673**	.960	.437	.661	0	保留
contr1	5.353	.613**	.960	.381	.617	0	保留
contr2	4.569	.451**	.961	.203	.451	0	保留
contr3	4.428	.482**	.961	.262	.452	0	保留
contr4	#.073	#.044	#.963	#.018	#.133	5	删除
commu1	8.834	.711**	.960	.490	.700	0	保留
commu2	6.181	.639**	.960	.420	.648	0	保留
commu3	7.546	.652**	.960	.436	.660	0	保留
commu4	6.479	.672**	.960	.477	.691	0	保留
commu5	7.035	.688**	.960	.500	.707	0	保留
shar1	6.981	.668**	.960	.466	.683	0	保留
shar2	5.131	.627**	.960	.428	.654	0	保留
shar3	6.053	.651**	.960	.452	.672	0	保留
shar4	4.748	.664**	.960	.497	.705	0	保留
shar5	#.2.976	.518**	.961	.318	.564	1	保留
opp1	4.146	.493**	.961	.246	.455	0	保留
opp2	6.089	.445**	.961	.226	.454	1	保留

题项	极端组比较	题项与总分相关	同质性检验 .961			未达标准指标数	备注
	决判值		题项删除后的 α 值	共同性	因素负荷量		
opp3	3.883	#.264 **	#.962	#.028	#.166	4	删除
opp4	6.230	.502 **	.961	.211	.460	0	保留
pro1	6.800	.689 **	.960	.512	.716	0	保留
pro2	4.864	.629 **	.960	.405	.636	0	保留
pro3	3.125	.432 **	.961	.230	.461	0	保留
trus1	8.234	.701 **	.960	.517	.719	0	保留
trus2	6.817	.780 **	.960	.662	.813	0	保留
trus3	4.578	.478 **	.961	#.167	#.409	2	删除
trus4	4.891	.419 **	.961	#.124	#.352	2	删除
trus5	8.949	.700 **	.960	.508	.713	0	保留
trus6	3.594	.488 **	.961	.245	.495	0	保留
dist1	7.297	.782 **	.960	.644	.803	0	保留
dist2	8.363	.792 **	.960	.669	.818	0	保留
dist3	8.516	.811 **	.960	.710	.843	0	保留
stab1	7.228	.663 **	.960	.404	.635	0	保留
stab2	6.071	.733 **	.960	.590	.768	0	保留
stab3	8.134	.723 **	.960	.552	.743	0	保留
stab4	6.428	.632 **	.960	.385	.621	0	保留
stab5	8.705	.712 **	.960	.499	.707	0	保留
stab6	5.522	.441 **	.961	#.177	#.421	2	删除
stab7	9.196	.768 **	.960	.634	.797	0	保留
stab8	6.217	.742 **	.960	.636	.798	0	保留
stab9	5.359	.709 **	.960	.565	.752	0	保留
stab10	5.153	.703 **	.960	.561	.749	0	保留
perf1	7.572	.731 **	.960	.484	.696	0	保留
perf2	6.461	.792 **	.960	.642	.801	0	保留
perf3	7.383	.689 **	.960	.447	.668	0	保留
perf4	10.816	.693 **	.960	.417	.646	0	保留
curr1	3.504	.401 *	.960	.244	.510	0	保留

续表

| 题项 | 极端组比较 | 题项与总分相关 | 同质性检验 .961 | | | 未达标准指标数 | 备注 |
	决判值		题项删除后的 α 值	共同性	因素负荷量		
curr2	6.286	.382**	.960	.229	.459	0	保留
curr3	3.442	.398**	.960	.368	.510	0	保留
curr4	3.802	#.186*	.960	.228	.466	1	保留
curr5	#2.465	#.165	#.962	#.014	#.117	5	删除
判断标准	≥3.000	≥4.00	≤.961	≥.200	≥.450	—	—

说明：0.961 为产业技术创新战略联盟稳定性量表的内部一致性 a 系数，#未达指标值，相关指标判断标准见表 2-2。

七 正式调查与样本特征

(一) 正式调查问卷

正式调查问卷共 6 个部分：第一部分为被调查者的个人基本信息；第二部分是所在联盟的基本信息；第三部分是联盟稳定性的影响因素测量量表，共 39 个题项；第四部分是联盟稳定性测量量表，共 9 个题项；第五部分是联盟绩效测量量表，共 4 个题项；第六部分为产业环境动荡性测量量表，共 4 个题项。问卷采用李克特七点量表，问卷收集后输入数据，利用统计分析软件处理数据，对研究假设和模型进行验证、解释和修正。

(二) 样本获取与样本特征

本研究正式问卷调查在 2015 年 3 月进行，与初始问卷调查相比，正式调查扩大了调查范围，共调查了云南省 37 家产业技术创新战略联盟的盟员单位，发放问卷 260 份，回收 192 份（见表 2-4），有效问卷 182 份，样本回收率 73.85%，有效率 70%。问卷收集采取现场填写回收和委托调查两种形式。一是现场填写回收，由研究者本人在现场讲解填写要求，被调查者当面填写回收；二是研究者对产业技术创新战略联盟的联络员现场讲解，而后委托联络员发放并回收问卷。调查涵盖了各个年龄段，学历，职位层次，企业、高校/科研院所等单位，样本具有代表性。

表 2-4　问卷发放统计

序号	联盟名称	成员	问卷发放	回收
1	云南省面向东南亚南亚文化旅游电子商务产业技术创新战略联盟	6	5	3
2	外场强化过程与装备产业技术创新战略联盟	7	6	4
3	云南省红外光电产业技术创新战略联盟	5	5	4
4	贵金属材料产业技术创新战略联盟	9	7	5
5	多联产煤化工产业技术创新战略联盟	7	6	5
6	云南省临空产业技术创新战略联盟	10	5	5
7	可溶性固体钾盐矿资源产业化开发产业技术创新战略联盟	9	7	6
8	云南省钛产业技术创新战略联盟	7	5	5
9	云南省高效精密数控机床技术创新战略联盟	6	5	5
10	高原山区公路水路建管养运交通产业技术创新战略联盟	7	5	4
11	云南省三七产业技术创新战略联盟	11	11	6
12	云南省民族药产业技术创新战略联盟	13	13	5
13	云南省石斛产业技术创新战略联盟	9	8	5
14	云南省灯盏花产业技术创新战略联盟	7	7	5
15	云南省蔗糖业技术创新战略联盟	9	6	5
16	云南省马铃薯产业技术创新战略联盟	7	5	3
17	云南省磷资源高效开发利用产业技术创新战略联盟	12	9	5
18	云南省生猪产业技术创新战略联盟	11	11	6
19	云南省肉牛产业技术创新战略联盟	7	5	4
20	云南省咖啡产业技术创新战略联盟	5	5	5
21	云南省生物疫苗产业技术创新战略联盟	7	5	5
22	云南省太阳能光热产业技术创新战略联盟	12	9	7
23	云南省食用菌产业技术创新战略联盟	9	5	5
24	云南省花卉产业技术创新战略联盟	8	5	4
25	云南省实验动物产业技术创新战略联盟	10	9	5
26	云南省鸡产业技术创新战略联盟	12	8	6
27	云南省生物质能源产业技术创新战略联盟	9	7	4
28	国产兰花产业技术创新战略联盟	8	6	4
29	云南省文山丘北辣椒产业技术创新战略联盟	7	5	4
30	云南省杂交水稻产业技术创新战略联盟	11	11	9
31	三七产业标准化及国际化技术创新战略联盟	11	11	9

续表

序号	联盟名称	成员	问卷发放	回收
32	云南省危险废物处置产业技术创新战略联盟	8	7	6
33	云南省奶业技术创新战略联盟	8	3	3
34	普洱茶产业技术创新战略联盟	13	11	7
35	云南省车用天然气产业技术创新战略联盟	7	7	7
36	云南省火腿产业技术创新战略联盟	11	6	5
37	云南省牛羊种质资源产业技术创新战略联盟	9	9	7
	合计	324	260	192

说明：仅面向云南省内盟员发放问卷。

表 2 - 5　样本特征分布

单位：%

样本特征	分类标准	人数	占比	样本特征	分类标准	人数	占比
性别	男性	107	58.8	职位	高层管理者	45	24.7
	女性	75	41.2		中层管理者	80	44.0
学历	研究生或以上	79	43.4		基层人员	57	31.3
	本科	83	45.6	工作年限	3 年以内	43	23.6
	大专	9	4.9		4 ~ 10 年	66	36.3
	中专或高中	11	6.0		10 年以上	73	40.1
单位性质	企业	113	63.2	单位人数	50 人以下	46	25.3
	高校	16	8.8		51 ~ 100 人	48	26.4
	科研院所	52	27.5		101 ~ 500 人	48	26.4
	其他	1	1.5		500 人以上	40	21.9

表 2 - 6　样本合作内容与样本性质交叉

单位：份，%

名称			单位性质			总计
			科研院所	企业	高校	
合作内容	技术创新或交流	计数	41	82	13	136
		合作内容内	30.1	60.3	9.6	
		单位性质	83.7	71.3	81.3	
		总计	22.8	45.6	7.2	75.6

续表

名称			单位性质			总计
			科研院所	企业	高校	
合作内容	新产品研发	计数	27	63	12	102
		合作内容内	26.5	61.8	11.8	
		单位性质	55.1	54.8	75.0	
		总计	15.0	35.0	6.7	56.7
	原材料基地或供应渠道建设	计数	4	34	2	40
		合作内容内	10.0	85.0	5.0	
		单位性质	8.2	29.6	12.5	
		总计	2.2	18.9	1.1	22.2
	生产经营	计数	3	48	4	55
		合作内容内	5.5	87.3	7.3	
		单位性质	6.1	41.7	25.0	
		总计	1.7	26.7	2.2	30.6
	销售或售后服务	计数	5	28	0	33
		合作内容内	15.2	84.8	0	
		单位性质	10.2	24.3	0	
		总计	2.8	15.6	0	18.3
	市场开拓	计数	11	54	3	68
		合作内容内	16.2	79.4	4.4	
		单位性质	22.4	47.0	18.8	
		总计	6.1	30.0	1.7	37.8
	其他	计数	8	4	0	12
		合作内容内	66.7	33.3	0	
		单位性质	16.3	3.5	0	
		总计	4.4	2.2	0	6.7
总计		计数	49	115	16	180
		总计的	27.2	63.9	8.9	100.0

　　从表2－5和表2－6可以看出，本次调查范围广、调查单位性质多样、样本涵盖范围广、样本分布合理、所得数据具有代表性、分析得出的结论具有一定的可靠性。

八　小结

本章阐述了实证研究的基本过程以及问卷设计、数据收集、初始问卷项目分析、正式问卷样本特征等内容。通过对初始问卷的三类项目分析，删除量表题项 7 项，形成正式调查问卷。正式调查问卷获取的样本涵盖范围较广，所得数据具有一定的代表性。

第三章

产业技术创新战略联盟稳定性的概念模型

本章在相关文献回顾和总结的基础上，建立了产业技术创新战略联盟稳定性的概念模型，提出了相应的研究假设。

一 产业技术创新战略联盟稳定性的前置因素

如前文所述，国内外对战略联盟稳定性前置因素的归纳有过一些研究工作，对于哪些因素影响战略联盟稳定运行，学者们的看法并不一致。主流学者的研究主要集中在供应链或技术联盟稳定性方面。这些研究提供了可供认识产业技术创新战略联盟实际操作稳定性的思路和学术基础，但用它直接指导产业技术创新战略联盟显然是一种"近似"推断的方法，对产业技术创新战略联盟稳定性的前置因素的研究几乎是空白的。本文认为，从产业技术创新战略联盟运行过程的角度探讨其稳定性，可以获得产业技术创新战略联盟稳定性影响因素的系统结构。在前文回顾和分析国内外大量研究成果的基础上，分析了产业技术创新战略联盟稳定性的前置因素，将影响产业技术创新战略联盟稳定性的前置因素分为以下几类。

（1）情境因素：包括能力对比、联盟经验等因素。这些因素使产业技术创新战略联盟的盟员没必要做出机会主义的行为，就可以满足自身利益最大化。此类因素不是合作各方的基本属性。

（2）品质因素：包括声誉、共享价值观等因素。这些因素是基于对产业技术创新战略联盟盟员的感知，依赖于合作各方的属性，用于评价产业技术创新战略联盟各个盟员自身特性的依据。

（3）互动因素：包括沟通、管理控制、承诺、利益分配、信任等因素。这些因素基于产业技术创新战略联盟的发展过程，用于评价产业技术创新战略联盟运行过程中影响因子对稳定性的影响。

（4）机会主义：机会主义行为经常出现在交易成本分析的文献中，是影响产业技术创新战略联盟稳定性的重要因素。

（一）情境因素与产业技术创新战略联盟的稳定性

情境因素包括能力对比和联盟经验等因素。以下将逐一分析情境因素对产业技术创新战略联盟稳定性的影响。

1. 能力对比与产业技术创新战略联盟的稳定性

组织间能力是指合作一方对另一方的决策影响程度，其对联盟稳定性具有重要影响。盟员之间的能力对比是影响联盟过程管理中的重要因素。布克林从资源依赖的角度研究战略联盟的稳定性问题，提出企业建立联盟是为了实现资源互补，在联盟管理中，应尽量降低对联盟伙伴的依赖度，提升对方对自己的依赖度，从而获得联盟的控制权和大部分的联盟收益，并认为联盟各方力量的对比和依赖程度的变化均会引起联盟结构的变化及不稳定。[①] 力量关系或许是平衡的或者均衡的，就是说盟员具有相同的能力影响对方决策，但是当力量关系不均衡时，力量较强的一方就可能影响或控制力量较弱的一方。相对于综合实力和研发能力较弱的产业技术创新战略联盟盟员，综合实力和研发能力较强的盟员更能影响产业技术创新战略联盟运行控制系统的设计和使用。然而，运用此力量会妨碍盟员之间实现协同创新目标的动力，因为它阻止了产业技术创新战略联盟合作各方发展对盟员合作关系的相互承诺。更为重要的是，盟员之间的能力对比不仅不会降低盟员之间机会主义行为的风险，而且一方不均衡的控制可能会导致合作方的机会主

---

① Bucklin, L. P., et al., "Organizing Successful Co - Marketing Alliances," *The Journal of Marketing* (1993): 32 - 46.

义行为。某盟员可能会在合作方没有控制的领域开展机会主义行为，来寻求弥补其控制和影响的缺失。弗雷泽提出在联盟关系中，如果各方力量对比是平衡的，则合作各方在试图对另一方施加影响的相互磨合中会达到某种均衡；如果力量不平衡，那么相对更强大有力的一方总期望控制相对更弱的一方。[①] 这意味着产业技术创新战略联盟中，合作各方的能力应是平衡或至少是相对独立的，不存在一方控制另一方的局面，提倡有效沟通和充分授权，这样合作伙伴之间才会产生更积极的合作期望。

实力雄厚的盟员与实力较弱的盟员进行协同创新时，实力较弱的盟员可以利用合作方的资金、人才等资源，并获得向合作方学习的机会。但实力雄厚的盟员则可能单方面决定实力较弱盟员的命运。对于同样的损失，实力较弱的盟员受到的影响会更大，由此可能会对实力雄厚的盟员产生戒心，也就是说，实力较弱的盟员可能会对势力雄厚的盟员产生消极的期望，进而对其的信任程度也会降低。产业技术创新战略联盟中，实力雄厚的盟员通常会要求更多的控制权，导致合作各方的管理控制权不对称，这种不平衡的管理控制将造成实力较弱的盟员趋向于较低的绩效水平。实证研究方面，穆图萨米收集了 128 份战略联盟的样本数据，强调了能力对比对战略联盟稳定性的影响。蔡继荣对我国轿车工业中竞争性战略联盟稳定性的实证研究中也涉及了能力对比因素对战略联盟稳定性影响的讨论。因此笔者认为，在产业技术创新战略联盟中，合作各方的力量应平衡或者至少是相互独立的，不应存在一方控制另一方的局面，能有效沟通和充分授权，才能使合作各方彼此之间产生积极期望，有利于产业技术创新战略联盟的稳定运行。

2. 联盟经验与产业技术创新战略联盟的稳定性

产业技术创新战略联盟的盟员是否有联盟合作经验是影响联盟稳定运行的主要因素之一。有关研究证明，其他条件一致的情况下，具有联盟组建和运行经验的企业成为好的合作伙伴的可能性更大，可以通过潜在合作伙伴过去参与联盟的时间长短来判断与其未来组建联盟的可能性。布朗鲁斯等、古

---

① Frazier, G. L., "Organizing and Managing Channels of Distribution," *Journal of the Academy of Marketing Science* 27 (1999): 226 – 240.

拉蒂、戴尔等人将潜在合作伙伴的联盟经验作为挑选合作伙伴的核心要素，鲁埃尔等人认为，联盟合作伙伴之前是否有合作经历对联盟构建有重要影响，能为企业预测战略联盟构建、未来联盟发展风险以及联盟稳定性。另外，杜尚哲提出战略联盟的稳定性与联盟经验有关：两个以上的企业在最终联盟形成之前的相互联盟经验、单位企业过去与其他企业的联盟经验。[①] 潘加尔卡通过对 1980～1996 年生物领域的 83 份联盟样本进行分析后提出，合作伙伴有以往联盟经验的联盟会更稳定。Yu‐jie 和 W. Di‐fang 基于高科技产业战略联盟，围绕合作伙伴联盟经验对战略联盟稳定性的影响开展实证研究，麦克臣和斯瓦米达斯根据对 85 个生物医药领域战略联盟的研究，强调战略联盟合作伙伴先前的联盟经验与战略联盟稳定性的影响关系。本研究认为，联盟盟员若在组建产业技术创新战略联盟之前便有曾经参与或组建战略联盟的经验，将为他们再次组建联盟提供原始动力。联盟盟员之前丰富的联盟经验能为产业技术创新战略联盟的稳定运行提供保障。

根据以上分析，笔者提出如下假设：

假设 1：情境因素会正向影响产业技术创新战略联盟的稳定性。

由于情境因素包括能力对比和联盟经验等因素，因此有如下假设：

假设 1a：产业技术创新战略联盟盟员之间的力量平衡或至少相对独立，有利于提升产业技术创新战略联盟的稳定性。

假设 1b：产业技术创新战略联盟盟员的联盟经验越丰富，越有利于产业技术创新战略联盟的稳定性。

（二）品质因素与产业技术创新战略联盟的稳定性

品质因素主要是基于对盟员的感知，用于评价产业技术创新战略联盟是否具有良好特性的依据，包括声誉和共享价值观等因素。下面所讨论的是这些因素对产业技术创新战略联盟稳定性的影响。

1. 声誉与产业技术创新战略联盟的稳定性

声誉与形象相关，但又有区别。其他组织或个体对组织形象、组织个性

---

① Dussauge, P., Garrette, B., "Determinants of Success in International Strategic Alliances: Evidence from the Global Aerospace Industry," *Journal of International Business Studies* 26 (1995): 505–530.

以及各种营销沟通的总体认知印象构成了组织声誉。产业技术创新战略联盟盟员的声誉可以看作其他组织或个体根据过去业绩而对其品质的主观判断。萨克斯顿、Das 和 Teng、龙勇等[①]提出，合作伙伴的声誉是判断伙伴间能否互信的重要依据，因为好的声誉能减少交易成本，减少伙伴间冲突及控制合作风险，进而影响联盟的稳定性。俞舟提出了声誉产学研联盟持续时间的增函数[②]，布朗鲁斯等、古拉蒂、戴尔等将潜在合作伙伴的声誉作为挑选合作伙伴的核心要素。合作伙伴诚信水平的高低对产业技术创新战略联盟盟员来讲非常重要，意味着盟员遇到套牢问题、溢出问题以及地方机会主义概率的大小，对联盟稳定性具有重要影响。因此，合作伙伴的声誉是判断盟员之间诚信水平的重要维度，影响着产业技术创新战略联盟的稳定性。

与合作伙伴结盟之前，联盟应明确盟员是否在经营和运作上有良好的声誉表现。调研发现，声誉在联盟合作伙伴选择时发挥着重要作用。声誉这类信任价值和竞争力是一个重要的战略资产，往往随时间而累积。良好的声誉意味着成员的质量，也鼓励其他组织参与联盟。相反，一个坏名声的组织可能具有机会主义行为，而且很难开展工作。声誉是联盟未来稳定运行的关键因素，是相互信任的重要来源。它有助于降低交易费用，减少潜在的机会主义行为，降低合作伙伴间的冲突和控制相关风险。一个信誉好的合作伙伴的真诚合作，可为联盟带来真正的贡献，使联盟在相当长的一段时间内合作成功。与此同时，萨克斯顿的实证研究了声誉对战略联盟稳定性的促进作用。可见，良好的声誉能提升产业技术创新战略联盟的稳定性。

2. 共享价值观与产业技术创新战略联盟的稳定性

产业技术创新战略联盟盟员之间行为、目标和政策是否重要，是否合适、是否正确的信念的共有程度即共享价值观。海德和约翰所述的"规范"就是共享价值，因为他们指的是"合适的行为"。[③] 由于信任是基于团体其他成员普遍共享的规范，因此在产业技术创新战略联盟中，盟员之间若存在共享价值观，便会提升盟员之间的相互信任，有助于产业技术创新

---

① 龙勇等：《战略联盟中的诚信机制》，《工业技术经济》2004 年第 3 期。
② 俞舟：《基于声誉模型的产学研联盟稳定性研究》，《科技管理研究》2014 年第 9 期。
③ Heide, J. B., John, G., "Do Norms Matter in Marketing Relationships?" *The Journal of Marketing* (1992): 32 – 44.

战略联盟的稳定性。勒维克和邦克提出，若要实现联盟盟员之间内部信息畅通，就需要联盟盟员之间具有一致的共享价值观，建立畅通的信息反馈与共享机制。① 联盟内部的冲突和不协调会造成联盟的终止和不稳定。畅通的信息反馈和共享机制能充分发挥盟员在资源、技术、人才等方面的优势，立足产业链的不同阶段，面向产业共性关键技术问题开展协同创新。实证研究方面，Tang 和 Lan 收集了 189 份存储类战略联盟的样本数据，对盟员之间的共享价值观与联盟稳定性之间的关系开展了实证研究。陈耀、生步兵基于社会交换理论和目标互依理论，实证研究了共享价值观对供应链联盟关系稳定性的影响。②

产业技术创新战略联盟盟员来自产业不同层面，在知识与技术等方面都有各自的比较优势，且盟员之间的组织运行规则和程序也不尽相同。若要实现联盟盟员之间内部信息畅通，就需要联盟盟员之间具有一致的共享价值观，建立畅通的信息反馈与共享机制。联盟内部的冲突和不协调会造成联盟的终止和不稳定。畅通的信息反馈和共享机制，能充分发挥盟员资源、技术、人才等方面的优势，立足产业链不同阶段，面向产业共性关键技术问题开展协同创新。

结合上述分析，笔者提出如下假设：

假设2：品质因素会正向影响产业技术创新战略联盟的稳定性。

由于品质因素包括声誉和共享价值观等因素，提出如下假设：

假设2a：产业技术创新战略联盟盟员良好的声誉能提升产业技术创新战略联盟的稳定性。

假设2b：产业技术创新战略联盟盟员良好的共享价值观能提升产业技术创新战略联盟的稳定性。

（三）互动因素与产业技术创新战略联盟的稳定性

产业技术创新战略联盟的互动因素包含信任、沟通、管理控制、利益分配以及承诺等因素，以下将分析产业技术创新战略联盟运行过程中影响

① 龚红、李燕萍：《产业技术创新战略联盟研究综述及其最新进展》，《中国科技产业》2010年第7期。
② 陈耀、生步兵：《供应链联盟关系稳定性实证研究》，《管理世界》2009年第11期。

因子对联盟稳定性的影响。

1. 信任与产业技术创新战略联盟的稳定性

任何一种关系的成功，信任的重要性毋庸置疑。许多学者以不同的方式定义信任。然而正如卢梭等人指出的，不同学科对信任的基本观点大体一致。鲍威尔将信任定义为合作伙伴关系、战略联盟和企业网络成功的重要组成部分。盖斯肯和斯廷坎普等人的研究表明，信任必须建立在共同为维持稳定持续的关系的基础上。[①] 赞德认为，在不同环境下的不同层次分析中的信任会随时间而发展变化[②]，理论和实证也认为信任在人际交往中会随时间而发展。他们提出一种信任的阶段性演化模型，其中"信任逐渐发展为双方从一个阶段转移到另一个阶段"。相互信任的联盟环境可以提供给合作伙伴一系列的好处和优势的合作关系。例如，相互信任不仅能使那些拥有不同知识基础和经验的企业通过协商形成长期互惠的密切合作，还能使他们扩大可行的联盟活动领域和范围。

埃拉姆和库珀、路易斯、布朗鲁斯等、古拉蒂、戴尔等人认为，信任、忠诚、回报共享是一个联盟长期成功的基础，信任是培育盟员关系稳定的基础，并指出信任可以帮助合作各方处理不良结果，使之逆转，是形成"战略性伙伴关系的核心"，是战略联盟组织的关键性原则。威茨认为，信任同样可以增强组织间持续沟通以及组织之间的信息流动。[③] 此外，相互信任带来的信心和声誉以较低的冲突和更高的满意度减少了因监控和其他替代控制机制的正式契约保障的需要，有利于形成有效的合作关系。吉尔提出，相互信任被广泛视为联盟稳定性的根本和联盟成功的重要预测因子。Zeng 和 Chen（2003）从社会困境理论出发，构建了战略联盟稳定性的社会学分析框架，指出联盟盟员对合作还是竞争的选择是一个社会困境，对联盟成败具有重要影响，强调了信任对战略联盟稳定性的重要作用。苑清敏、齐二石认为，信任机制、收益分配机制等是影响我国中小型

---

① Geyskens, I., et al., "The effects of Trust and Interdependence on Relationship Commitment：A Trans – Atlantic Study," *International Journal of Research in Marketing* 13 (1996)：303 – 317.

② Zand, D. E., "Trust and Managerial Problem Solving," *Administrative Science Quarterly* (1972)：229 – 239.

③ Weitz, B. A., Jap, S. D., "Relationship Marketing and Distribution Channels," *Journal of the Academy of Marketing Science* 23 (1995)：305 – 320.

企业动态联盟稳定性的主要因素。① Yang 等人基于社会交换与目标依赖理论对供应链联盟的稳定性进行了研究,发现供应商的承诺与信任对供应链联盟的稳定性与绩效具有积极影响。苏晓华、季晓敏对跨国巨头柯达与中国本土企业乐凯之间跨国联盟解体的分析,认为联盟内信任机制的构建对联盟稳定性具有重要作用。②

多尔对日本纺织产业进行研究,指出组织间的信任有助于增强合作关系、风险分担以及知识交换。吉尔和巴特勒对 2 家日本企业在马来西亚和英国的跨国合资企业进行了分析,强调了信任是影响联盟稳定性的重要因素;又以欧盟和马来西亚的股权式战略联盟为案例研究对象,探讨了信任对联盟稳定性的影响。陈耀和生步兵基于社会交换理论和目标互依理论,研究了盟员信任对供应链联盟关系稳定性的影响。穆图萨米收集了 128 份战略联盟的样本数据,实证研究信任对战略联盟稳定性的影响。江星本以重庆汽车渠道战略联盟为研究对象,依托 119 份样本数据,探讨了合作伙伴间的信任与联盟稳定性的关系。徐明选取重庆整车制造企业战略联盟为研究对象,收集了 149 份样本数据,对影响其战略联盟稳定性的因素进行了实证研究。③

通过上述相关理论和实证的归纳分析,如果产业技术创新战略联盟运作一段时间后,盟员之间无法培养出信任,就会增加联盟运行成本,并会极大地限制盟员之间知识转移和相互学习的可能性。因此,具有竞合关系的产业技术创新战略联盟盟员之间的相互信任和承诺,能增强获得预期收益的可能性。同时,盟员之间的信任作为高成本治理机制的低成本替代物,决定着产业技术创新战略联盟的预期结果。

2. 沟通与产业技术创新战略联盟的稳定性

为实现产业技术创新战略联盟的战略目标,盟员之间需要进行有效的沟通。资源基础理论认为,战略联盟盟员各自的战略目标取决于自身

---

① 苑清敏、齐二石:《中小型制造企业的动态联盟模式及其相对稳定性研究》,《科学学与科学技术管理》2004 年第 1 期。
② 苏晓华、季晓敏:《战略联盟稳定性影响因素研究——基于柯达与乐凯联盟的深度案例分析》,《华东经济管理》2008 年第 4 期。
③ 徐明:《重庆整车制造企业战略联盟稳定性的实证研究》,重庆工商大学硕士学位论文,2011。

具有的能力与拥有的资源。较强的沟通交流能力有利于产业技术创新战略联盟内部信息在盟员之间的共享与交流，就问题达成一致的认知。如果盟员在组建过程中能够建立运行得力的执行机构，始终保持共建共享伙伴之间的信息等相关资源，以及盟员之间的当面沟通，可有效提高相互之间的信任程度。Zeng 和 Chen 基于社会困境理论提出改善沟通有助于联盟稳定。张健和韩茂祥认为，战略联盟稳定性受战略伙伴以及联盟沟通和管理水平等多方面因素的影响。张清山和张金成基于联盟动态运行的过程，提出信息沟通渠道通畅与否是影响战略联盟稳定性的基本因素之一。[①] 盟员之间可以交流对某一问题的看法和意见，进一步增进感情。因此，若伙伴间建立畅通的沟通渠道和手段，则可以增进彼此的了解，增加彼此的信任程度。沟通浪费是产业技术创新战略联盟盟员分散性所需付出的成本之一。在其他条件不变的情况下，产业技术创新战略联盟盟员沟通频率与信息反馈和资源共享成正比，也就是说，沟通频率越高，信息共享和反馈的内容就会越多。同样的，联盟盟员之间的沟通越有效率，也会提升反馈和共享的信息量与水平，使沟通浪费最小化。一般来说，当联盟盟员在沟通过程中遇到障碍时，自我调整行为会发生作用，增大相互交流的强度，通过增大沟通频率、提高沟通效果来避免沟通障碍的发生。

一些学者围绕沟通对联盟稳定性的影响开展了实证研究，如江星本（2011）以重庆汽车渠道战略联盟为研究对象，强调了沟通对战略联盟稳定性的影响。沟通是联盟盟员之间正式和非正式地分享有意义的信息，可以促进盟员之间的了解，及时调整目标，更好地协调任务的实施。产业技术创新战略联盟的沟通效果是指联盟盟员之间通过良好的沟通渠道，围绕运行过程中遇到的相关问题进行沟通交流后达到的实际效果。沟通的途径以及信息反馈将直接影响沟通效果的水平。一般来说，产业技术创新战略联盟内部的沟通渠道越多，途径越合理，沟通能力越强，信息反馈越及时，沟通的总体效果就越好，越有利于联盟稳定运行。

---

① 张清山、张金成：《企业战略联盟不稳定性生成及治理机制》，《生产力研究》2009 年第 16 期。

3. 管理控制与产业技术创新战略联盟的稳定性

格林格和赫伯特、麦道夫、库马尔和塞斯①、马希贾和加内什、Das 和 Teng 等人认为，考虑到战略联盟管理的复杂性，控制可以促进有效合作与学习，因此有效控制对联盟稳定性非常重要。控制可以被看作是一个组织的协调和管理过程，包括监测、指导、评估和奖励活动。非正式控制也被称为社会控制，强调利用建立长期的、主观的和平时行为或盟员和联盟收入作为直观的评价标准。社会控制通过建立共同的目标、规范和价值观去影响合作伙伴的企业行为，其目的是减少目标的不一致性与合作伙伴的偏好差异。社会控制可以增进相互理解，培育相互信任。重要的是，没有规定的特定行为或刚性结果，合作伙伴可以相对独立地完成他们的工作，并开展相互交流的过程，盟员之间可能会因此享有和谐稳定的关系来实现共同目标。

研究者们将正式控制分为两种类型：行为控制（或过程控制）和结果控制。行为控制是明确地指定适当的合作伙伴行为和合作伙伴间交流的满意度之间的作用机制，是强调行为人的过程本身的措施而不是经济或财务结果。过程或行为的控制可以对联盟的动态产生正面影响。一方面，如果合作伙伴经常利用过程控制去协调联盟活动，就必须不断监测和频繁检查，这会破坏合作伙伴的善意和信任，使他们只有有限的自治权来完成他们的工作。另一方面，适当的过程控制应允许联盟盟员建立可行的目标和适时修正不合理的要素。通过实时监测和及时检查，联盟盟员可以检测问题及控制在实施过程中可能出现的偶然事故，并相应地采取有效的行动来解决问题和适应变化。随着产业技术创新战略联盟的不断演化，联盟盟员可以享受联盟运行和可持续发展的稳定性。相比之下，结果控制机制注重的是结果或联盟活动的特定收入。它涉及的是合作伙伴均认同的准确可靠的联盟数据来评价战略目标的能力。如果合作伙伴公司严重依赖对结果的控制，那么就必然会降低联盟的稳定性。结果控制需要客观的措施，如利用市场份额或投资回报率来评估使用性能的标准。当单独采用这个以结果

---

① Kumar, S., Seth, A., "The Design of Coordination and Control Mechanisms for Managing Joint Venture – Parent Relationships," *Strategic management journal* 19 (1998): 579 – 599.

为基础的控制方式，则可能出现问题：一些结果在完成之前很难被量化，无适当的方法和指标来测量。如果联盟运行之初就暗藏了这样的结局，那么争议和不满随时可能发生，联盟由此将逐渐变得不稳定。实证研究方面，江星本、徐明分别基于重庆汽车渠道战略联盟和重庆整车制造企业战略联盟的样本分析实证研究了管理控制对战略联盟稳定性直接正向效应的存在。

4. 利益分配与产业技术创新战略联盟的稳定性

拉尔森认为，不同组织之间缓慢共享以及资源的投入会产生合作。[①] 除非双方认为存在有形的好处，否则他们不会继续投入资源建立合作关系。成功的合作要求一方向另一方建立这种迭代过程，而利益共享是此类合作的重点。鲍威尔指出，一方投入的资源必须通过特定交易得到补偿，从而保证合作关系的稳定性。米德认为，利益分配是否合理是联盟稳定运行的关键问题，直接关系到联盟合作关系的成败。[②] 利益共享可以进一步加强合作伙伴之间的纽带关系，增强关系有效感受程度，是战略联盟盟员合作的重点。李瑞涵等认为，盟员合作利益分配的合理性会影响战略联盟成员合作的稳定性。[③] 苑清敏、齐二石认为，收益分配机制等是影响我国中小型企业动态联盟稳定性的主要因素。单泪源和彭忆中、夏天和叶民强、吉尔等学者则认为，盈利结构是战略联盟稳定性的重要因素，联盟盟员会为了获取长期利益最大化而建立并保持长期稳定的战略联盟。

实证研究方面，江星本以重庆汽车渠道战略联盟为研究对象，收集了 119 份样本数据开展实证研究，探讨了战略联盟盟员的利益分配机制对联盟稳定性具有显著的正向影响。产业技术创新战略联盟利益分配的客体除了经济利益，还包括专利、新产品等无形资产。联盟盟员协同创新的目的就是追求共同的利益，除此之外，企业、高校/科研院所等盟员

---

① Larson, A., "Network Dyads in Entrepreneurial Settings: A Study of the Governance of Exchange Relationships," *Administrative Science Quarterly* (1992): 76 – 104.

② Meade, L. M., et al., "Justifying Strategic Alliances and Partnering: a Prerequisite for Virtual Enterprising," *Omega* 25 (1997): 29 – 42.

③ 李瑞涵等：《合作理论及其稳定性分析》，《天津大学学报》2002 年第 6 期。

还各有不同的利益诉求。产业技术创新战略联盟开展技术研发是以个体利益最大化为行为导向，共同创造联盟整体绩效。联盟盟员由于分工不同而承担了不同程度的风险，在利益分配机制中引入风险调节系数，可以对联盟盟员进行风险补偿。[①] 利益分配机制会直接影响个体利益最大化及联盟的良好运转，因此，权利与义务对等的利益分配是保证联盟稳定运行的基础。

5. 承诺与产业技术创新战略联盟的稳定性

信任和承诺、信任和控制等为现有文献中研究较多的问题。联盟盟员的承诺为联盟关系贡献的特殊资源和能力，意味着对联盟和合作伙伴的忠诚，表明了一个长期的定位，在足够长的时间内保持伙伴间的合作关系来实现自身的利益。Yang 等人基于社会交换与目标依赖理论角度对供应链联盟的稳定性进行了研究，发现供应商的承诺与信任对供应链联盟的稳定性与绩效具有积极影响，纳鲁斯和安德林指出，联盟盟员之间的承诺代表盟员关系长期导向。摩根和亨特认为，承诺是影响公司与各种类型合作之间关系的核心。穆玛兰尼认为，承诺是决定是否终止合作关系的重要决策变量，是对继续维持关系的期望。当多边承诺建立以后，所有合作伙伴都会致力于减少机会主义，并推动关系向前发展。相反，任何一个盟员如果不对联盟承诺，就不可能与合作伙伴密切合作。

结合上述分析，笔者提出如下假设：

假设 3：互动因素会正向影响产业技术创新战略联盟的稳定性。

由于互动因素包括信任、沟通、管理控制、利益分配和承诺等因素，笔者提出如下假设：

假设 3a：产业技术创新战略联盟盟员之间良好的信任有利于提升产业技术创新战略联盟的稳定性。

假设 3b：产业技术创新战略联盟盟员之间的顺畅沟通有利于提升产业技术创新战略联盟的稳定性。

假设 3c：产业技术创新战略联盟盟员之间的有效控制有利于提升产业

---

① 邢乐斌等：《产业技术创新战略联盟利益分配风险补偿研究》，《统计与决策》2010 年第 14 期。

技术创新战略联盟的稳定性。

假设 3d：产业技术创新战略联盟盟员之间合理的利益分配能提升产业技术创新战略联盟的稳定性。

假设 3e：产业技术创新战略联盟盟员之间的相互承诺有利于提升产业技术创新战略联盟的稳定性。

（四）机会主义与产业技术创新战略联盟的稳定性

交易费用理论认为，违反已议定的契约就是机会主义行为；资源依赖理论和组织学习理论则认为，联盟盟员不管是通过学习还是技术剽窃等手段，凡是对对方的核心资产造成侵犯的行为都构成机会主义行为。亨那特认为，战略联盟作为一种组织形式是必然存在的，是为了解决市场交易失灵和企业直接投资成本太高这两大问题。但联盟中天然就存在信息不对称和机会主义的情况，使联盟盟员之间难以产生足够的信任，他们不仅会因为担心被套牢而减少对联盟投入，还会因过度防范溢出问题而导致联盟效率下降甚至解体。孙霞、赵晓飞认为，联盟稳定的核心问题是"长久互惠"，而达到此目标的关键问题之一就是约束联盟盟员的机会主义行为。[①]产业技术创新战略联盟运行过程中，盟员以有别于契约要求的行为标准去追求自身利益而损害合作伙伴利益的行为构成了机会主义。很多情况下，采用机会主义获取的收益大于遵守联盟契约得到的收益，所以联盟运行过程中的机会主义层出不穷。一般来说，产业技术创新战略联盟自身制度不健全以及市场环境的不可充分预见、信息不对称等因素都会导致联盟盟员的行为难以监督、行为结果难以评价。实证研究方面，穆图萨米收集了128 份战略联盟的样本数据，实证研究机会主义对战略联盟稳定性具有显著的负向影响。

基于上述分析，提出如下假设：

假设 4：产业技术创新战略联盟盟员的机会主义行为反向影响产业技术创新战略联盟的稳定性。

---

① 孙霞、赵晓飞：《基于 KMRW 声誉模型的渠道联盟稳定性研究》，《科研管理》2009 年第6 期。

二 产业技术创新战略联盟稳定性的后果变量

战略联盟绩效是联盟运行一段时间之后的运行结果。稳定性对战略联盟的生存、发展和演变非常重要，为联盟的绩效收入及成功提供了必要条件，是现阶段国外学者普遍认同的观点。杜尚哲和加雷特、比米什和英克潘、克罗格和野中郁次郎等[①]人认为，联盟的稳定是联盟绩效提升的重要前提，稳定性有益于改进联盟绩效，因为它提供学习、获得知识、共享和创新的机会。Jiang 和 Li 等人提出将联盟稳定性作为联盟绩效和成功的决定因素。麦克臣认为，联盟绩效水平不仅受到联盟所处环境的影响，而且联盟盟员的相关特征也在很大程度上对其产生影响。若联盟存在诸如同时开展研发和营销、联盟盟员合作经验欠缺等情况，那么联盟可能会过早解散或产生联盟绩效水平较低的结果。Yang 和 Wang 等人也指出，联盟盟员的承诺、信任与联盟稳定性有正向影响关系，可以有效提升联盟的绩效水平。波特依据价值链理论论证了联盟稳定性与绩效之间的相互关联，指出战略联盟稳定性的提升有助于降低盟员协调成本及共享价值成本，进而提高战略联盟的绩效。生步兵通过对全国电子、建材、化工和机械等领域的 103 份有效样本数据进行实证研究，指出供应链联盟中关系的稳定性对联盟绩效的正效应。[②] Yang 收集了上海 137 份制造业企业的样本数据，实证研究稳定性对供应链联盟绩效关系的影响。

产业技术创新战略联盟作为独立的市场经济主体，各自依据占有或支配的专用性和专有性资源进入市场，目的是实现自身利益的最大化。产业技术创新战略联盟的绩效直接影响盟员的直接利益，因此将其作为产业技术创新战略联盟稳定性的后果变量。

基于上述分析，提出研究假设：

假设 5：产业技术创新战略联盟的稳定性正向影响联盟的绩效水平。

---

① Von Krogh, G., et al., "Making the Most of Your Company's Knowledge: a Strategic Framework," *Long Range Planning* 34 (2001): 421 – 439.

② 生步兵：《供应链联盟关系稳定性及其对联盟绩效影响的实证研究》，扬州大学硕士学位论文，2009。

三　产业技术创新战略联盟的环境调节变量

产业技术创新战略联盟的运行过程总是嵌入特定的产业环境之中，环境在塑造组织行为过程中扮演着重要角色。斯特劳等认为，环境会影响联盟组织战略目标的制定和实施的过程，如果合作伙伴不具备对不确定变化的反应能力，整个联盟的不确定性就会增大，外界的变化会使联盟处于不稳定的状态。

罗利等提出，产业环境的不确定性会使盟员为求生存而增加创新需求。吴克提出环境的不确定性会影响承诺，签订的合约未必能抵挡环境和联盟企业的变化，因为环境动荡不安会改变伙伴之间微妙的均衡，增大联盟的风险，影响联盟的稳定性。市场日益全球化使企业所面临的竞争越来越激烈，既有来自国内公司的竞争，也有来自全球范围内的竞争。企业所面临的市场环境变化也越来越大，为企业的经营带来机会与威胁。对战略联盟而言，环境的急剧变化可能会使已结成的联盟从拥有竞争优势变为企业变革的束缚，为联盟企业中的盟员提供新的联盟机会的同时，也可能会促进盟员为谋求自身利益而出现机会主义的行为。环境的急剧变化促进了战略联盟机会主义的出现。威廉姆森提出，机会主义行为产生的一个重要原因是联盟环境内外部的不确定性，内部不确定性是指企业对其活动的成果进行准确估量的困难程度，外部不确定性则是指准确预测未来情境与发展态势的困难程度，产业环境动荡性在机会主义对联盟稳定性的反向影响中具有调节作用。

皮杜尔和萨尔加多对 29 个战略联盟的实证研究探讨了产业环境动荡性对战略联盟稳定性的影响。[①] 林萍以福建省企业为研究对象，利用调查问卷收集数据，强调了环境动荡性的调节作用。[②] 姜翰以我国运动用品（鞋服）制造业的 78 个战略联盟为研究对象，实证研究了产业环境的不确定

———————

① Bidault, F., et al., "Stability and Complexity of Inter – Firm Co – operation," *European Management Journal* 19 (2001): 619 – 628.

② 林萍：《组织动态能力与绩效关系的实证研究：环境动荡性的调节作用》，《上海大学学报》（社会科学版）2009 年第 6 期。

性与联盟盟员的机会主义倾向的关系。[1] 刘娴等基于公平理论和关系治理理论，采用实证研究方法对 217 家有联盟经验的企业进行问卷数据统计分析，研究了环境动荡性在利益分配对联盟绩效的正向影响中的调节作用。[2] 穆图萨米收集了 128 份战略联盟的样本数据，验证了产业环境不确定性的调节作用。Wang 等对中国制造企业的调查实证结果表明，环境的不确定性会增强相互信任。

马丁和斯科特指出，联盟创新活动始终在一定的外部环境下进行，由于环境、地位、规模等方面的限制，企业很难对外部环境产生影响，通常都是适应外部环境以实现自我发展，而外部环境在很大程度上就成为影响企业合作创新活动成败的关键。[3] 外部环境的动荡变化对产业技术创新战略联盟盟员合作创新的关键影响在于它改变了盟员原先获取竞争优势的技术和能力基础，即外部市场和技术环境的动荡变化可能会决定互动因素和机会主义的作用功效。换句话说，产业技术创新战略联盟稳定性互动因素的重要性会根据所处环境不同而不同，产业环境对产业技术创新战略联盟盟员的互动关系产生影响。较高的产业环境动荡性水平，会给盟员合作带来较大的挑战，技术的快速更新以及产品市场的频繁变化会对盟员战略和结构造成影响，还会降低盟员之间的互补性并影响合作伙伴之间的关系。处于较高动荡的产业环境，产业技术创新战略联盟的盟员会更多关注自身的问题而忽略联盟的合作对象，从而造成产业技术创新战略联盟较大范围的产出波动。总之，环境在塑造组织行为过程中扮演着重要的角色，产业技术创新战略联盟所处的环境因素决定了盟员互动因素的作用功效。

基于上述分析，提出如下研究假设：

假设 6：产业环境动荡性将负向影响产业技术创新战略联盟的稳定性。

假设 7：产业环境动荡性负向调节互动因素对产业技术创新战略联盟稳定性的影响。

---

① 姜翰：《非对称竞争对联盟成员机会主义行为倾向影响的实证研究——以我国运动用品（鞋服）制造业为例》，《南方经济》2007 年第 10 期。

② 刘娴等：《不确定环境下分配公平与信任对战略联盟绩效的影响》，《工业工程与管理》2013 年第 4 期。

③ Martin, S., Scott, J. T., "The Nature of Innovation Market Failure and the Design of Public Support for Private Innovation," *Research policy* 29 (2000): 437 – 447.

假设7a：产业环境动荡性负向调节信任对产业技术创新战略联盟稳定性的影响。

假设7b：产业环境动荡性负向调节沟通对产业技术创新战略联盟稳定性的影响。

假设7c：产业环境动荡性负向调节利益分配对产业技术创新战略联盟稳定的影响。

假设7d：产业环境动荡性负向调节管理控制对产业技术创新战略联盟稳定性的影响。

假设7e：产业环境动荡性负向调节承诺对产业技术创新战略联盟稳定性的影响。

假设8：产业环境动荡性正向调节机会主义对产业技术创新战略联盟稳定性的影响。

表3-1　本文研究假设汇总

序号	研究假设基本内容
假设1	情境因素会正向影响产业技术创新战略联盟的稳定性
假设1a	产业技术创新战略联盟盟员之间的力量平衡，或至少相对独立，有利于提升产业技术创新战略联盟的稳定性
假设1b	产业技术创新战略联盟盟员的联盟经验越丰富，越有利于产业技术创新战略联盟的稳定性
假设2	品质因素会正向影响产业技术创新战略联盟的稳定性
假设2a	产业技术创新战略联盟盟员良好的声誉能提升产业技术创新战略联盟的稳定性
假设2b	产业技术创新战略联盟盟员良好的共享价值观能提升产业技术创新战略联盟的稳定性
假设3	互动因素会正向影响产业技术创新战略联盟的稳定性
假设3a	产业技术创新战略联盟盟员之间良好的信任有利于提升产业技术创新战略联盟的稳定性
假设3b	产业技术创新战略联盟盟员之间的顺畅沟通有利于提升产业技术创新战略联盟的稳定性
假设3c	产业技术创新战略联盟盟员之间的有效控制有利于提升产业技术创新战略联盟的稳定性

续表

序号	研究假设基本内容
假设 3d	产业技术创新战略联盟盟员之间合理的利益分配能提升产业技术创新战略联盟的稳定性
假设 3e	产业技术创新战略联盟盟员之间的相互承诺有利于提升产业技术创新战略联盟的稳定性
假设 4	产业技术创新战略联盟盟员的机会主义行为反向影响产业技术创新战略联盟的稳定性
假设 5	产业技术创新战略联盟的稳定性正向影响联盟的绩效水平
假设 6	产业环境动荡性将负向影响产业技术创新战略联盟的稳定性
假设 7	产业环境动荡性负向调节互动因素对产业技术创新战略联盟稳定性的影响
假设 7a	产业环境动荡性负向调节信任对产业技术创新战略联盟稳定性的影响
假设 7b	产业环境动荡性负向调节沟通对产业技术创新战略联盟稳定性的影响
假设 7c	产业环境动荡性负向调节利益分配对产业技术创新战略联盟稳定的影响
假设 7d	产业环境动荡性负向调节管理控制对产业技术创新战略联盟稳定性的影响
假设 7e	产业环境动荡性负向调节承诺对产业技术创新战略联盟稳定性的影响
假设 8	产业环境动荡性正向调节机会主义对产业技术创新战略联盟稳定性的影响

四 产业技术创新战略联盟稳定性的概念模型

通过前文分析可知，产业技术创新战略联盟的稳定性同时受到情境因素（能力对比、联盟经验）、品质因素（声誉、共享价值观）、互动因素（信任、沟通、管理控制、利益分配、承诺）、机会主义以及产业环境等因素的影响，产业技术创新战略联盟的稳定性又会直接影响联盟的绩效水平。由此，图 3-1 的模型可用来表示产业技术创新战略联盟稳定性影响因素的关系。

五 小结

本章基于文献研究和专家访谈等方式，提出了"情境因素 + 品质因素 + 互动因素 + 机会主义 - 稳定性 - 联盟绩效"和环境动荡性调节效应的概念模型，以及相应的研究假设。将情境因素、品质因素、互动因素、机

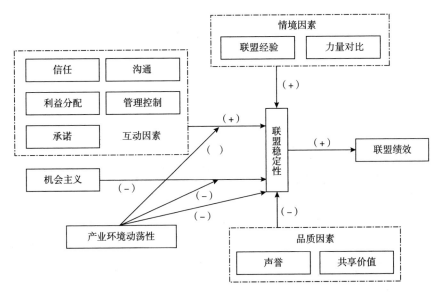

图 3 - 1　产业技术创新战略联盟稳定性的概念模型

会主义等因素作为自变量,产业技术创新战略联盟稳定性作为因变量,产业环境动荡性作为调节变量。

第四章

产业技术创新战略联盟稳定性的数据分析

一 信度效度分析

就科学的角度而言，一份好的测量量表应该具有足够的效度和信度。其中，信度用来衡量量表测量结果的一致性及稳定性，效度则用来说明测量量表的结果能否真正反映调研人员所要了解的对象的特征程度，也就是测量结果的准确性。为保证研究设计和研究方法的科学性以及研究结论的正确性，本章在回归分析之前对所收集的数据进行了信度和效度检验。

（一）信度分析

信度是指根据测验工作所得结果的一致性或稳定性，量表的信度越大，其测量的标准误差越小。信度可界定为真实分数的方差与观察分数的方差的比例。信度是测验分数的特性或测量的结果，而非测验或测量工具本身。信度亦可解释为某一群特定受试者的测验分数的特性，分数会因受试者的不同而有所不同，多数学者认为每次实施测量表后，应估计分数的特性，而不是只报告前人在信度研究的数值或测验指导手册上的数值。可见，在研究过程中，即使使用前人编制或修订过的量表，最好还是要有预试工作以重新检验其信度，因为受试对象会因时间或外在干扰因素对量表内涵产生不同的知觉和感受。

李克特量表中常用的信度检验方法为 Cronbach a 系数及折半信度。如果一个量表的信度越高，代表量表越稳定。克罗克和阿尔吉纳指出：a 系数是估计信度的最低限度，是所有可能的折半系数的平均数。估计内部一致性系数，用 a 系数优于折半法，因为任何长度的测验都有许多种折半方式，相同数据用不同的折半方式求得的数据便会产生不同的估计值。在社会科学的研究领域或其他期刊中，a 系数的使用率甚高。a 系数是内部一致性的函数，也是试题间相互关联程度的函数，一组试题之间或许多相当多的关联性是多向度的。量表的内部一致性是表示题目间的关联性，但不一定是试题所包括的向度，因而如果一个量表具有单一向度，则具有内部一致性；反之则不然，也就是说，一个量表具有内部一致性，有高 a 值，但不一定具有单一向度的特性。常用量表 a 信度系数仅是内部一致性信度系数中的一种，内部一致性信度系数除 Cronbach a 系数外，还包括折半信度、库李信度、Hoyt 的变异系数等。

内部一致性 a 系数的公式如下：

$$a = \frac{k}{1-k}\left(1 - \frac{\sum s_i^2}{s^2}\right)$$

其中，k 为量表的题项数、$\sum s_i^2$ 为量表题项的方差综合、s^2 为量表总分的方差。对于内部一致性系数大小的问题，根据汉森的观点，这与研究目的和测验分数的运用有关，如果使用者的目的在于编制预测问卷，检验或测量某构念的先导性，则信度系数在 0.50~0.60 已足够。当以基础研究为目的时，信度系数最好在 0.80 以上。学者娜娜莉认为，探索性研究与验证性研究或应用性研究的信度判断标准应有所区别。在一般探索性研究中，信度系数的最低要求标准是系数值在 0.50 以上，0.60 以上较佳；但在应用性与验证性的研究中，信度系数值最好在 0.80 以上，0.90 以上更佳。

由于在社会科学研究领域中，每份量表均包含分层面，因而使用者除提供总量表的信度系数外，也应提供各层面的信度系数。综合各学者观点可以发现，从使用者观点出发，研究不为筛选或仅作为入学、分组的参考，且只是一般的态度或心理知觉量表，则其总量表的信度系数最好在 0.80 以上，如果在 0.70~0.80，也算是可以接受的范围；如果 10 分量表，其信度系数最好在 0.70 以上，如果在 0.60~0.70，也可以接受使用。

表 4-1 问卷各部分的 Cronbach's alph 值

构面		测量项数	a 值
情境因素	能力对比	4	0.728
	联盟经验	3	0.679
互动因素	信任	4	0.823
	沟通	5	0.857
	管理控制	3	0.739
	承诺	3	0.674
	利益分配	3	0.919
品质因素	声誉	6	0.914
	共享价值	5	0.848
机会主义		3	0.839
联盟绩效		4	0.896
环境动荡性		4	0.747
稳定性		9	0.934

本研究选用 Cronbach a 值检验量表的信度，测量同一构面下各题项间的一致性以及量表整体的一致性。经检验，本研究问卷各部分的信度分析结果如表 4-1 所示，从表中可以看出，绝大多数信度在 0.70 以上，说明本问卷具有良好的信度。表 4-2 至表 4-10 为各量表具体信度分析情况。

（1）情境因素量表信度分析

表 4-2 情境因素信度分析

构面名称		观察题项	题项	a 值
情境因素	能力对比（stro）	我们与合作伙伴的能力与资源在有些方面是互补的	4	0.728
		缺乏对方的参与，合作项目将很难成功（或成本很高）		
		我们与合作伙伴的相互依赖程度是对称的		
		合作伙伴没有提出过分的要求		
	联盟经验（expr）	我们参与联盟的频率较高	3	0.679
		我们具有较长的联盟历史		
		我们以往联盟成功的比例较高		
量表的整体信度			6	0.795

表 4 – 2 是信度分析后所测得的能力对比和联盟经验两大构面的 Cronbach a 值，分别为 0.728 和 0.679，整体 a 值为 0.795，信度属于可接受的范围。

（2）品质因素量表信度分析

表 4 – 3　品质因素信度分析

构面名称		观察题项	题项	a 值
品质因素	声誉（reput）	合作伙伴有一个比较优秀的管理者或管理团队	6	0.914
		合作伙伴在财务上是安全的		
		合作伙伴能够吸引和留住有才能的员工		
		合作伙伴有一个良好的长期的未来		
		合作伙伴具有创新精神		
		合作伙伴能合理地利用其资产		
		我们与合作伙伴管理者的处理问题方式有共同之处		
		我们与合作伙伴相互之间都尊重和理解对方的单位文化		
	共享价值（shar）	我们与合作伙伴不会将对方信息泄露给第三方	5	0.848
		我们与合作伙伴对合作目标有一致的认识		
		我们与合作伙伴都了解对方的合作目的		
量表的整体信度			11	0.907

量表 4 – 3 是信度分析后所测得的声誉和共享价值两大构面的 Cronbach a 值，分别为 0.914 和 0.848，整体 a 值为 0.907，均在 0.80 以上，具有较高的信度。

（3）互动因素量表信度分析

表 4 – 4　互动因素信度分析

构面名称		观察题项	题项	a 值
互动因素	信任（trus）	合作伙伴能完成合作协议中所承担的任务	4	0.823
		合作伙伴对他们约定的事情是诚恳和负责的		
		合作伙伴能公平和公正地对待我们单位		
		尽管我们不是一味地同意合作伙伴的决策，但我们相信他们行动的意愿是好的		

构面名称		观察题项	题项	a 值
互动因素	沟通 （commu）	合作伙伴愿意与我们交换相关合作项目的信息	5	0.857
		我们与合作伙伴投入了必要的时间，进行面对面的交流		
		我们与合作伙伴的信息交流是坦诚的		
		合作伙伴与我们企业交流的信息是及时的		
		合作伙伴与我们企业交流的信息是可靠的		
	管理控制 （contr）	合作初期，我们与合作伙伴均采用正式的控制手段	3	0.739
		随着我们与合作伙伴之间越来越了解，双方开始采用非正式的控制手段（如信任、奖励、交谈等方式）		
		正式的控制手段（如正式的规章制度）和非正式的控制手段是相互补充的		
	承诺 （pro）	我们与合作伙伴都愿意维持这种合作关系	3	0.674
		我们认为合作伙伴是一个重要的商业伙伴		
		我们企业的关键人员与合作伙伴的关键人员之间建立了个人友谊		
	利益分配 （dist）	联盟利益分配与合作伙伴投入的资本基本匹配	3	0.919
		联盟利益分配与合作伙伴承担的风险基本匹配		
		联盟利益分配与合作伙伴所作贡献基本匹配		
量表的整体信度			18	0.925

量表 4 - 4 是信度分析后所测得的信任、沟通、管理控制、承诺和利益分配五大构面的 Cronbach a 值，分别为 0.823、0.857、0.739、0.674 和 0.919，整体 a 值为 0.925，均在 0.70 以上，具有较高信度。

（4）机会主义量表信度分析

表 4 - 5 机会主义信度分析

构面名称	观察题项	题项	a 值
机会主义 （opp）	合作伙伴为得到我们的支持，会隐瞒对我们不利的信息	3	0.839
	合作伙伴允诺的一些事情后来并没有兑现		
	未经允许，合作伙伴可能会利用我们企业的信息		
量表的整体信度		3	0.839

量表 4 - 5 是信度分析后所测得的机会主义构面的 Cronbach a 值，为

0.839，在 0.80 以上，具有较高的信度。

（5）联盟绩效量表信度分析

表 4 - 6　联盟绩效信度分析

构面名称	观察题项	题项	a 值
联盟绩效 （perf）	我们学会了如何与合作伙伴共同研发和生产产品 我们学会了如何与合作伙伴进行技术和知识交流 我们从合作伙伴那里获得了新技术或竞争力 通过联盟，我们开发了新技术或新产品	4	0.896
量表的整体信度		4	0.896

量表 4 - 6 是信度分析后所测得的 Cronbach a 值，为 0.896，在 0.80 以上，具有较高的信度。

（6）环境动荡性量表信度分析

表 4 - 7　环境动荡性信度分析

构面名称	观察题项	题项	a 值
环境动荡性 （curr）	市场需求变动很快，难以预测 产业内技术发展变化很快 产业竞争非常激烈 产业政策变化很快	4	0.747
量表的整体信度		4	0.896

量表 4 - 7 是信度分析后所测得的 Cronbach a 值，为 0.747，在 0.70 以上，具有较高的信度。

（7）稳定性量表信度分析

表 4 - 8　稳定性信度分析

构面名称	观察题项	题项	a 值
产业技术创新战略 联盟稳定性	我们与合作伙伴在联盟中的关系能带来很高的产出 我们与合作伙伴在联盟中的关系是有价值的 从联盟中获取的利润和收益是公平与平等的 与合作伙伴组成的联盟增加了我们的收益 联盟有助于我们获得市场份额或竞争优势	9	0.934

续表

构面名称	观察题项	题项	a 值
产业技术创新战略联盟稳定性	我们与合作伙伴在联盟中的关系能带来很高的产出 我们继续作为联盟成员将得到更多利益 我们希望与合作伙伴的关系持续较长时间 我们参与联盟的决策是正确的 我们与合作伙伴的关系很好，希望联盟继续存在	9	0.934
量表的整体信度		9	0.934

量表 4 - 8 是信度分析后所测得的 Cronbach a 值，为 0.934，在 0.80 以上，具有较高的信度。

（二）效度分析

效度在统计学中常被定义为测量的准确性或者表示量表能否测量到索要测量变量的特征或概念。常用的效度分析方法主要有内容效度和建构效度。

1. 内容效度

内容效度主要是量表所能涵盖的研究主题的程度、测量工具是否可以真正测量到研究者所要测量的变量、是否涵盖了所要测量的变量。内容效度检验通常以主观逻辑判断为主，而非利用统计分析来检验。

为了获得足够的内容效度，应特别注意设计量表时所遵循的程序和规则。本研究的问卷设计主要是采用和借鉴现成的国外量表，依中国语义和理解习惯进行翻译，并根据研究对象和研究目的进行改编。问卷初稿完成后，为提高问卷内容的完整性和表述的清晰程度，进行了预测试和必要修正，以便使问卷内容能充分涵盖本章所要测量的变量内容。内容效度的主观性使其不能单独用来衡量量表的效度，但是可以用来对观测结果作大致的评价。因此，笔者认为本章所采用的调查问卷具有较好的内容效度。

2. 建构效度

建构效度是指测验能测量理论的概念或特质之程度，理论上主要分为收敛效度和区别效度。其中，收敛效度指相同概念里的项目之间相关度高，而区别效度指不同概念的题项之间相关度低。在进行验证之前，先要对各测量模型进行验证。借助 spss 软件进行探索性因子分析来检验问卷的建构效度。

以 KMO 统计量来检验是否适合进行因子分析。KMO 统计量取值在 0 和 1 之间，KMO 值越接近于 1，意味着变量间的相关性越强，原有变量越适合做因子分析，一般以 KMO 大于 0.5 作为适合进行因子分析的判别标准。本章运用主成分分析来萃取因子，并估算因子负荷量，萃取特征值大于 1 且因子负荷量绝对值大于 0.5 的因子，并用方差最大旋转法的正交转轴方法寻找公共因素构面。

（1）情境因素

对调研问卷中影响产业技术创新战略联盟稳定性的情境因素部分，即情境因素的 2 个变量 6 个题项进行因子分析。通过 KMO 和球体检验得出 KMO 值为 0.800，Barlett 球体检验 Chi - Square 值为 345.399 时达到显著，表明相关矩阵间有共同因素存在，适合进行因子分析。

因子分析结果得到两个因子结构，第一个因子是联盟经验，特征值为 3.094，第二个因子是能力对比，特征值为 1.914。因子转轴后可解释量累计值分别为 51.565% 和 66.799%，该部分量表的检验可以通过。

表 4 - 9 情境因素的因子分析

因子	题项	因子一	因子二
联盟经验	expr3	.870	
	expr1	.753	
	expr2	.726	
能力对比	stro2		.671
	stro3		.636
	stro1		.624
	stro2		.613
累计解释变异量（%）		51.565	66.795
特征值		3.094	1.914
KMO		0.800	
球体检验	Approx. Chi - Square		345.399
Sphericity	sig		0.000

（2）品质因素

对调研问卷中影响产业技术创新战略联盟稳定性的品质因素部分，即品质因素的 2 个变量 11 个题项进行因子分析。首先，分析 KMO 测度和 Barlett 球体检验，检验结果如表 4 - 10 所示，KMO 值为 0.875，球体检验的显著性水平 0.000 < 0.01，说明数据适合做因子分析。因子分析结果显示，萃取特征值大于 1 的因子有 2 个，可萃取 2 个因子。第一个因子是声誉，特征值为 5.789，第二个因子是共享价值观，特征值为 1.672。因子转轴后可解释量累计值分别为 52.631% 和 67.828%。

表 4 - 10　品质因素的因子分析

因子	题项	因子一	因子二
声誉	reput6	.812	
	reput4	.791	
	reput5	.781	
	reput2	.778	
	reput1	.778	
	reput3	.726	
共享价值	shar4		.709
	shar3		.703
	shar2		.661
	shar1		.650
	shar5		.549
累计解释变异量（%）		52.631	67.828
特征值		5.789	1.672
KMO		0.875	
球体检验	Approx. Chi - Square		1275.848
Sphericity	sig		0.000

（3）互动因素

对调研问卷中影响产业技术创新战略联盟稳定性的互动因素部分，即互动因素的 5 个变量 18 个题项进行因子分析。首先，分析 KMO 测度和 Barlett 球体检验，检验结果如表 4 - 11 所示，KMO 值为 0.887，球体检验的显著性水平 0.000 < 0.01，说明数据适合做因子分析。因子分析结果显

示，萃取特征值大于 1 的因子有 5 个，可萃取 5 个因子。第一个因子是信任，特征值为 8.468；第二个因子是沟通，特征值为 2.595；第三个因子是利益分配，特征值为 2.394；第四个是管理控制，特征值为 1.940；第五个因子是承诺，特征值是 1.852。因子转轴后可解释量累计值分别为 47.047%、55.910%、63.652%、68.875% 和 73.608%。

表 4 –11　互动因素的因子分析

因子	题项	因子一	因子二	因子三	因子四	因子五
信任	trus1	.780				
	trus2	.762				
	trus3	.728				
	trus4	.716				
沟通	commu5		.794			
	commu4		.759			
	commu3		.743			
	commu1		.678			
	commu2		.655			
利益分配	dist2			.705		
	dist3			.696		
	dist1			.663		
管理控制	contr2				.856	
	contr3				.825	
	contr1				.555	
承诺	pro1					.708
	pro2					.637
	pro3					.606
累计解释变异量（%）		47.047	55.910	63.652	68.875	73.608
特征值		8.468	2.595	2.394	1.940	1.852
KMO		0.887				
球体检验	Approx. Chi – Square	2228.780				
Sphericity	sig.	0.000				

（4）机会主义

通过 KMO 和球体检验，KMO 值为 0.685，Barlett 球体检验 Chi-Square 值为 238.724 时达到显著，表明相关矩阵间有共同因素存在，适合进行因子分析。

因子分析结果得到一个因子结构，各题项的因子载荷均在 0.7 以上，该因子解释了总方差的 75.822%，该部分量表的检验可以通过。

表 4-12   机会主义的因子分析

因子	题项	因子一
机会主义	opp2	.913
	opp1	.883
	opp3	.813
累计解释变异量（%）		75.822
特征值		2.275
KMO		0.685
球体检验	Approx. Chi-Square	238.724
Sphericity	sig.	0.000

（5）产业技术创新战略联盟稳定性

通过 KMO 和球体检验，KOM 值为 0.917，Barlett 球体检验 Chi-Square 值为 1371.034 时达到显著，表明相关矩阵间有共同因素存在，适合进行因子分析。

因子分析结果得到一个因子结构，各题项的因子载荷均在 0.7 以上，该因子解释了总方差的 67.250%，该部分量表的检验可以通过。

表 4-13   稳定性的因子分析

因子	题项	因子一
稳定性	stab6	.881
	stab7	.876
	stab8	.866
	stab9	.864
	stab2	.847
	stab5	.842

续表

因子	题项	因子一
	stab3	. 750
稳定性	stab4	. 741
	stab1	. 687
累计解释变异量（%）		67. 250
特征值		6. 052
KMO		0. 917
球体检验	Approx. Chi – Square	1371. 034
Sphericity	sig.	0. 000

（6）产业技术创新战略联盟绩效

通过 KMO 和球体检验，KOM 值为 0.834，Barlett 球体检验 Chi – Square 值为 461.427 时达到显著，表明相关矩阵间有共同因素存在，适合进行因子分析。

因子分析结果得到一个因子结构，各题项的因子载荷均在 0.7 以上，该因子解释了总方差的 76.492%，该部分量表的检验可以通过。

表 4 – 14 联盟稳定性的因子分析

因子	题项	因子一
	perf1	. 912
联盟绩效	perf4	. 902
	perf3	. 897
	perf2	. 781
累计解释变异量（%）		76. 492
特征值		3. 060
KMO		0. 834
球体检验	Approx. Chi – Square	461. 427
Sphericity	sig.	0. 000

（7）环境动荡性

通过 KMO 和球体检验，KOM 值为 0.661，Barlett 球体检验 Chi – Square 值为 187.793 时达到显著，表明相关矩阵间有共同因素存在，适合进行因子分析。

因子分析结果得到一个因子结构，各题项的因子载荷均在 0.7 以上，该因子解释了总方差的 57.675%，该部分量表的检验可以通过。

表 4 – 15　环境动荡性的因子分析

因子	题项	因子一
环境动荡	curr3	.817
	curr2	.804
	curr4	.715
	curr1	.695
累计解释变异量（%）		57.675
特征值		2.307
KMO		0.661
球体检验	Approx. Chi – Square	187.793
Sphericity	sig.	0.000

根据上述分析可以看出，本研究所采用的调研问卷具有较好的效度水平，说明调查问卷设计较为合理，有利于后续研究的顺利开展。

二　描述性与相关性统计分析

（一）描述性统计分析

表 4 – 16　各维度均值、标准差和方差

因子	均值	标准差	方差
reput	6.0137	.93050	.866
stro	5.8388	.94912	.901
expr	5.1172	1.21367	1.473
contr	5.3993	1.13456	1.287
commu	5.8593	.89665	.804
shar	6.0560	.80065	.641
opp	4.5238	1.56633	2.453
pro	5.9725	.81866	.670

续表

因子	均值	标准差	方差
trus	5.8173	.84254	.710
dist	5.6795	1.07791	1.162
curr	5.1253	0.77025	.593
stab	5.8901	.88812	.789
perf	5.5577	1.12639	1.269

（二）影响因素的相关性分析

变量间存在相关关系是进行回归分析的前提。表 4 - 17 给出了回归模型涉及的所有变量之间的 Pearson 相关系数以及它们的显著性情况。各解释变量与被解释变量的联盟稳定性存在显著的相关性，调节变量的环境动荡性也与解释变量和被解释变量有显著相关关系。这初步预验证了本章的研究假设，同时也为下文回归分析方法的进一步应用提供了依据。

从表 4 - 17 可以看出，产业技术创新战略联盟的各影响维度与稳定性显著相关。各维度与绩效水平的相关系数低于稳定性的相关系数。

三　比较均值独立样本 T 检验

采用 spss17.0 软件对两组样本的均数进行比较，即两个样本 t 检验，用来反映两类样本的认知契合度。数据处理给出方差齐和方差不齐两种情况的方差齐性检验结果和等均值 t 检验结果。如果两组数据方差齐或方差不齐，应选择对应行的统计量作为 t 检验的结果来进行判断。

（一）基于性别的独立样本 T 检验

调查样本中，男性有 107 人，女性 75 人，分析被试者性别差异对各个因子的感知情况，见表 4 - 18。

表 4-17 描述性统计分析及各变量间的 person 相关系数

变量	Mean	S. D	reput	stro	expr	contr	commu	shar	opp	pro	trus	dist	stab	perf
reput	6.0137	.93050												
stro	5.8388	.94912	.762**											
expr	5.1172	1.21367	.540**	.605**										
contr	5.3993	1.13456	.384**	.521**	.487**									
commu	5.8593	.89665	.623**	.669**	.596**	.404**								
shar	6.0560	.80065	.551**	.570**	.425**	.340**	.700**							
opp	3.4762	1.56633	-.151**	-.065	-.022	-.021	-.328**	-.198**						
pro	5.9725	.81866	.613**	.584**	.485**	.423**	.682**	.672**	-.153*					
trus	5.8173	.84254	.594**	.615**	.472**	.479**	.719**	.768**	-.331**	.720**				
dist	5.6795	1.07791	.597**	.594**	.475**	.444**	.566**	.663**	-.273**	.601**	.696**			
stab	5.8901	.88812	.659**	.669**	.547**	.503**	.688**	.673**	-.288**	.719**	.755**	.721**		
perf	5.5577	1.12639	.559**	.597**	.599**	.377**	.614**	.554**	-.252**	.569**	.541**	.558**	.796**	
curr	5.1253	.77025	.379**	.496**	.284**	.229**	.235**	.333**	-.026	.201**	.245**	.351**	.325**	.442**

**. 在 .01 水平（双侧）上显著相关。*. 在 0.05 水平（双侧）上显著相关。

表 4 – 18　性别对各维度的感知差异

因子		方差方程的 Levene 检验		均值方程的 t 检验					差分的 95% 置信区间	
		F	Sig.	t	df	Sig.（双侧）	均值差值	标准误差值	下限	上限
reput	假设方差相等	1.547	.215	-.668	180	.505	-.09381	.14034	-.37074	.18312
	假设方差不相等			-.690	174.333	.491	-.09381	.13604	-.36231	.17469
stro	假设方差相等	.418	.519	.303	180	.763	.04336	.14329	-.23939	.32612
	假设方差不相等			.300	154.345	.765	.04336	.14455	-.24220	.32893
expr	假设方差相等	1.202	.274	-.315	180	.753	-.05765	.18323	-.41921	.30390
	假设方差不相等			-.308	147.719	.758	-.05765	.18689	-.42699	.31168
contr	假设方差相等	1.705	.193	.877	180	.382	.14995	.17097	-.18741	.48731
	假设方差不相等			.900	172.112	.370	.14995	.16668	-.17905	.47894
commu	假设方差相等	.904	.343	-.528	180	.598	-.07143	.13530	-.33841	.19555
	假设方差不相等			-.535	166.646	.593	-.07143	.13349	-.33497	.19211
shar	假设方差相等	5.443	.021	-1.586	180	.115	-.19043	.12007	-.42736	.04650
	假设方差不相等			-1.679	179.904	.095	-.19043	.11342	-.41424	.03338
opp	假设方差相等	2.555	.112	-.132	180	.895	-.03132	.23653	-.49804	.43540
	假设方差不相等			-.136	172.274	.892	-.03132	.23050	-.48628	.42365
pro	假设方差相等	.827	.364	.111	180	.912	.01375	.12362	-.23019	.25769
	假设方差不相等			.111	159.730	.912	.01375	.12356	-.23027	.25776
trus	假设方差相等	3.336	.069	-.750	180	.454	-.09530	.12704	-.34597	.15538
	假设方差不相等			-.780	177.023	.436	-.09530	.12210	-.33626	.14567
dist	假设方差相等	1.192	.276	-.470	180	.639	-.07647	.16268	-.39747	.24454
	假设方差不相等			-.487	175.874	.627	-.07647	.15697	-.38626	.23332
stab	假设方差相等	.305	.581	1.261	180	.209	.16839	.13353	-.09509	.43188
	假设方差不相等			1.267	161.954	.207	.16839	.13292	-.09409	.43087
perf	假设方差相等	.152	.697	.410	180	.682	.06978	.17002	-.26571	.40527
	假设方差不相等			.418	168.960	.676	.06978	.16694	-.25978	.39934

因子		方差方程的 Levene 检验		均值方程的 t 检验					差分的 95% 置信区间	
		F	Sig.	t	df	Sig.（双侧）	均值差值	标准误差值	下限	上限
curr	假设方差相等	3.783	.053	-.821	180	.413	-.09535	.11610	-.32445	.13374
	假设方差不相等			-.786	133.367	.433	-.09535	.12126	-.33520	.14449

从表 4 - 18 可以看出，男性和女性被试者对各个变量均无显著差异。

（二）基于学历的独立样本 T 检验

在被调查样本中，本科以下低学历人员 103 人，研究生以上的高学历人员 79 人，分析学历差异对各个因子的感知差异，见表 4 - 19。

表 4 - 19　学历差异对各维度感知差异

因子		方差方程的 Levene 检验		均值方程的 t 检验					差分的 95% 置信区间	
		F	Sig.	t	df	Sig.（双侧）	均值差值	标准误差值	下限	上限
reput	假设方差相等	4.454	.036	.963	180	.337	.13294	.13805	-.13946	.40534
	假设方差不相等			.952	155.626	.342	.13294	.13958	-.14278	.40866
stro	假设方差相等	3.261	.073	1.487	180	.139	.20866	.14031	-.06822	.48553
	假设方差不相等			1.473	160.406	.143	.20866	.14165	-.07109	.48840
expr	假设方差相等	.478	.490	1.469	180	.144	.26362	.17945	-.09048	.61772
	假设方差不相等			1.468	178.371	.144	.26362	.17962	-.09084	.61808
contr	假设方差相等	5.244	.023	3.814	180	.000	.61904	.16233	.29873	.93934
	假设方差不相等			3.782	164.019	.000	.61904	.16367	.29587	.94220
commu	假设方差相等	.747	.389	.697	180	.486	.09289	.13319	-.16992	.35570
	假设方差不相等			.694	171.704	.489	.09289	.13387	-.17136	.35714
shar	假设方差相等	1.032	.311	-.013	180	.990	-.00150	.11909	-.23649	.23349
	假设方差不相等			-.013	167.391	.990	-.00150	.11992	-.23825	.23525
opp	假设方差相等	.917	.340	.117	180	.907	.02724	.23297	-.43246	.48694
	假设方差不相等			.117	179.923	.907	.02724	.23230	-.43114	.48563

因子		方差方程的 Levene 检验		均值方程的 t 检验					差分的 95% 置信区间	
		F	Sig.	t	df	Sig.（双侧）	均值差值	标准误差值	下限	上限
pro	假设方差相等	2.413	.122	.890	180	.375	.10816	.12150	-.13160	.34791
	假设方差不相等			.882	162.774	.379	.10816	.12256	-.13386	.35017
trus	假设方差相等	.521	.472	.910	180	.364	.11382	.12503	-.13290	.36054
	假设方差不相等			.905	171.055	.367	.11382	.12571	-.13433	.36197
dist	假设方差相等	.059	.808	.705	180	.482	.11283	.16011	-.20310	.42876
	假设方差不相等			.701	172.594	.484	.11283	.16086	-.20468	.43034
stab	假设方差相等	1.332	.250	1.263	180	.208	.16616	.13152	-.09336	.42567
	假设方差不相等			1.254	166.908	.211	.16616	.13246	-.09536	.42767
perf	假设方差相等	2.775	.098	-.220	180	.826	-.03681	.16752	-.36736	.29374
	假设方差不相等			-.218	165.538	.828	-.03681	.16881	-.37010	.29648
curr	假设方差相等	.347	.556	-.688	180	.493	-.07868	.11442	-.30445	.14710
	假设方差不相等			-.690	179.841	.491	-.07868	.11406	-.30373	.14638

从表 4-19 可见，学历高低在管理控制变量上有显著差异，但在其他变量上没有显著的影响。高学历人员在管理控制变量的均值为 5.0591，低于低学历人员 5.6602 的均值水平，说明低学历人员在产业技术创新战略联盟运行过程中比高学历人员更加注重采用正式的控制手段。

（三）基于单位性质的独立样本 T 检验

在对单位性质进行对比分析时，将高校和科研院所归为一类，与企业进行两组样本比较。被调查样本中，企业有 114 人，高校及科研院所 58 人，分析不同单位性质差异对各个因子的感知差异，见表 4-20。

表 4-20 单位性质对各维度的感知差异

因子		方差方程的 Levene 检验		均值方程的 t 检验					差分的 95% 置信区间	
		F	Sig.	t	df	Sig.（双侧）	均值差值	标准误差值	下限	上限
reput	假设方差相等	4.733	.031	-2.143	179	.034	-.30468	.14220	-.58529	-.02406
	假设方差不相等			-1.938	100.072	.055	-.30468	.15723	-.61661	.00725

因子		方差方程的 Levene 检验		均值方程的 t 检验						
		F	Sig.	t	df	Sig.（双侧）	均值差值	标准误差值	差分的 95% 置信区间	
									下限	上限
stro	假设方差相等	2.278	.133	-1.911	179	.058	-.27826	.14559	-.56555	.00903
	假设方差不相等			-1.763	105.893	.081	-.27826	.15788	-.59127	.03475
expr	假设方差相等	.155	.694	-1.992	179	.048	-.37123	.18634	-.73894	-.00353
	假设方差不相等			-1.952	127.330	.053	-.37123	.19019	-.74757	.00511
contr	假设方差相等	3.015	.084	-2.885	179	.004	-.49675	.17216	-.83648	-.15702
	假设方差不相等			-2.724	113.626	.007	-.49675	.18236	-.85802	-.13548
commu	假设方差相等	4.240	.041	-1.456	179	.147	-.20103	.13807	-.47347	.07142
	假设方差不相等			-1.357	109.402	.177	-.20103	.14809	-.49453	.09247
shar	假设方差相等	6.691	.010	-1.189	179	.236	-.14553	.12236	-.38699	.09592
	假设方差不相等			-1.068	98.113	.288	-.14553	.13623	-.41586	.12480
opp	假设方差相等	4.896	.028	-2.128	179	.035	-.51102	.24013	-.98488	-.03717
	假设方差不相等			-2.233	155.731	.027	-.51102	.22881	-.96299	-.05906
pro	假设方差相等	8.648	.004	-1.647	179	.101	-.20444	.12412	-.44937	.04050
	假设方差不相等			-1.476	97.532	.143	-.20444	.13848	-.47925	.07038
trus	假设方差相等	4.683	.032	-1.885	179	.061	-.24097	.12787	-.49330	.01135
	假设方差不相等			-1.751	108.238	.083	-.24097	.13765	-.51381	.03186
dist	假设方差相等	3.789	.053	-3.033	179	.003	-.49293	.16253	-.81366	-.17220
	假设方差不相等			-2.703	95.948	.008	-.49293	.18239	-.85497	-.13089
stab	假设方差相等	1.739	.189	-1.875	179	.062	-.25250	.13464	-.51818	.01318
	假设方差不相等			-1.741	108.000	.085	-.25250	.14504	-.53999	.03500
perf	假设方差相等	.790	.375	-1.306	179	.193	-.22576	.17283	-.56681	.11530
	假设方差不相等			-1.231	113.155	.221	-.22576	.18332	-.58895	.13744
curr	假设方差相等	.367	.545	.502	179	.617	.05995	.11952	-.17589	.29579
	假设方差不相等			.513	144.847	.609	.05995	.11689	-.17108	.29097

从表 4 - 20 可见，企业和高校及科研院所在管理控制、机会主义、利益分配等变量上有显著差异，而其他变量上无显著差异。

（四）基于职位层级的独立样本 T 检验

在对管理职位层级分析时，把中层管理者和高层管理者定位为高层员工，与基层员工进行比较。在调查样本中，基层员工 57 人，高层人员 125

人，比较职位差异对各维度的感知差异，见表4-21。

表4-21 职位层级对各维度的感知差异

因子		方差方程的 Levene 检验		均值方程的 t 检验					差分的95% 置信区间	
		F	Sig.	t	df	Sig. (双侧)	均值 差值	标准 误差值	下限	上限
reput	假设方差相等	.771	.381	2.548	180	.012	.37336	.14651	.08426	.66245
	假设方差不相等			2.456	99.490	.016	.37336	.15202	.07173	.67498
stro	假设方差相等	2.755	.099	4.189	180	.000	.60828	.14520	.32177	.89479
	假设方差不相等			3.983	96.485	.000	.60828	.15272	.30515	.91141
expr	假设方差相等	.033	.856	2.358	180	.019	.45165	.19158	.07362	.82967
	假设方差不相等			2.387	111.831	.019	.45165	.18924	.07670	.82660
contr	假设方差相等	.915	.340	2.638	180	.009	.47064	.17842	.11859	.82270
	假设方差不相等			2.803	126.378	.006	.47064	.16788	.13843	.80286
commu	假设方差相等	2.342	.128	1.936	180	.054	.27542	.14223	-.00523	.55608
	假设方差不相等			2.040	123.624	.043	.27542	.13499	.00824	.54261
shar	假设方差相等	.950	.331	-.280	180	.780	-.03590	.12829	-.28905	.21725
	假设方差不相等			-.293	121.976	.770	-.03590	.12240	-.27821	.20641
opp	假设方差相等	13.987	.000	-1.040	180	.300	-.26030	.25028	-.75417	.23356
	假设方差不相等			-1.164	144.000	.246	-.26030	.22369	-.70244	.18183
pro	假设方差相等	.541	.463	1.258	180	.210	.16435	.13063	-.09342	.42212
	假设方差不相等			1.218	100.550	.226	.16435	.13492	-.10331	.43201
trus	假设方差相等	3.710	.056	1.060	180	.291	.14270	.13461	-.12292	.40832
	假设方差不相等			1.154	134.286	.251	.14270	.12369	-.10193	.38733
dist	假设方差相等	2.079	.151	1.297	180	.196	.22302	.17195	-.11629	.56232
	假设方差不相等			1.443	141.982	.151	.22302	.15456	-.08251	.52855
stab	假设方差相等	.220	.640	3.190	180	.002	.44170	.13848	.16845	.71495
	假设方差不相等			3.280	116.266	.001	.44170	.13466	.17500	.70840
perf	假设方差相等	.810	.369	3.595	180	.000	.62681	.17437	.28273	.97089
	假设方差不相等			3.455	98.857	.001	.62681	.18144	.26679	.98683
curr	假设方差相等	.969	.326	1.276	180	.203	.15686	.12289	-.08564	.39935
	假设方差不相等			1.346	123.918	.181	.15686	.11653	-.07378	.38749

从表4-21可见，职位层级的高低对产业技术创新战略联盟稳定性的影响因素、稳定性以及联盟绩效的感知具有显著差异。不同职位层级在声誉、能力对比、联盟经验、管理控制、机会主义、稳定性以及联盟绩效等维度有

显著差异，而在其他维度均无显著差异。高层员工在声誉变量（6.1307）、能力对比（6.0293）、联盟经验（5.2587）、管理控制（5.5467）等维度上高于基层员工的均值水平，说明高层员工比基层员工在产业技术创新战略联盟运行过程中更加注重声誉，更倾向于采用正式的控制手段，对产业技术创新战略联盟稳定性和绩效水平的感知更高。

（五）基于工作年限的独立样本 T 检验

在被调查样本中，工作年限在 10 年以内的 109 人，工作年限超过 10 年的 73 人。分析工作年限对各个因子的感知差异，见表 4 - 22。

表 4 - 22　工作年限对各维度的感知差异

因子		方差方程的 Levene 检验		均值方程的 t 检验						
		F	Sig.	t	df	Sig.（双侧）	均值差值	标准误差值	差分的 95% 置信区间	
									下限	上限
reput	假设方差相等	1.024	.313	.704	180	.482	.09918	.14092	-.17890	.37725
	假设方差不相等			.734	173.921	.464	.09918	.13505	-.16737	.36573
stro	假设方差相等	3.774	.054	-.387	180	.699	-.05563	.14388	-.33954	.22828
	假设方差不相等			-.408	177.246	.684	-.05563	.13631	-.32464	.21337
expr	假设方差相等	.036	.849	-.221	180	.825	-.04064	.18404	-.40378	.32251
	假设方差不相等			-.223	160.659	.823	-.04064	.18187	-.39980	.31853
contr	假设方差相等	.587	.445	-.158	180	.875	-.02715	.17205	-.36664	.31235
	假设方差不相等			-.159	160.038	.874	-.02715	.17024	-.36335	.30906
commu	假设方差相等	2.345	.127	1.136	180	.257	.15398	.13550	-.11339	.42135
	假设方差不相等			1.100	137.097	.273	.15398	.13992	-.12271	.43066
shar	假设方差相等	.125	.725	1.881	180	.062	.22624	.12025	-.01104	.46352
	假设方差不相等			1.875	152.701	.063	.22624	.12066	-.01214	.46462
opp	假设方差相等	7.173	.008	-.569	180	.570	-.13506	.23733	-.60337	.33325
	假设方差不相等			-.549	135.374	.584	-.13506	.24587	-.62129	.35117
pro	假设方差相等	3.515	.062	.429	180	.668	.05324	.12409	-.19162	.29811
	假设方差不相等			.413	134.220	.680	.05324	.12883	-.20156	.30805
trus	假设方差相等	.164	.686	.881	180	.379	.11239	.12750	-.13921	.36398
	假设方差不相等			.885	156.542	.378	.11239	.12702	-.13850	.36327
dist	假设方差相等	.216	.642	2.067	180	.040	.33400	.16157	.01519	.65281
	假设方差不相等			1.998	135.920	.048	.33400	.16721	.00334	.66467
stab	假设方差相等	2.021	.157	-.665	180	.507	-.08945	.13453	-.35490	.17600
	假设方差不相等			-.677	163.545	.499	-.08945	.13217	-.35042	.17152

续表

因子		方差方程的 Levene 检验		均值方程的 t 检验					差分的 95% 置信区间	
		F	Sig.	t	df	Sig.（双侧）	均值差值	标准误差值	下限	上限
perf	假设方差相等	2.304	.131	-.844	180	.400	-.14384	.17049	-.48025	.19258
	假设方差不相等			-.870	169.476	.385	-.14384	.16531	-.47017	.18250
curr	假设方差相等	.685	.409	1.928	180	.055	.22290	.11563	-.00526	.45106
	假设方差不相等			1.907	148.590	.059	.22290	.11691	-.00812	.45392

从表 4 - 22 可见，员工工作年限的长短在利益分配维度上有显著差异，在其他变量上则无显著差异。

（六）基于单位人数的独立样本 T 检验

被调查样本中，单位人数在 100 人以内的 94 个，单位人数超过 100 人的 88 个，分析单位人数对各个因子的感知差异，见表 4 - 23。

表 4 - 23　单位人数对各维度的感知差异

因子		方差方程的 Levene 检验		均值方程的 t 检验					差分的 95% 置信区间	
		F	Sig.	t	df	Sig.（双侧）	均值差值	标准误差值	下限	上限
reput	假设方差相等	.072	.789	-.321	178	.748	-.04474	.13930	-.31963	.23015
	假设方差不相等			-.321	177.142	.748	-.04474	.13917	-.31939	.22992
stro	假设方差相等	.676	.412	.147	178	.883	.02095	.14218	-.25963	.30153
	假设方差不相等			.148	177.969	.883	.02095	.14170	-.25868	.30057
expr	假设方差相等	1.351	.247	1.330	178	.185	.24146	.18158	-.11686	.59979
	假设方差不相等			1.335	177.994	.183	.24146	.18081	-.11535	.59828
contr	假设方差相等	.188	.665	-.080	178	.936	-.01369	.17060	-.35034	.32296
	假设方差不相等			-.080	176.831	.936	-.01369	.17053	-.35023	.32285
commu	假设方差相等	.003	.958	1.590	178	.114	.21247	.13363	-.05123	.47617
	假设方差不相等			1.586	174.611	.114	.21247	.13393	-.05185	.47679
shar	假设方差相等	.350	.555	-.086	178	.932	-.01019	.11902	-.24507	.22468
	假设方差不相等			-.086	177.980	.932	-.01019	.11849	-.24402	.22364

续表

因子		方差方程的 Levene 检验		均值方程的 t 检验						
		F	Sig.	t	df	Sig.（双侧）	均值差值	标准误差值	差分的 95% 置信区间	
									下限	上限
opp	假设方差相等	.457	.500	.711	178	.478	.16658	.23436	-.29589	.62906
	假设方差不相等			.712	177.731	.477	.16658	.23383	-.29485	.62802
pro	假设方差相等	.111	.739	.288	178	.774	.03488	.12115	-.20420	.27397
	假设方差不相等			.287	172.456	.775	.03488	.12164	-.20522	.27498
trus	假设方差相等	5.192	.024	-1.082	178	.281	-.13496	.12472	-.38107	.11116
	假设方差不相等			-1.096	170.666	.274	-.13496	.12309	-.37794	.10802
dist	假设方差相等	.600	.440	-1.098	178	.274	-.17656	.16076	-.49381	.14068
	假设方差不相等			-1.103	177.997	.272	-.17656	.16009	-.49249	.13936
stab	假设方差相等	.321	.572	-.505	178	.614	-.06650	.13159	-.32618	.19319
	假设方差不相等			-.507	177.994	.612	-.06650	.13104	-.32508	.19209
perf	假设方差相等	.010	.920	-.532	178	.595	-.08944	.16813	-.42121	.24234
	假设方差不相等			-.534	177.993	.594	-.08944	.16741	-.41980	.24093
curr	假设方差相等	.000	.994	-.793	178	.429	-.09010	.11366	-.31440	.13419
	假设方差不相等			-.793	176.739	.429	-.09010	.11363	-.31436	.13415

从表 4-23 可见，单位员工人数的不同对各个维度变量均无显著差异。

四　小结

本章对正式调查问卷回收进行处理，对量表、维度及题项进行信度和效度检验，检验结果表明各量表的信度和效度较好。在对各维度进行描述性统计和相关性分析的基础上，基于各样本的特征进行比较均值的独立样本 T 检验，比较对应两组样本之间的差异水平。

第五章

研究假设的检验

为验证前文所提出的产业技术创新战略联盟稳定性的各种研究假设，本章基于182份有效调查问卷，对各主变量所收集到的数据进行统计分析，并对上述关系假设分别进行验证，就其结果做出相应的解释与说明。

本章分析主要探究产业技术创新战略联盟稳定性的影响因子和环境动荡性以及它们之间的交互效应对产业技术创新战略联盟稳定性的影响，选入回归模型的解释变量需要通过相关理论文献和研究确定，因此笔者选择阶层多元回归方法，将自变量分成不同区组（阶层）投入回归方程。同时，为了保证正确使用多元线性回归模型并得出科学结论，需要检验回归模型是否存在多重共线性、序列自相关和异方差三大问题。① 本研究中控制变量、解释变量以及被解释变量之间关系的回归模型检验结果显示，各回归模型的方差膨胀因子（VIF）介于1.039和2.992之间，DW值介于1.112和1.988之间，且各模型以标准化预测值为横轴数据、以标准化残差值为纵轴数据构成的残差散点图均呈随机分布状态。因此，可认为本研究各回归模型并不存在多重共线性、序列自相关和异方差的问题。

---

① 通过方差膨胀因子（VIF）指数判断多重共线性问题；通过 Durbin – Watson 值（DW 值）来判断序列相关问题；通过回归模型的残差项的散点图判断异方差问题。一般来说，当 $0 < VIF < 10$，可认为回归模型不存在多重共线性；当 DW 值介于1.5 和2.5 之间，一般可认为回归模型不存在序列自相关问题；而当以标准化的预测值为横轴数据、以标准化的残差值为纵轴数据构成的残差散点图呈现无序状态，则可认为回归模型不存在异方差问题。为了减少回归方程中变量间的多重共线性问题，将相关变量进行中心化处理，并利用中心化后的这些变量构造交互项，以备回归分析之用。

一 前置因素与产业技术创新战略联盟稳定性之间关系的假设检验

本章拟采用阶层回归分析工具，研究各前置影响因素与产业技术创新战略联盟稳定性之间的关系。使用 SPSS17.0 进行层次回归分析，在回归模型 $Y = aX + e$ 中，X 和 Y 分别为自变量和因变量，并计算 ΔR^2 的变化及对应的 F 检验值，验证变量之间的关系。

（一）情境因素与产业技术创新战略联盟稳定性之间的关系假设检验

用阶层回归分析情境因素对产业技术创新战略联盟稳定性的影响，将稳定性作为因变量，第一步将控制变量作为第一层自变量引入回归模型（M1），第二步分别将情境因素的各维度作为自变量引入回归模型（M2、M3）。

表 5 - 1   情境因素对产业技术创新战略联盟稳定性影响的回归结果

变量	M1	M2	M3
控制变量			
性别	.056	.097	.106
学历	- .086	- .018	- .016
职位层级	.257 **	.013	.015
单位性质	- .100	- .050	- .033
工作年限	.050	- .018	- .014
单位人数	- .031	- .028	- .053
解释变量			
能力对比		.656 **	.510 **
联盟经验			.245 **
模型统计量			
R	0.308	0.684	0.711
R^2	0.095	0.468	0.505
调整后 R^2	0.063	0.446	0.482
$\triangle R^2$	0.095	0.373	0.037

变量	M1	M2	M3
△F	3.009 **	119.772 **	12.770 **
F 统计值	3.009 **	21.470 **	21.676 **

如表 5 - 1 所示，3 个阶层的解释变量分别为 0.308、0.684 和 0.711，R^2 改变量分别为 0.095、0.373 和 0.482，均达到 0.05 的显著水平，其 F 改变量统计量分别为 3.009、119.772 和 12.770，显著性检验均达到 0.05 的显著水平。在阶层 1 中，控制变量对稳定性的解释力为 9.5%，达到统计上的显著水平；区组二的回归模型中投入能力对比自变量，控制变量和能力对比共可解释稳定性 44.6% 的变量，排除控制变量的影响，能力对比自变量对稳定性的解释力为 37.3%，达到统计上的显著水平（△F = 119.772，p = 0.000 < 0.05）；区组三的回归模型中投入联盟经验变量，则控制变量、能力对比和联盟经验自变量共可解释稳定性 48.2% 的变量，排除控制变量和能力对比的影响后，联盟经验变量对现状满意的解释力为 3.7%，达到统计上的显著水平（△F = 12.770，p = 0.000 < 0.05）。各阶层整体解释变量的显著性检验均达到显著水平，表示各回归方程式中至少有一个回归系数不等于 0，或者全部回归系数均不等于 0。

3 个回归方程（2 个阶层）的回归系数估计值，在阶层一控制变量中，仅职位层级（β = 0.257，p < 0.01）对产业技术创新战略联盟稳定性具有显著性正向影响。说明管理层级越高的员工对产业技术创新战略联盟稳定性水平现状的认知程度越高。

在阶层二的回归模型中，控制变量均未达到显著水平，能力对比的影响达到显著水平，其标准化的回归系数为 0.656，回归系数显著性检验的 t 值为 10.944，达到 0.05 的显著水平，预测变量能力对比的 β 值为正数，表示其对联盟稳定性的影响为正向，即产业技术创新战略联盟成员之间的能力对比的均衡度越高，则产业技术创新战略联盟的稳定性越好。

在阶层三的回归模型中，主要预测变量能力对比和联盟经验的影响均达到显著水平，其标准化的回归系数分别为 0.510 和 0.245，回归系数显著性检验的 t 值分别为 7.196 和 3.574，均达到 0.05 的显著水平，但控制变量均未达到显著水平。能力对比和联盟经验预测变量的 β 值为正数，表示其对产业技术创新战略联盟稳定性的影响为正向，即产业技术创新战略联盟盟员之间的能力对比越均衡、联盟经验越丰富，其感受到的产业技术创新战略联盟稳定性的程度越高。

上述研究结果显示 H1a 和 H1b 成立，H1 得到验证。

（二）品质因素与产业技术创新战略联盟稳定性之间的关系假设检验

用阶层回归分析品质因素对稳定性的影响，将产业技术创新战略联盟稳定性作为因变量，第一步将控制变量作为第一层自变量引入回归模型（M1），第二步分别将品质因素的各维度作为自变量引入回归模型（M4、M5），检验结果见表 5 - 2。

表 5 - 2　品质因素对产业技术创新战略联盟稳定性影响的回归结果

变量	M1	M4	M5
控制变量			
性别	0.056	0.121 *	2.779
学历	- 0.086	- 0.059	- 1.543
职位层级	0.257 **	0.073	2.029 *
单位性质	- 0.100	- 0.019	0.003
工作年限	0.050	- 0.043	- 1.227
单位人数	- 0.031	- 0.008	- 0.320
解释变量			
声誉		0.641 **	0.379 **
共享价值观			0.470 **
模型统计量			
R	0.308	0.684	0.787
R^2	0.095	0.468	0.619
调整后 R^2	0.063	0.446	0.601
$\triangle R^2$	0.095	0.373	0.151
$\triangle F$	3.009 **	119.975 **	67.261 **
F 统计值	3.009 **	21.502 **	34.512 **

表 5 - 2 所示，3 个阶层的解释变量分别为 0.308、0.684 和 0.787，R^2

改变量分别为 0.095、0.373 和 0.151，均达到 0.05 的显著水平，其 F 改变量统计量分别为 3.009、119.975 和 67.261，显著性检验均达到 0.05 的显著水平。在阶层 1 中，控制变量对稳定性的解释力为 9.5%，达到统计上的显著水平；区组二的回归模型中投入声誉自变量，控制变量和声誉共可解释稳定性 46.8% 的变量，排除控制变量的影响，声誉自变量对稳定性的解释力为 37.3%，达到统计上的显著水平（$\triangle F = 119.975$，$p = 0.000 < 0.05$）；区组三的回归模型中投入共享价值观变量，则控制变量、声誉和共享价值自变量共可解释稳定性 61.9% 的变量，排除控制变量和声誉的影响后，共享价值变量对稳定性的解释力为 15.1%，达到统计上的显著水平（$\triangle F = 67.261$，$p = 0.000 < 0.05$）。各阶层整体解释变量的显著性检验均达到显著水平，表示各回归方程式中至少有一个回归系数不等于 0，或者全部回归系数均不等于 0。

在 M4 回归模型中，控制变量中仅性别（$\beta = 0.121$，$p < 0.05$）对稳定性具有显著性正向影响，声誉对产业技术创新战略联盟稳定性的影响达到显著水平，其标准化的回归系数为 0.599，回归系数显著性检验的 t 值为 10.953，达到 0.05 的显著水平，预测变量声誉的 β 值为正数，表示其对联盟稳定性的影响为正向，即产业技术创新战略联盟盟员的声誉越好，则产业技术创新战略联盟的稳定性越强。

在 M5 回归模型中，主要预测变量声誉和共享价值的影响均达到显著水平，其标准化的回归系数分别为 0.379 和 0.470，回归系数显著性检验的 t 值分别为 6.431 和 8.201，均达到 0.05 的显著水平，控制变量中仅职位层级达到显著水平。声誉和共享价值预测变量的 β 值均为正数，表示其对产业技术创新战略联盟稳定性的影响为正向，即产业技术创新战略联盟盟员声誉越高，共享价值观越统一，则产业技术创新战略联盟的稳定性程度愈高。

上述研究结果显示 H2a 和 H2b 成立，H2 得到验证。

（三）互动因素与产业技术创新战略联盟稳定性之间的关系假设检验

用阶层回归分析互动因素对稳定性的影响，将稳定性作为因变量，第一步将控制变量作为第一层自变量引入回归模型，而后分别将互动因素的各维度作为自变量按照信任、沟通、利益分配、控制和承诺的顺序引入回归模型，检验结果见表 5 - 3。

表 5 - 3　互动因素对产业技术创新战略联盟稳定性影响的回归结果

变量	M1	M6	M7	M8	M9	M10
控制变量						
性别	0.056	0.102 **	0.109 **	0.110 **	0.105 **	0.095
学历	− 0.086	− 0.051	− 0.053	− 0.071	− 0.049	− 0.046
职位层级	0.257 **	0.140 **	0.105	0.068	0.056	0.064
单位性质	− 0.100	− 0.015	− 0.009	0.045	0.046	0.045
工作年限	0.050	− 0.028	− 0.05	− 0.11 **	− 0.112 **	− 0.099 *
单位人数	− 0.031	0.026	− 0.026	− 0.002	− 0.004	− 0.011
解释变量						
信任		0.727 **	0.5 **	0.28 **	0.254 **	0.197 **
沟通			0.318 **	0.27 **	0.265 **	0.205 **
利益分配				0.39 **	0.373 **	0.342 **
管理控制					0.091	0.081
承诺						0.177 **
模型统计量						
R	0.308	0.773	0.801	0.845	0.849	0.856
R^2	0.095	0.597	0.642	0.715	0.72	0.733
调整后 R^2	0.063	0.581	0.625	0.699	0.704	0.716
$\triangle R^2$	0.095	0.502	0.045	0.072	0.006	0.013
$\triangle F$	3.009 **	213.337 **	21.303 **	42.924 **	3.313	8.12 **
F 统计值	3.009 **	36.239 **	38.137 **	47.029 **	43.237 **	41.710 **

如表 5 - 3 所示，6 个阶层的解释变异量分别为 0.308、0.773、0.801、0.845、0.849 和 0.856，六个阶层的 R^2 改变量分别 0.095、0.502、0.045、0.072、0.006 和 0.013，除第五个阶层（管理控制）外，均达到 0.05 的显著水平，其 F 改变量统计量分别为 3.009、213.337、21.303、42.924、3.313 和 8.120，除第 5 个阶层外，其余阶层显著性检验均达到 0.05 显著水平。

在阶层一中，控制变量对稳定性的解释力为 9.5%，达到统计上的显著水平；区组二的回归模型中投入信任自变量，控制变量和信任共可解释现状满意 58.1% 的变量，排除控制变量的影响，信任自变量对稳定性的解释力为 50.2%，达到统计上的显著水平（$\triangle F = 213.337$，$p = 0.000 < 0.05$）；区组三的回归模型中投入沟通自变量，则控制变量、信任和沟通自变量共可解释稳定性 62.5% 的变量，排除控制变量和信任的影响后，沟通变量对稳定性的解释力为 4.5%，达到统计上的显著水平（$\triangle F = 21.303$，$p = 0.000 < 0.05$）；区组四的回归模型中再投入利益分配自变量，则控制变量、信任、沟通和利益分配变量共可解释稳定性 69.9% 的变量，排除控制变量、信任和沟通对稳定性的影响后，利益分配对稳定性的解释力为 7.2%，达到统计上的显著水平（$\triangle F = 42.924$，$p = 0.000 < 0.05$）；区组五的回归模型中再投入管理控制自变量，则控制变量、信任、沟通、利益分配和管理控制变量共可解释稳定性 70.4% 的变量，排除控制变量、信任、沟通和利益分配对稳定性的影响后，管理控制对稳定性的解释力为 0.6%，未达到统计上的显著水平（$\triangle F = 3.313$，$p = 0.071 > 0.05$）；区组六的回归模型中投入承诺自变量，则控制变量、信任、沟通、利益分配、管理控制和承诺变量共可解释稳定性 71.6% 的变量，排除控制变量、信任、沟通、利益分配、管理控制和承诺对稳定性的影响后，承诺对稳定性的解释力为 1.3%，达到统计上的显著水平（$\triangle F = 8.120$，$p = 0.005 < 0.05$）。各阶层整体解释变量的显著性检验均达到显著水平，表示各回归方程式中至少有一个回归系数不等于 0，或者全部回归系数均不等于 0。6 个回归方程（5 个阶层）的回归系数估计值在阶层二的回归模型中，信任对稳定性的影响达到显著水平，其标准化的回归系数为 0.727，回归系数显著性检验的 t 值为 14.606，达到 0.05 的显著水平，预测变量信任的 β 值为正数，表示其对产业技术创新战略联盟稳定性的影响为正向，即产业技术创新战略联盟成员间的信任度越高，则联盟的稳定性愈高。

在阶层三的回归模型中，主要预测变量信任和沟通的影响均达到显著水平，其标准化的回归系数分别为 0.500 和 0.318，回归系数显著性检验的 t 值分别为 7.339 和 4.615，均达到 0.05 的显著水平。信任和沟通预测变量的 β 值为正数，表示其对产业技术创新战略联盟的稳定性具有正向影响。

在阶层四的回归模型中，所投入的信任、沟通和利益分配 3 个自变量的回归系数达到显著水平，其标准化回归系数为 0.294、0.261 和 0.315，相对应的回归系数显著性检验的 t 值分别为 4.015、4.342 和 6.552，显著性 p 值均小于 0.05，3 个达到显著水平的预测变量的β值均为正数，表示其对产业技术创新战略联盟稳定性的影响为正向。

在阶层五的回归模型中，所投入的信任、沟通和利益分配三个自变量的回归系数达到显著，其标准化回归系数分别为 0.254、0.265 和 0.373，对产业技术创新战略联盟稳定性具有显著的正向影响，而管理控制对产业技术创新战略联盟稳定性无显著性影响。

在阶层六的回归模型中，所投入的信任、沟通、利益分配和承诺四个自变量，对产业技术创新战略联盟稳定性具有显著的正向影响，其中，利益分配影响最大，沟通次之，信任和承诺较小。

研究结果显示 H3a、H3b、H3c 和 H3e 成立，H3d 没有得到验证。H3 得到部分验证。

（四）机会主义与产业技术创新战略联盟稳定性之间关系的假设检验

用阶层回归分析机会主义对稳定性的影响，将稳定性作为因变量，第一步将控制变量作为第一层自变量引入回归模型 M1，第二步将机会主义作为自变量引入回归模型 M11，检验结果见表 5 - 4。

表 5 - 4　机会主义对产业技术创新战略联盟稳定性影响的回归结果

变量	M11
控制变量	
性别	.066
学历	-.105
职位层级	.225 **
单位性质	-.054
工作年限	.027
单位人数	-.018
解释变量	

续表

变量	M11
机会主义	-.264 **
模型统计量	
R	.402
R^2	0.162
调整后 R^2	127
$\triangle R^2$	.067
$\triangle F$	13.603 **
F 统计值	4.711 **

如表 5 - 4 所示，区组二的回归模型中投入机会主义自变量，控制变量和机会主义共可解释稳定性 40.2% 的变量，排除控制变量的影响，机会主义自变量对稳定性的解释力为 6.7%，达到统计上的显著水平（$\triangle F = 13.603$，$p = 0.000 < 0.05$）。各阶层整体解释变量的显著性检验均达到显著水平，表示各回归方程式中至少有一个回归系数不等于 0，或者全部回归系数均不等于 0。

在阶层二的回归模型中，机会主义的影响达到显著水平，其标准化的回归系数为 -0.264，回归系数显著性检验的 t 值为 -3.688，达到 0.05 的显著水平，预测变量能力对比的 β 值为负数，表示其对联盟稳定性的影响为负向，即产业技术创新战略联盟成员间的机会主义会降低产业技术创新战略联盟的稳定性。

研究结果显示 H4 成立，得到验证。

二　产业技术创新战略联盟稳定性与联盟绩效之间关系的假设检验

采用层次回归分析稳定性对联盟绩效的影响，将联盟绩效作为因变量，第一步将控制变量作为第一层自变量引入回归模型 M12，第二步将稳定性作为第二层自变量引入回归模型 M13，检验结果见表 5 - 5。

从表 5 - 5 可见，回归分析的第二步将产业技术创新战略联盟稳定性作为主效应放入回归方程后，稳定性对联盟绩效的解释能力增加了 55.4%

（△F = 265.881，p = 0.000 < 0.05），说明联盟稳定性对产业技术创新战略联盟的绩效具有较高的预测效力。各阶层整体解释变量的显著性检验均达到显著水平，表示各回归方程式中至少有一个回归系数不等于 0，或者全部回归系数均不等于 0。

表 5 - 5　产业技术创新战略联盟稳定性对联盟绩效影响的回归结果

变量	M12	M13
控制变量		
性别	- .036	- .080
学历	.039	.106 *
职位层级	.298 **	.097
单位性质	- .104	- .026
工作年限	.040	.001
单位人数	- .038	- .014
解释变量		
稳定性		.783 **
模型统计量		
R	.200	.802
R^2	0.089	0.644
调整后 R^2	0.053	.629
△R^2	0.089	.554
△F	2.807 *	265.881 **
F 统计值	2.807 *	44.095 **

在阶层二的回归模型中，联盟稳定性对产业技术创新战略联盟绩效的影响达到显著水平，其标准化的回归系数为 0.783，回归系数显著性检验的 t 值为 16.306，达到 0.05 的显著水平，预测变量联盟稳定性的 β 值为正数，表示产业技术创新战略联盟的稳定性会增强产业技术创新战略联盟的绩效水平。

研究结果显示 H5 成立，得到验证。

三　产业环境动荡性调节效应

本小节首先将相关变量中心化，形成新的变量值，随后将中心化后的变量创建乘积项。用阶层回归分析环境动荡与影响因素的调节效应对产业技术创新战略联盟稳定性的影响，将稳定性作为因变量。

（一）对互动因素与产业技术创新战略联盟稳定性关系的调节

本小节通过 3 个多元回归模型来验证环境动荡性与互动因素的交互作用对产业技术创新战略联盟稳定性的影响，各回归模型的结果见表 5 - 6，回归结果与 M1 检验对比。M14 在控制变量的基础上加入了信任、沟通、利益分配、控制和承诺 5 个互动因素和环境动荡性解释变量，在不考虑交互作用的情况下，检验相关变量对产业技术创新战略联盟稳定性的影响。M15 在 M14 的基础上加入环境动荡性与互动因素的交互变量，用于检验交互作用对产业技术创新战略联盟的影响。

表 5 - 6　环境动荡性与互动因素交互对联盟稳定性调节效应的回归结果

变量	M14	M15
控制变量		
性别	.105	.095
学历	- .052	- .062
职位层级	.050	.082
单位性质	.040 *	.036
工作年限	- .113	- .084
单位人数	- .003	- .003
解释变量		
环境动荡性	.101 **	.099 **
信任	.202 **	.202 **
沟通	.199 **	.174 **
利益分配	.315 **	.307 **
管理控制	.069	.053
承诺	.178 **	.184 **
交互项		
环境动荡性×信任		- .096
环境动荡性×沟通		- .014
环境动荡性×利益分配		- .063

变量	M14	M15
环境动荡性 × 管理控制		- .002
环境动荡性 × 承诺		.074
模型统计量		
R	.861	.868
R^2	0.742	0.753
调整后 R^2	0.723	0.726
$\triangle R^2$	0.647	0.011
$\triangle F$	69.214 **	1.435
F 统计值	39.691 **	28.807 **

由表 5 - 6 可以看出,与模型 M1 相比,M14 的 R^2 值有显著意义的提升($\triangle R^2 = 0.647$,$\triangle F = 69.214^{**}$),这表明环境动荡性对产业技术创新战略联盟的稳定性具有重要的解释作用。与模型 M14 相比,M15 的 R^2 值没有显著意义的提高,这表明排除控制变量和环境动荡性对产业技术创新战略联盟稳定性的独立影响,环境动荡性与信任、沟通、利益分配、管理控制和承诺的交互作用对产业技术创新战略联盟稳定性的解释力未达到统计上的显著水平。此时,环境动荡性与信任、沟通、利益分配、管理控制和承诺的 5 个二重交互项的标准化回归系数分别为 - 0.096、 - 0.014、 - 0.063、 - 0.002 和 0.047,均未通过显著性检验。

从综合模型 M14 和 M15 的分析结果可知,环境动荡性对产业技术创新战略联盟稳定性具有显著的正向影响,而环境动荡性与互动因素的二重交互作用对产业技术创新战略联盟稳定性不具有显著的影响关系。

研究结果显示 H6 反向验证,H7、H7a、H7b、H7c、H7d 和 H7e 没有得到验证。

(二) 对机会主义与产业技术创新战略联盟稳定性关系的调节

同样,通过 3 个多元回归模型验证环境动荡性与机会主义的交互作用对产业技术创新战略联盟稳定性的影响,各模型的回归结果见表 5 - 7。M16 在 M1 的基础上,增加环境动荡性和机会主义 2 个解释变量,在不考虑交互作用的情况下检验环境动荡性与机会主义的交互作用对产业技术创新战略联盟稳定性的影响。M17 在 M16 的基础上又加入环境动荡性与机会主义的交互项，检验两者的交互作用对产业技术创新战略联盟稳定性的影响。

表 5 - 7　环境动荡性与机会主义交互对联盟稳定性调节效应的回归结果

变量	M16	M17
控制变量		
性别	.102	.074
学历	-.118	-.133
职位层级	.144	.164
单位性质	-.045	-.060
工作年限	-.047	-.018
单位人数	.015	.000
解释变量		
环境动荡性	.341 **	.399 **
机会主义	-.273 **	-.274 **
交互项		
环境动荡性 × 机会主义		.184 **
模型统计量		
R	.520	.545
R^2	.270	.298
调整后 R^2	.236	.260
$\triangle R^2$	.175	.027
$\triangle F$	20.409 **	6.576 **
F 统计值	7.868 **	7.954 **

由表 5 - 7 可以看出，与模型 M16 相比，M17 的 R^2 有显著意义的提高（$\triangle R^2 = 0.027$，$\triangle F = 6.576^{**}$），这表明环境动荡性与机会主义的交互作用对产业技术创新战略联盟稳定性具有重要的解释作用。交互项的标准化回归系数为 0.184，在 $p = 0.011 < 0.05$ 水平上达到显著，这意味着环境动荡性将削弱机会主义对产业技术创新战略联盟稳定性的影响。因此，假设 8 得到反向验证。

进一步分析产业环境动荡性在机会主义对产业技术创新战略联盟稳定性的调节效果，求出产业环境动荡性的最高值（均值加标准差）和最低值（均值减标准差），将机会主义的最高值和最低值代入回归方程中计算，做出产业环境动荡性与机会主义交互作用的示意图，见图5－1。

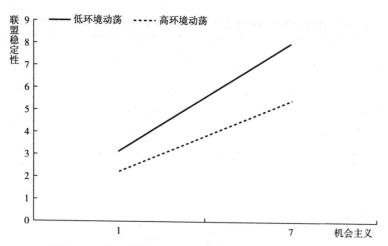

图 5－1　环境动荡性对机会主义与联盟稳定性关系的调节

由图5－1可见，产业环境动荡性与机会主义的交互项对产业技术创新战略联盟的稳定性有正向影响，说明产业环境动荡性越高，越会削弱机会主义对产业技术创新战略联盟稳定性的负向影响。

四　研究结果与讨论

（一）实证结果

本章运用多元线性回归模型检验了情境因素、品质因素和互动因素对产业技术创新战略联盟稳定性的影响、联盟稳定性对联盟绩效的影响，以及环境动荡性对相关因素与联盟稳定性的调节作用。从表5－7所示的假设结果可以看出，本研究提出的一部分假设得到了支持，一部分假设未得到支持。仅证实了环境动荡性与机会主义的交互作用对产业技术创新战略联盟稳定性的影响，其与互动因素的交互项对产业技术创新战略联盟稳定性的影响未被证实。

表 5 - 8　研究假设检验结果汇总

序号	假设内容	检验结果
H1	情境因素会正向影响产业技术创新战略联盟的稳定性	支持
H1a	产业技术创新战略联盟盟员之间的能力平衡或至少相对独立,有利于提升联盟稳定性	支持
H1b	产业技术创新战略联盟盟员的联盟经验越丰富,越有利于联盟的稳定性	支持
H2	品质因素会正向影响产业技术创新战略联盟的稳定性	支持
H2a	产业技术创新战略联盟盟员良好的声誉能提升联盟的稳定性	支持
H2b	产业技术创新战略联盟盟员共享的价值观能提升联盟的稳定性	支持
H3	互动因素会正向影响产业技术创新战略联盟的稳定性	部分支持
H3a	产业技术创新战略联盟盟员之间良好的信任有利于提升联盟的稳定性	支持
H3b	产业技术创新战略联盟盟员之间的顺畅沟通有利于提升联盟的稳定性	支持
H3c	产业技术创新战略联盟的有效控制有利于提升联盟的稳定性	不支持
H3d	产业技术创新战略联盟盟员之间合理的利益分配能提升联盟稳定性	支持
H3e	产业技术创新战略联盟盟员之间的相互承诺有利于提升联盟稳定性	支持
H4	产业技术创新战略联盟盟员的机会主义行为反向影响其稳定性	支持
H5	产业技术创新战略联盟稳定性正向影响联盟的绩效水平	支持
H6	产业环境的动荡性将负向影响产业技术创新战略联盟的稳定性	反向支持
H7	产业环境动荡性负向调节互动因素对产业技术创新战略联盟稳定性的影响	不支持
H7a	产业环境动荡性负向调节信任对产业技术创新战略联盟稳定性的影响	不支持
H7b	产业环境动荡性负向调节沟通对产业技术创新战略联盟稳定性的影响	不支持
H7c	产业环境动荡性负向调节利益分配对产业技术创新战略联盟稳定的影响	不支持
H7d	产业环境动荡性负向调节管理控制对产业技术创新战略联盟稳定性的影响	不支持
H7e	产业环境动荡性负向调节承诺对产业技术创新战略联盟稳定性的影响	不支持
H8	产业环境动荡性正向调节机会主义对产业技术创新战略联盟稳定性的影响	反向支持

(二) 分析讨论

1. 情境因素

产业技术创新战略联盟盟员的情境因素使合作伙伴之间没有必要做出机会主义就能满足自身利益最大化。情境因素依赖于产业技术创新战略联盟盟员的自身特性和过去的联盟经验,属于合作各方的本质属性。能力对比和联盟经验是情景因素的两个主要维度。产业技术创新战略联盟中,合

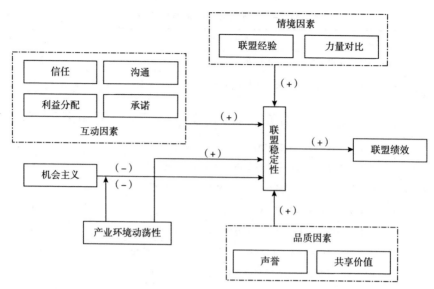

图 5 - 2 关系修正后的概念模型

作各方的能力应是平衡或至少是相对独立的,不存在一方控制另一方的局面,提倡有效沟通和充分授权,从而使合作伙伴之间产生更积极的合作期望,有利于降低盟员之间的机会主义。产业技术创新战略联盟盟员的联盟经验体现在合作各方是否具有以往的联盟合作经验,在其他条件一致的情况下,具有联盟组建和运行的经验更有可能成为良好的合作伙伴。

本研究实证表明,情境因素的两个维度对产业技术创新战略联盟稳定性具有显著的正向影响,标准化回归系数分别为 0.510 和 0.245。本研究验证了情境因素对产业技术创新战略联盟稳定性的正向影响关系假设,支持了能力对比和联盟经验对联盟稳定性正向影响关系的假设。

(1) 能力对比与产业技术创新战略联盟的稳定性

本研究的实证研究结论支持了能力对比对产业技术创新战略联盟稳定性具有正向影响的假设。该结果支持了布克林从资源依赖角度研究战略联盟的稳定性问题时所提出的"企业建立联盟是为了实现资源互补,在联盟管理中,应尽量降低对联盟伙伴的依赖度,提升对方对自己的依赖度,从而获得联盟的控制权和大部分的联盟收益,并认为联盟各方力量的对比和依赖程度的变化均会引起联盟结构的变化及不稳定"观点。同样,弗雷泽提出各方力量对比在联盟关系中如果是平衡的，则合作各方在试图对另一方施加影响的相互磨合中会达到某种均衡；如果力量不平衡，那么相对强大有力的一方总期望控制相对弱的一方的论点也得到了支持。这意味着产业技术创新战略联盟中合作各方的能力应是平衡或至少是相对独立的，不存在一方控制另一方的局面，提倡有效沟通和充分授权，使合作伙伴之间产生更积极的合作期望。

本研究的实证研究结果验证了一些学者的实证研究结论，这些研究的中心思想是战略联盟的不稳定性会随着联盟盟员能力差异程度的扩大而上升。如穆图萨米收集了 128 个战略联盟的样本数据的实证结果显示，能力对比对战略联盟稳定性具有显著的正向影响。与此同时，本研究的实证研究结果与蔡继荣对我国轿车工业中竞争性战略联盟稳定性的研究存在差异。虽然两者的实证研究都肯定了联盟成员的承诺对联盟稳定性的正向影响效应，但蔡继荣的实证研究结果显示，盟员的能力对比对战略联盟稳定性的直接效应不明显。其中可能的原因之一或许是两者能力对比的测量指标略有不同，二是两者的测量对象不同。笔者以云南省产业技术创新战略联盟中的企业、高校、科研院所等不同类型主体为研究对象，而蔡继荣仅考虑了轿车工业联盟中的竞争性企业主体之间的能力对比程度。

（2）联盟经验与产业技术创新战略联盟稳定性

布朗鲁斯等、古拉蒂、戴尔等人将潜在合作伙伴的联盟经验作为挑选合作伙伴的核心要素，古拉蒂、鲁埃尔等人认为，联盟合作伙伴在联盟构建前是否有合作经历对联盟构建也有重要影响，能为企业预测战略联盟的构建、未来联盟的发展风险以及联盟的稳定性，这些论点在本研究得到了支持。另外，本研究的结论肯定了杜尚哲提出的一些观点，战略联盟的稳定性与联盟经验有关，既包括两个以上的企业在最终联盟形成之前的相互联盟经验，也包含单位企业过去与其他企业的联盟经验。潘加尔卡通过分析 1980~1996 年间生物领域的 83 个联盟样本发现，合作伙伴有以往联盟经验的，联盟会表现得更为稳定。

本研究的实证结果验证了一些学者的实证研究结论，这些研究的中心思想就是盟员先前的联盟经验对联盟构建及稳定运行具有重要影响。如

Yu‐jie 和 W. Di‐fang① 专注于高科技产业战略联盟，聚焦的联盟的不确定性和联盟经验对战略联盟稳定性的影响，其实证研究结果表明，联盟经验与高科技产业战略联盟的稳定性密切相关，盟员的联盟经验对战略联盟的稳定性具有积极影响。麦克臣和斯瓦米达斯根据85个生物医药领域的战略联盟调查问卷得出的结果显示，盟员先前的联盟经验越少，联盟越倾向于不稳定。

2. 品质因素

产业技术创新战略联盟盟员的品质因素主要是基于对合作伙伴的感知，用于评价合作伙伴是否具有可信度，是否值得与其组建产业技术创新战略联盟，主要包括声誉和共享价值观两个维度。其中，盟员声誉是合作伙伴根据过去的业绩对其品质进行的主观判断，声誉会直接影响合作伙伴对该组织的期望，良好的声誉不仅让合作伙伴对该组织的关键品质产生很高的预期，对该组织将来的行动意图也会产生的很高的预期水平，必然会促进产业技术创新战略联盟的稳定运行。若盟员之间存在良好的共享价值观，会提升盟员之间的认同感，进而增强产业技术创新战略联盟的稳定性。

（1）声誉与产业技术创新战略联盟的稳定性

本研究的实证结果显示，产业技术创新战略联盟盟员的声誉对联盟的稳定性有显著的正向影响，且影响程度较大。本研究证实了盟员声誉对联盟稳定性的正向影响关系的假设，意味着产业技术创新战略联盟盟员的良好声誉可以在合作过程中增进盟员共同协同创新，共同维持产业技术创新战略联盟的稳定运行。在2014年底对云南省部分产业技术创新战略联盟访谈中，九成以上的访谈对象都表示，合作伙伴的声誉是产业技术创新战略联盟组织之初考虑的重要因素。

本研究结论支持了萨克斯顿、Das 和 Teng、龙勇等提出的合作伙伴的声誉是判断伙伴间能否互信的重要依据，因为好的声誉能减少交易成本，减少伙伴间的冲突及控制合作风险，进而影响联盟的稳定性。俞舟② 提出

---

① Yu‐jie, H., et al., "The Effect of Uncertainty and Experience on Alliance Governance in High‐tech Industry," *Forecasting* 4（2007）：7.

② 俞舟：《基于声誉模型的产学研联盟稳定性研究》，《科技管理研究》2014年第9期。

的声誉是产学研联盟持续时间的增函数，布朗鲁斯等、古拉蒂、戴尔等将潜在合作伙伴的声誉作为挑选合作伙伴的核心要素也在一定程度上得到了检验和支持。与此同时，本研究的实证结果也支持了大多数学者的实证研究结论，如萨克斯顿发现声誉对战略联盟稳定性具有显著的正向影响。

（2）共享价值观与产业技术创新战略联盟的稳定性

本研究的实证结果显示，产业技术创新战略联盟盟员的共享价值观对联盟稳定性有着显著的正向影响，标准化回归系数为 0.379。本研究证实了共享价值观对产业技术创新联盟稳定性的正向影响关系的假设，意味着产业技术创新战略联盟盟员在合作过程中较为一致的共享价值观可以增进产业技术创新战略联盟的稳定运行。

本章的实证研究结果支持了勒维克和邦克提出的若要实现联盟成员之间内部信息畅通，就需要联盟成员之间具有一致的共享价值观，建立畅通的信息反馈与共享机制。联盟内部的冲突和不协调会造成联盟的终止和不稳定。畅通的信息反馈和共享机制，能充分发挥盟员在资源、技术、人才等方面的优势，立足产业链的不同阶段，面向产业共性关键技术问题开展协同创新。

同时，本章的实证研究结果也验证了一些学者的实证研究结论，如 Tang 和 Lan 通过收集 189 家存储类战略联盟的样本数据，实证研究得出盟员之间的共享价值观和信息交换对联盟稳定性产生直接的正向影响。陈耀和生步兵基于社会交换理论和目标互依理论，研究了共享价值观对供应链联盟关系稳定性的影响，结果表明，盟员共享价值观与联盟稳定性呈现较强的正效应。笔者从云南省产业技术创新战略联盟的访谈和实地调研中发现，各联盟都能达成如下共识：成果是大家共同协作的结果，应该共同分享。共享价值观的统一为产业技术创新战略联盟的稳定性运行奠定了基础。如肉牛产业技术创新战略联盟的牵头单位云南省草地动物科学研究院向联盟成员开放多项技术成果：向石林云昊农产品有限公司开放肉牛屠宰分割技术、牛肉分级包装技术；向大姚齐和牧业开发有限公司开放啤酒糟、蚕豆糠、稻草以及精料补充料调制 TMR 全混料技术、雪花牛生产技术以及青年公牛高效短期育肥技术；向红河县炊远牧业发展有限公司开放经济作物副产物香蕉茎杆饲用调制技术、混贮配方、TMR 全混日粮配方、木薯渣饲喂关键技术；向镇雄县远华商贸有限责任公司开放玉米青贮制作技术、青贮窖设计和牛舍设计模式；向云南马龙双友牧业有限公司开放牛头保定架设计专利和分牛栏建设模式；向新入盟企业澜沧江牧业有限公司开放牛舍、分牛栏设计模式以及牛头保定架设计专利。同时，产业技术创新战略联盟会定期组织产业论坛等形式共享技术、市场等信息。

3. 互动因素

产业技术创新战略联盟发展过程的互动因素包括信任、沟通、利益分配、管理控制和承诺，主要体现过程影响因子对产业技术创新战略联盟稳定性的影响。许多学者对信任的基本观点大体一致，信任须建立在维持稳定持续关系的基础上。盟员之间的相互信任不仅能使拥有不同知识基础和经验的企业，通过协商形成长期互惠的密切关系，还可以共同扩大可行的联盟活动领域和范围。盟员之间的沟通是指彼此之间正式和非正式地共享有价值的信息，及时且有效的沟通有助于盟员之间解决争端、消除分歧并协调感觉与期望的不一致，形成盟员各方彼此之间的乐观期望，增强产业技术创新战略联盟稳定运行的基础。产业技术创新战略联盟盟员投入的资源必须由特定交易得到补偿，才能保证合作关系的稳定性。盟员之间的利益共享能加强合作伙伴之间的纽带关系，利益分配是否合理是联盟稳定性运行的关键问题。产业技术创新战略联盟的管理控制包含正式管理控制和非正式管理控制，正式管理控制是指可以预见的、有规律的清晰信息转移，并被整理成规则、程序和规章。控制是确定产业技术创新战略联盟未来发展过程的重要因素。互动因素中的承诺意味着联盟中合作伙伴的忠诚，表明了承诺建立后的一个长期定位，即产业技术创新战略联盟合作伙伴将致力于减少机会主义并推进关系向前发展。本研究的实证分析结果表明，互动因素中的信任、沟通、利益分配和承诺对产业技术创新战略联盟具有显著的正向影响，影响程度的大小顺序依次为利益分配、沟通、信任和承诺。而管理控制对产业技术创新战略联盟的正向影响假设未被证实。

（1）信任与产业技术创新战略联盟的稳定性

埃拉姆和库珀、路易斯、布朗鲁斯等、古拉蒂、戴尔等人认为信任、忠诚和回报共享是一个联盟长期成功的基础，信任是培育盟员关系稳定的基础，并指出信任可以帮助合作各方处理不良结果，甚至使之逆转，是形成"战略性伙伴关系的核心"，是战略联盟组织的关键性原则。这些观点在本文的实证研究中得到了支持。同时，本章的实证研究肯定了 Zeng 和 Chen 从社会困境理论出发构建的战略联盟稳定性的社会学分析框架，指出联盟成员对于合作还是竞争的选择是一个社会困境，对联盟的成败具有重要影响，改善沟通有助于联盟稳定，以及强调信任对于战略联盟稳定性的重要作用，佩里和森古普塔等[①]对 106 家公司调查后的结果显示，信任是联盟有效性的基石，而信任和终止惩罚可能是激励承诺的有效工具，还能提高联盟效力。苑清敏和齐二石认为信任机制、收益分配机制等是影响我国中小型企业动态联盟稳定性的主要因素。张健和韩茂祥认为战略联盟稳定性受到战略伙伴以及联盟沟通和管理水平等多方面因素的影响。Yang 等人基于社会交换与目标依赖理论对供应链联盟的稳定性进行了研究，发现供应商的承诺与信任对于供应链联盟的稳定性与绩效具有积极影响。本章的研究还支持了苏晓华和季晓敏对跨国巨头柯达与中国本土企业乐凯之间跨国联盟解体的分析，认为联盟内信任机制构建对联盟稳定性具有重要作用。另外，其在一定程度上支持了江旭、高山行等提出的可以使用相互信任、相互依赖和冲突解决 3 个关系为度量联盟稳定性的理论框架。

　　本研究的实证结果同时验证了一些学者的实证研究结论，如吉尔和巴特勒以欧盟和马来西亚的股权式战略联盟为案例研究对象，得出影响联盟稳定性的核心要素为信任。陈耀和生步兵基于社会交换理论和目标互依理论，研究了盟员信任对供应链联盟关系稳定性的影响，实证研究结果表明，盟员信任正向影响供应链联盟的关系稳定性。穆图萨米研究了 128 个战略联盟的样本数据，得出信任对战略联盟稳定性具有显著的正向影响的结果。江星本以重庆汽车渠道战略联盟为研究对象，依托 119 份样本数据的实证结果得出，合作伙伴信任对联盟稳定性具有显著的正向影响。徐明选取重庆整车制造企业战略联盟为研究对象，收集了 149 份样本数据，对

---

　　① Perry M. L., et al., "Effectiveness of Horizontal Strategic Alliances in Technologically Uncertain Environments: are Trust and Commitment Enough?" *Journal of Business Research* 57 (2004): 951 – 956.

影响其战略联盟稳定性的因素进行实证研究，结果显示，由互补性、资源投入和信任组成的合作伙伴特质对联盟稳定性具有显著的正向影响。同时，部分学者的经验研究结果也被得到证实，如安德森和威茨[①]的经验证实了相互信任对联盟稳定具有积极的影响；吉尔和巴特勒对 2 家日本企业在马来西亚和英国的跨国合资企业进行了分析，提出信任、冲突和依赖是影响联盟稳定性的重要因素，故而提出增加成员信任感、避免谈判冲突和减少技术依赖是保证联盟稳定发展的必要条件。

（2）沟通与产业技术创新战略联盟的稳定性

本研究的实证研究结果显示，沟通与产业技术创新战略联盟稳定性具有显著的正向关系，支持了以下学者关于沟通与联盟稳定性的论断，Zeng 和 Chen 从社会困境理论出发构建了战略联盟稳定性的社会学分析框架，指出联盟成员对于合作还是竞争的选择是一个社会困境，对联盟的成败具有重要影响，提出改善沟通有助于联盟稳定。张健和韩茂祥认为，战略联盟稳定性受到战略伙伴以及联盟沟通和管理水平等多方面因素的影响。张清山和张金成基于联盟动态运行的过程，提出影响战略联盟稳定性的基本因素，包括战略联盟对象的选择、共同的长期目标、联盟的冲突与合作、信息沟通渠道的通畅性与否等。同时，本研究的实证结果验证了一些学者的实证研究结论，如江星本以重庆汽车渠道战略联盟为研究对象的实证结果显示，沟通等战略联盟盟员的行为对战略联盟的稳定性具有显著的正向影响。

（3）利益分配与产业技术创新战略联盟的稳定性

本研究的实证研究结果支持了一些学者的论点，这些观点的中心思想是利益共享是战略联盟成员合作的重点，一方投入的资源必须由特定交易得到补偿，从而保证合作关系的稳定性。如穆图萨米认为利益分配是否合理是联盟稳定运行的关键问题，直接关系到战略联盟的成败。李瑞涵认为盟员合作利益分配的合理性会影响战略联盟成员合作的稳定性。苑清敏和齐二石认为收益分配机制等是影响我国中小型企业动态联盟稳定性的主要

① Anderson, E., Weitz, B., "Determinants of Continuity in Conventional Industrial Channel Dyads," *Marketing Science* 8 (1989): 310 – 323.

因素。另外，本研究的结论肯定了单泪源和彭忆、夏天和叶民强、吉尔等学者的一些观点：盈利结构是战略联盟稳定性的重要因素，联盟成员为了获取长期利益最大化而建立并保持长期稳定的战略联盟。在这种机制下，产业技术创新战略联盟成员应该增进交流和沟通，减小各方对市场和目标的心理预期差异，盟员为了获得最大化的长期利益会放弃短期利益，以此保证产业技术创新战略联盟的长期稳定性。

本章的实证研究结论验证了江星本的实证研究结果，他以重庆汽车渠道战略联盟为研究对象，对 119 份样本数据进行研究后的结果显示，战略联盟盟员的利益分配机制对联盟稳定性具有显著的正向影响。云南省产业技术创新战略联盟普遍认为"利益分配能为联盟良好运作奠定基础，预先清晰明确的利益分配方案，更容易激励成员分工协作"。实践中，每个产业技术创新战略联盟均明确了利益分配机制，通过协议等形式，在联盟组织项目的研发阶段或项目合作一方在项目合作中需要使用联盟其他成员的专利技术，可不经授权无偿合理使用；如果需要使用联盟其他成员现有的非专利技术（如非公知技术信息、技术秘密等），项目合作方之间根据现有知识产权投入的约定范围和方式使用，项目合作方和非项目合作方的联盟其他成员之间可采用协商、签订技术许可或转让协议的方式。

（4）承诺与产业技术创新战略联盟的稳定性

Yang 等人基于社会交换与目标依赖理论角度对供应链联盟的稳定性进行了研究，发现供应商的承诺对于供应链联盟的稳定性与绩效具有积极的影响，纳鲁斯和安德森指出联盟成员之间的承诺代表了盟员关系的长期导向。摩根和亨特认为承诺是影响公司与各种类型合作之间关系的核心。穆玛兰尼认为承诺是决定是否终止合作关系的重要决策变量，是对继续维持关系之期望。这些观点得到了本章实证研究的支持。

与此同时，本章的实证研究结果验证了一些学者的实证研究结论，如蔡继荣以我国轿车工业中竞争性战略联盟为实证研究对象，分析和校验了联盟承诺对战略联盟稳定性的作用路径和影响效应。结果表明，战略联盟成员的承诺对联盟稳定性具有显著的正向影响，联盟伙伴特征通过承诺对战略联盟稳定性产生间接影响。

（5）管理控制与产业技术创新战略联盟的稳定性

格林格和赫伯特、麦道夫、库马尔和塞斯、马希贾和加内什①、Das 和 Teng 等人认为，考虑到战略联盟管理的复杂性，控制可以促进有效的合作和学习，因此有效控制对联盟稳定性非常重要。上述观点没有得到支持，在本文的研究样本中，管理控制对产业技术创新战略联盟的稳定性未产生显著影响。

管理控制对于产业技术创新战略联盟稳定性的直接正向效应并不显著，这与原先假设的预期不符，而江星本和徐明分别基于重庆汽车渠道战略联盟和重庆整车制造企业战略联盟的样本分析证实了管理控制对战略联盟稳定性直接正向效应的存在。其中可能有两个方面的原因：一是研究者通常会将管理控制作为联盟稳定性的重要保障，但管理控制相关理论研究中提出的某些假设本身也许并不成立，或者这些要素不存在普遍性。通过对云南省产业技术创新战略联盟的实地调研和访谈发现，现阶段的产业技术创新战略联盟大多以契约纽带将盟员联系在一起，很少制定正式的规章制度等管理控制手段，主要通过信任、日常沟通等方式开展协同创新，造成管理控制对产业技术创新战略联盟稳定性影响的不显著。二是管理控制的测量差异。本研究将管理控制作为一个整体概念进行考察，而徐明主要考察管理控制中的交流协商机制、相互支持机制与契约机制构成的管理控制机制对战略联盟稳定性的直接影响。

4. 机会主义与产业技术创新战略联盟的稳定性

亨那特认为，战略联盟作为一种组织形式是必然存在的，是为了解决市场交易失灵和企业直接投资成本太高这两大问题。但由于联盟中天然存在信息不对称和机会主义的情况，联盟成员之间难以产生足够的信任，他们不仅会因为担心被套牢而减少对联盟的投入，还会因过度防范溢出问题而导致联盟效率下降甚至解体。孙霞和赵晓飞认为联盟稳定的核心问题是"长久互惠"，要达到此目标，关键问题之一就是约束联盟成员的机会主义行为。上述论点在本书的样本实证研究中得到了有力的支持。也就是说，

---

① Makhija, M. V., Ganesh U., "The Relationship Between Control and Partner Learning in Learning - Related Joint Ventures," *Organization Science* 8 (1997): 508 - 527.

交易成本理论认为信息不对称下的战略联盟成员可能的机会主义是造成联盟风险，影响其稳定性的主要因素在机会主义对产业技术创新战略联盟稳定性的作用中得到了体现和支持。联盟运行过程中，机会主义是不可避免的，会导致合作伙伴在交易过程中为谋求各自的利益而损坏联盟整体利益与合作伙伴的利益，降低合作水平。交易成本经济学强调了组织之间的机会主义行为对联盟关系不稳定性的影响。减少联盟成员的机会主义行为能增强战略联盟的稳定性，因为当联盟成员感知到对方可能存在机会主义行为时，就会投入大量的资源来控制，监督对方行为，这些资源原本可以用于其他生产或经营，可以产生更大的经济效益。

导致产业技术创新战略联盟运作中的机会主义行为的主要原因是信息不对称，造成个别盟员以有别于契约要求的行为标准去追求自身利益而损害合作伙伴的利益。大量研究已经证实了机会主义对战略联盟稳定性的负向影响，认为机会主义行为是影响联盟持续发展的重要因素。本研究的实证分析也表明，机会主义对产业技术创新战略联盟稳定性具有显著的负向影响。本研究的实证结果也支持了一些实证研究的结论，如穆图萨米研究了 128 个战略联盟的样本数据后得出机会主义对战略联盟稳定性具有显著的负向影响的结果。

5. 产业技术创新战略联盟的稳定性与联盟绩效

产业技术创新战略联盟的绩效直接影响盟员的根本利益，盟员作为独立的市场经济主体，组建联盟的目的是实现自身利益最大化。联盟稳定性对联盟绩效的影响关系一直是学术界研究的热点问题，国外学者们目前普遍认同联盟稳定性是联盟绩效提升的重要前提，战略联盟稳定性的提升有助于提高联盟的绩效水平。学术界尚缺乏结合我国实践背景的对产业技术创新战略联盟稳定性与绩效的实证研究成果。本研究将联盟绩效作为产业技术创新战略联盟稳定性的后果变量，结果表明，产业技术创新战略联盟的稳定性对联盟绩效具有显著的正向影响。

杜尚哲和加雷特、比米什和英格潘[1]、克罗格和野中郁次郎等人认为，

---

[1]　Beamish, P. W., Inkpen, A. C., "Keeping International Joint Ventures Stable and Profitable," *Long Range Planning* 28 (1995): 2 – 36.

稳定性有益于改进联盟绩效，因为它提供了学习、获得知识、共享和创新的机会，这些论点在本文的样本研究中得到了有力的支持。另外，本研究的结论肯定了 Jiang 和 Li 等人提出的将联盟稳定性作为联盟绩效和成功的决定因素的一些观点，而非张健和韩茂祥所认定的联盟稳定的本质因素是联盟的绩效，绩效是联盟形成的前提和目标。本文的实证研究结论支持稳定性不是产业技术创新战略联盟的最终结果，而是联盟绩效的决定因素。

本研究的实证结果支持了一些学者的实证研究结论，其中心思想就是稳定性是战略联盟绩效的决定因素。如生步兵通过对全国电子、建材、化工和机械等领域的 103 份有效样本数据的实证研究显示，供应链联盟中关系的稳定性对联盟绩效具有显著的正效应。Yang 收集了上海 137 份制造业企业的样本数据，实证研究了稳定性对供应链联盟的绩效具有显著的正向影响。采用 AVAS 模型实证研究了联盟绩效与关系稳定性的关系。结果显示：稳定性对供应链联盟具有显著的促进作用。然而，当关系稳定性增加到某一数值时，联盟绩效会出现较小斜率的降低。与此同时，也有学者将联盟绩效作为联盟稳定性的自变量开展实证分析，如 Xi 等人以"企业 + 农户"的农业战略联盟为研究对象，从农户视角对 462 份样本数据进行了实证研究，结果显示，联盟绩效与稳定性具有显著的正向关系。

6. 产业环境动荡性与产业技术创新战略联盟的稳定性

产业环境动荡性对产业技术创新战略联盟的稳定性具有直接的正向作用，这与原先的研究假设相反，验证了 Lin 和 Yang 等提出的假设：与一般战略联盟相比，具有研发性质的战略联盟在不确定环境中将表现更好，否定了斯特劳等人认为环境会影响联盟组织战略目标的制定和实施过程，如果合作伙伴不具备对不确定变化的反应能力，整个联盟的不确定性就会加剧，外界的变化会使联盟处于不稳定的状态，那么联盟就会提前瓦解的论点。但本文的结论间接支持了罗利等提出的产业环境不确定性会使盟员为求生存而增加创新需求的论点。与此同时，本研究的实证结果与皮杜尔和萨尔加多对 29 个战略联盟的实证研究结果存在差异。虽然两者的实证结果都肯定了产业环境动荡性对战略联盟稳定性的影响，但影响的方向不同。本文的实证结果间接验证了林萍以福建省 262 份企业样本的实证检验结论，动态能力确实对绩效有正向作用，环境动荡性在其中起调节作用，环境动荡性越高，动态能力对组织绩效的作用就越大。

　　笔者对云南省产业技术创新战略联盟的访谈和实地调研也发现，产业环境动荡性对保障产业技术创新战略联盟的稳定性具有一定的促进作用。比如全球热像仪的市场供给在过去 5 年内以每年 13% 的速度增长，市场变化很快。随着人们对红外热像仪特性的了解，红外热像仪在预防检测、制程控制、消防、夜视等领域得到了更为广泛的应用，同时，政府出台的红外热像仪的应用规范也推动了红外热像仪的市场需求快速增长。红外光电产业技术创新战略联盟在快速变化的产业环境中，各个盟员协同开展非制冷探测器工程化工艺技术攻关，完成了产品设计、材料制备、集成电路制造、系统装配；微光/红外图像融合技术项目完成了光学融合技术的突破，正在完善光电子技术融合的后端处理，在成功解决了阳极像素点形成、高发光效率 OLED 有机膜制备、彩色过滤层等关键技术后，成功完成了 0.5 英寸、0.6 英寸和 0.97 英寸 800×600 主动式 OLED 微型显示器的研制和批量化生产，并建立了产能可达 45 万片/年的生产线。基于 SVGA 系列主动式 OLED 微型显示器，成功开发了国内第一款穿戴式计算机，开启了 OLED 微型显示器在民用方面的一个新的应用领域。

7. 产业环境动荡性对机会主义、互动因素与产业技术创新战略联盟稳定性关系的调节效应

　　当产业环境变化极不利于战略联盟时，联盟企业也会采用机会主义行为来回避环境变化的风险。客观上讲，产业环境的急剧变化促进了战略联盟机会主义的出现。本文的实证结论也间接支持了威廉姆森提出的观点，机会主义行为产生的一个重要原因是联盟环境内外部的不确定性，内部不确定性是指企业对其活动的成果进行准确估量的困难程度，外部不确定性则是指准确预测未来情境与发展态势的困难程度，肯定了产业环境动荡性在机会主义对联盟稳定性的反向影响中具有调节作用。验证了姜翰以我国运动用品（鞋服）制造业 78 个战略联盟为研究对象所开展的实证研究的结果，产业环境不确定性对联盟中成员企业的机会主义倾向存在显著的正相关关系。

　　另外，本研究的实证研究结果显示产业环境动荡性与互动因素的交互作用对产业技术创新战略联盟稳定性的影响不显著，表明外部市场和技术环境等产业环境动荡变化未能改变互动因素对产业技术创新战略联盟稳定性的作用功效。与此同时，实证结果支持了穆图萨米产业环境动荡性在利益分配对联盟稳定性的正向影响中的调节作用不显著的实证结论。而吴克提出的环境不确定性会影响承诺，签订的合约未必能抵挡环境和联盟企业的变化，因为环境动荡不安会改变伙伴之间微妙的均衡，增大联盟风险，影响联盟的稳定性的观点未得到支持。刘娴等基于公平理论和关系治理理论，采用实证研究方法对217家有联盟经验的企业的问卷数据进行统计分析，实证结果表明环境动荡性在利益分配对联盟绩效具有正向影响中的调节作用未得到验证。Wang等对中国制造企业的调查的实证结果，环境的不确定性会增强相互信任的作用的观点未得到支持。其中的原因可能是本章提出的包含承诺、信任、利益分配等影响因素的互动因素与斯特劳等人界定的战略联盟目标制定和实施过程的内涵不同，对产业环境动荡性的反应程度不同，从而表明产业技术创新战略联盟非一般意义上的战略联盟，具有其独特性。处于较高动荡的产业环境时，产业技术创新战略联盟的盟员会更多关注自身的问题而忽略联盟的合作对象。

五 小结

本章主要对本书概念模型进行了检验及讨论，实证结果显示，研究中的22条假设在样本数据分析后有12条通过检验，有2条通过反向支持，有1条假设得到部分支持。在数据分析和研究的基础上，本章还对研究结果进行了总结与讨论，并与国内外学者的相关研究结论和笔者的实地调研发现进行了比较和讨论。

第六章

产业技术创新战略联盟稳定性的系统分析

一 产业技术创新战略联盟稳定性的访谈研究

(一) 访谈目的及内容设计

1. 访谈目的

根据研究思路和内容设计，本访谈的主要目的是从高校及科研院所、企业和政府官员（联盟试点管理者）等3种不同角度去直观了解产业技术创新战略联盟的典型行为及各行为的相互关系，以便结合文献研究成果，形成产业技术创新战略联盟稳定性的理论框架，分析产业技术创新战略联盟的子系统及其之间的互动关系。鉴于服务中介等其他机构在产业技术创新战略联盟中发挥的作用主要体现在项目包装等方面，对联盟的实际运行介入不深，故暂未考虑作为访谈对象。

访谈中不仅可以得到产业技术创新战略联盟稳定性的各影响因子，为后期仿真影响参数提供必要参考，而且还可以获取足够依据，从中提取维持联盟稳定性的措施建议。

2. 访谈内容

产业技术创新战略联盟稳定性的运行具有很强的时序性、动态性和复杂性，要全面了解战略联盟稳定性的影响因素及运行机制，只简单采用定量方法很难控制相关复杂变量，而且对战略联盟稳定性的干扰变量也有很多。因此，本书选择以专家访谈为基础的质性研究方法。考虑到高校及科研院所、企业和政府官员对产业技术创新战略联盟工作目标的理解不完全相同，思考问题的出发点也未必一致，从这 3 类不同主体开展访谈可以获得更为全面的信息。基于此，本书针对上述不同主体分别编制了 3 份访谈提纲（见附录 C）。高校及科研院所、企业着重从产业技术创新战略联盟的实际运行过程中彼此之间及行为之间的关系，政府官员主要从管理者角度分析联盟成员如何互动才能达到预期目标。

（二）访谈方法与过程

本研究选择访谈对象没有采用随机抽样的方法，而是通过研究者自身的工作和人际网络去寻找合适的访谈对象。本书采用结构化和半结构化访谈相结合的方式，通过面对面访谈收集所需信息，而后结合研究目的分析访谈内容，归纳总结产业技术创新战略联盟运行过程中联盟成员的互动行为及其相关关系和影响因素，为模型的构建奠定基础。考虑到研究的内容和目的，本书所呈现的内容并不是专家访谈和调研的全部。

访谈前，笔者事先将上述访谈提纲通过传真或邮件的形式送达给不同的访谈对象，与其约定访谈时间并让其提前准备访谈内容。访谈过程中，笔者就具体情况进行适当的追问，深入了解被访者的真实想法，提炼产业技术创新战略联盟成员之间的行为互动以及联盟稳定运行的影响因子等相关问题。大部分访谈是在被访谈者的会议室或办公室等独立空间进行。根据具体情况，每次访谈时间都控制在 1 个小时左右，并在被访谈者同意的基础上，对部分访谈内容进行了录音。

本研究以云南省产业技术创新战略联盟作为研究对象，选择了 5 家产业技术创新战略联盟的高校及科研院所、企业和政府官员进行访谈，尽可能多地从不同层面收集更多信息。此次共有 13 人接受了访谈，其中高校及科研院所 5 人、企业 5 人、政府官员 3 人（见表6－1、表6－2）。

表 6 - 1 部分被访谈联盟的基本情况

序号	联盟名称	牵头单位	创新目标
1	贵金属材料产业技术创新战略联盟	贵研铂业	围绕贵金属"基础原料→高端原材料→特种功能材料→新材料制品→二次物料综合回收"产业链,突破贵金属产业的核心专利及产业化制备共性关键技术……
2	云南省软米杂交水稻产业技术创新战略联盟	金瑞种业	利用云南地方特色软米种质资源创制一批新种质资源的亲本材料,形成软米杂交稻亲本繁育技术体系、配套栽培技术体系和安全高效种子生产技术体系……
3	可溶性固体钾盐矿资源开发产业技术创新战略联盟	云天化	构建可溶性固体钾盐矿资源产业化开发的技术、人才、资本及信息平台,致力于可溶性固体钾盐矿资源综合利用的共性和关键技术创新及产业化……

表 6 - 2 被访谈人员的构成情况

单位:%

序号	类型	人数	职位	人数	占比
1	高校及科研院所	5	院长/书记	3	23.08
			系主任	2	15.38
2	企业	5	总经理	4	30.77
			副总经理	1	7.69
3	政府官员	3	厅级	1	7.69
			处级	2	15.38
4	合计	13	—	13	100

(三) 访谈结果分析

为科学合理地构建联盟稳定性模型,便于直观了解联盟成员行为互动和稳定性影响因素,笔者借鉴林莉博士的研究思路,在专家访谈过程中首先选取被访者的典型语句,再从中提取关键词,然后按照关键词的类别进行分类整理,进而得到产业技术创新战略联盟运行过程中的典型互动行为及相关资料。

1. 联盟稳定性的访谈分析

根据高校及科研院所、企业和政府官员对访谈问题的回答，归纳被访者对相关问题的典型描述性语句，然后结合扎根理论思想提炼典型语句的关键词。（见表6-3~表6-5）

表6-3 高校及科研院所的访谈结果分析

序号	典型语句描述	关键词
1	选择技术研发方向对联盟的创新意义重大	研发方向
2	联盟要创新，必须要有一个良好的创新氛围	创新氛围
3	成员之间经常开展学术或项目交流是创新的源泉	学术交流
4	盟主或成员经常会把一些新的市场信息或需求传递给其他人	信息交流
5	盟主会根据联盟目标，挑选具备相应能力的单位组成项目团队	成员选择
6	联盟成员必须相互配合、协同创新才能完成联盟的任务目标	成员配合
7	运行过程中，盟主可能会为更好地完成任务而调整成员的分工	任务调整
8	联盟要想保持创新性，就需要成员不断地学习政策、技术等	持续学习
9	为增进成员相互了解，要增强成员之间的沟通能力	沟通能力
10	成员合作可以调动联盟成员的所有资源和智慧	团队合作
11	要持续创新，就要相对平均分布产业链条中的联盟成员	分布平均
12	相对固定的交流机构或平台有利于联盟成员之间的沟通	交流机制
13	预先清晰明确利益分配方案，更容易激励成员分工协作	利益分配
14	联盟成员如何合理使用专利等知识产权非常重要	成果共享
15	成员应该共同讨论如何实施项目，解决技术难题	共同讨论
16	由成员间某些不一致的看法而引起的一些冲突往往有利于联盟运行	良性冲突
17	通过加入联盟获得成果转移转化的平台	组建动因

表6-4 企业访谈的结果分析

序号	典型语句描述	关键词
1	联盟运行过程中，成员之间的信息沟通很重要	信息沟通
2	成员之间彼此合作的能力比单个成员的能力更为重要	彼此合作
3	通常选择有创新能力、产业链互补的联盟伙伴	伙伴选择
4	成员之间的交流有时会不经意地产生某些创新的火花	成员交流
5	希望联盟成员都能投入一定的资金、人力资源等	资源投入
6	愿意为营造良好的学术环境提供经费支持	经费支持

续表

序号	典型语句描述	关键词
7	不断明确联盟的目标是联盟创新的首要条件和根本要求	目标定位
8	有效的沟通能化解矛盾,处理难题	有效沟通
9	畅通的信息反馈可以使成员及时调整战略,适应新变化	信息反馈
10	要不断吸引各类资源进入联盟,促进工作计划的顺利实施	计划实施
11	在实现联盟目标任务的过程中,应加强任务的组织	任务组织
12	成员之间要互帮互助	协作互助
13	联盟成员应积极争取政府各类经费支持	政策扶持
14	联盟成果是大家共同协作的结果,应该共同分享	成果分享
15	联盟成员应定期或不定期地交流项目进展及存在的问题	项目交流
16	共同制订年度工作计划,使工作分工与协作有充分依据	工作计划

表 6-5　政府官员访谈的结果分析

序号	典型语句描述	关键词
1	明确发展目标和发展定位是联盟发展的首要问题	目标定位
2	联盟成员应定期组织交流会议,解决运行中存在的问题	会议交流
3	盟主应该发挥权威性和号召力,将联盟成员凝聚在一起	成员合作
4	联盟成员应为实现共同利益而精诚合作	协同合作
5	联盟成立之初,就应该制定良好的游戏规则	制定规则
6	联盟对外应具备畅通的沟通渠道和较好的关系网	沟通渠道
7	联盟成员共同搭建合作创新平台,实现共享	共建平台
8	发挥联盟作用,积极争取政府经费支持	政府支持
9	立足产业链打造,合理选择成员单位	成员选择
10	联盟必须有合理的利益分配,实现良性的自我循环	利益分配

2. 理论归纳

运用关键词词频分析法将关键词划分为不同的类别,以期从上述众多关键词中提取影响产业技术创新战略联盟稳定运行的关键要素。(见表 6-6～表 6-8)

通过上述归纳分析可以看出,各类被访者对联盟稳定性行为的认识存在一定差异。高校及科研院所和企业主要是从联盟的实际运行情况进行分析,分析得更为具体,而政府官员则更多从政府政策的宏观层面进行分析。尽管不同主体的视角和强调的侧重点有所不同，但经关键词分析可以发现，这些关键词的核心内容具有一致性。高校及科研院所认为联盟稳定性的典型行为包括：有效沟通、利益共享、组织实施、匹配合作以及持续学习；企业认为联盟稳定性包括有效沟通、组织实施、匹配合作、利益共享、经费支持、目标定位以及持续学习；政府官员关于联盟稳定性的观念有目标定位、有效沟通、匹配合作、组织实施、政府支持及利益共享。

表6－6　高校及科研院所对联盟运行描述的归纳和分析

单位：%

序号	关键词	频数	频率	归纳和分析
1	（3）学术交流	4	100.00	
2	（4）信息交流	3	60.00	
3	（5）沟通能力	2	40.00	有效沟通
4	（12）交流机制	3	60.00	
5	（15）共同讨论	2	40.00	
6	（13）利益分配	3	60.00	互利共赢
7	（14）成果共享	4	100.00	
8	（5）成员选择	3	60.00	
9	（6）成员配合	4	80.00	组织实施
10	（7）任务调整	1	20.00	
11	（10）成员合作	3	60.00	匹配合作
12	（11）分布平均	1	20.00	
13	（1）研究方向	1	20.00	
14	（2）创新氛围	1	20.00	持续学习
15	（8）持续学习	2	40.00	

说明：样本数为5。

表6－7　企业对联盟运行描述的归纳和分析

单位：%

序号	关键词	频数	频率	归纳和分析
1	（1）信息沟通	5	100.00	
2	（4）成员交流	4	80.00	
3	（8）有效沟通	4	80.00	有效沟通
4	（15）项目交流	3	60.00	

续表

序号	关键词	频数	频率	归纳和分析
5	（3）伙伴选择	5	100.00	
6	（5）资源投入	4	80.00	
7	（9）信息反馈	3	60.00	组织实施
8	（10）计划实施	4	80.00	
9	（11）任务组织	5	100.00	
10	（2）彼此合作	5	100.00	匹配合作
11	（12）协作互助	3	60.00	
12	（14）成果分享	5	100.00	互利共赢
13	（6）经费支持	5	100.00	政府支持
14	（13）政策扶持	4	80.00	
15	（7）目标定位	3	60.00	目标定位

说明：样本数为5。

表6-8　政府官员对联盟运行描述的归纳和分析

单位：%

序号	关键词	频数	频率	归纳和分析
1	（1）目标定位	3	100	目标定位
2	（2）会议交流	2	67	有效沟通
3	（6）沟通渠道	3	100	
4	（3）成员合作	3	100	匹配合作
5	（4）协同合作	2	67	
6	（5）制定规则	3	100	
7	（7）共建平台	2	67	组织实施
8	（9）成员选择	1	33	
9	（8）政府支持	3	100	政府支持
10	（10）利益分享	2	67	互利共赢

说明：样本数为3。

3. 访谈结论

表6-9　联盟稳定性的归纳结果分析

类型	高校及科研院所	企业	政府官员
匹配合作	（10）（11）	（2）（12）	（3）（4）

类型	高校及科研院所	企业	政府官员
有效沟通	(3)(4)(5)(12)(15)	(1)(4)(8)(15)	(2)(6)
互利共赢	(13)(14)	(14)	(10)
组织实施	(8)(9)(10)	(3)(5)(9)(10)(11)	(5)(7)(9)
目标定位		(7)	(1)
持续学习	(1)(2)(8)		
政府支持		(6)(13)	(8)

从表 6 - 9 所示的高校及科研院所、企业以及政府官员对联盟稳定性的看法中可以看出，高校及科研院所、企业以及政府官员均认为产业技术创新战略联盟稳定性的运行行为包括：匹配合作、有效沟通、组织实施及互利共赢，而目标定位和政府支持等仅为个别人的观点。因此本研究认为，产业技术创新战略联盟稳定性的运行行为主要包括匹配合作、有效沟通、组织实施及互利共赢。其中，匹配合作可以从联盟成员之间的相互配合、相互协作等方面进行观测；有效沟通可以从为完成联盟目标，联盟成员之间的信息交流、沟通、信息反馈等方面进行观察；组织实施可以从任务分工、任务调整、相互配合等方面进行观测；互利共赢则可以从专利等知识产权共享、经济效益共赢等方面进行观察。

二　产业技术创新战略联盟稳定性 MEIW 模型的构建

（一）产业技术创新战略联盟稳定性的模型构成

结合前文的访谈分析，本书提出了与联盟典型运行行为相对应的产业技术创新战略联盟稳定性的 MEIW 系统模型，即匹配性子系统（Matching）、有效性子系统（Effectiveness）、互动性子系统（Interaction）、共赢性子系统（Win - Win），分别对应匹配合作、有效沟通、组织实施和互利共赢四大典型运行行为。

通过系统分析可以看出，产业技术创新战略联盟稳定性影响因子体系中的匹配性、有效性、互动性和共赢性四大子系统内部还存在相互作用关系，进一步表明了产业技术创新战略联盟稳定性影响原因的复杂性和非单一性。在充分剖析专家访谈和文献整理的基础上，为完善产业技术创新战略联盟稳定性的分析研究体系及下阶段系统动力学研究奠定基础，本节将系统研究产业技术创新战略联盟的四大稳定性子系统及相互作用关系。

1. 匹配性子系统（M）

产业技术创新战略联盟中的企业、高校及科研院所等盟员之间的合作更多表现为达到盟员共同的既定目标任务而呈现的一种精神状态，体现为合作和协同创新的自愿性。该子系统在联盟运行中主要表现为盟员能在变化的产业环境中做好各自的角色定位，对于各类相关问题能实现共同决策和密切合作。企业更多地表现为面向市场、面向产业化寻找亟待协同解决的产业技术难题，而高校及科研院所则更多地集聚人才等创新资源，与企业等成员相互配合、共同合作。当联盟成员之间的合作是基于各自的实际需求并出于自愿时，将会激发联盟的潜力，产生联盟总体绩效大于成员单个绩效之和的效果。随着科学技术的迅猛发展，企业面临的产业环境日趋复杂多样，单个组织的创新能力、资源条件等都是有限的，因此，通过产业技术创新战略联盟集聚各类创新要素，促进高校及科研院所、企业之间的战略合作和双向互动，可以有效地协同解决产业共性关键技术难题。

匹配性子系统与其他子系统之间的作用关系表现为：①产业技术创新战略联盟成员之间良好的合作关系对于增强盟员之间的沟通与交流具有较强的促进作用。产业技术创新战略联盟在具体运行过程中，必将进行技术、人才和信息的交流，提高成员的沟通效率。②合作伙伴的匹配性有利于组织与实施联盟的目标任务。良好的合作能为组织与实施打下坚实的基础，有助于顺利实现联盟的目标任务。③联盟的实际绩效目标有赖于联盟成员之间的良性合作与协作活动。产业技术创新战略联盟成员之间自愿的协同创新在正向促进沟通与交流以及合作与实施的同时，能显著提高联盟的实际绩效水平，有助于共享与共赢模块的稳定运行。

2. 有效性子系统（E）

在产业技术创新战略联盟的组建阶段，选择有效性强的创新模式及沟通交流机制，通过将组织的意思和观念传递给其他组织并使其理解。通过沟通来控制各方的行为，共同遵守联盟协议，不背离战略目标方向；通过组建秘书处和执行机构等形式搭建成员之间的沟通交流平台，定期或不定期地交换项目进展和沟通想法，缓解联盟成员之间的冲突，形成良好的信任关系；通过沟通实现成员之间的信息反馈与共享，联盟成员在交流过程中通过聚焦于与联盟目标定位相关的问题实现信息交互。联盟成员之间的沟通协调能力在很大程度上决定着联盟的稳定性和运作效率。

有效性子系统与其它子系统行为之间的作用关系为：①有效沟通能促进产业技术创新战略联盟成员的通力合作。盟员之间的沟通互动可以将独立的个体连接为有机体。对产业技术创新战略联盟来说，有效的沟通可以协调成员之间的工作内容，处理分歧和矛盾，增强联盟成员的认识、责任感和凝聚力，增进联盟成员之间的理解和信任，提高联盟绩效。②有效性子系统中的沟通与交流有助于联盟成员的高效组织。针对特定产业技术创新问题，会结合联盟成员的研发实力、资源基础等因素，通过充分沟通，做出适合盟员特色的合理化分工。在产业技术创新战略联盟日常运作和项目执行过程中，还需不断优化调整针对盟员的任务分工内容，当然只有在盟员有效密切的沟通的基础上才能实现。③有效性子系统能为共享与共赢奠定基础，沟通效率的有效提高以及沟通手段的多元化可以提升产业技术创新战略联盟的实际绩效水平。

3. **互动性子系统（I）**

产业技术创新战略联盟工作的有效组织对实现联盟目标任务尤为重要。如果没有有效的组织与实施，就无法实现预期的目标和任务。联盟的组织实施主体通常会根据目标任务的不同而有所差异。例如，重大技术攻关通常会由创新能力强的联盟成员牵头，结合参与成员的优势，制订科学合理的工作计划，在组织实施过程中开展过程控制，以规避面临的各类风险。

互动性子系统与其他子系统的作用关系为：①产业技术创新战略联盟成员之间的有效组织有助于成员之间的任务分工与合作。分工与合作体现在产业技术创新战略联盟运行的横向与纵向的各个层次之间，前者是后者的前提，后者又为前者的主要目的。联盟成员在明确的产业技术创新战略目标下，明确分工协作，使企业、高校及科研院所等联盟成员均有相应的责任与权利。②产业技术创新战略联盟的组织与实施过程能为联盟成员之间在组建阶段进行良好的沟通与交流打下坚实的基础。盟主结合盟员在所处产业链和创新链的位置进行合理分工,有效组织盟员完成短期项目以及共性关键技术等既定战略目标。通过安排每个盟员处于合理的任务岗位,营造有利于联盟内容沟通与交流的平等互助的氛围。③通过制度建设等手段,加强联盟的组织与实施,有利于完成联盟的目标任务,从而增强联盟的绩效,为联盟成员利益共享打下基础。

4. 共赢性子系统(W)

相较于其他类型的战略联盟,产业技术创新战略联盟的绩效水平更多体现在技术和成果方面,如新技术的研发数量、研发成果的产业化运作程度、产品升级换代速度等。联盟成员通过协同创新产生的各类成果和经济效益如何实现成员之间的共享就显得尤为重要。一般来讲,联盟成员在开始某项目标任务之前,会通过协议等形式事先明确如何规避风险以及如何分配未来收益等问题。联盟潜在的绩效水平会受到联盟成员的沟通效率以及联盟成员以往合作经验的影响,通过与联盟战略目标对比而得出联盟的差距水平。

共赢性子系统和其他子系统之间的关系表现为:①产业技术创新战略联盟较高的实际绩效水平意味着联盟成员各自的利益所得比付出成本有较高收获,进而增强联盟成员合作的动机。②共赢的同时对联盟的组织与实施起到正向作用关系。联盟成员之间利益分配的合理性和有效度决定着产业技术创新战略联盟的运作水平。

(二)产业技术创新战略联盟稳定性的子系统权重

产业技术创新战略联盟稳定性系统的影响因素众多,各子系统影响联盟稳定性的作用强度也各有差异。确定四大子系统的影响权重,有利于分析各子系统因素对联盟稳定性系统的构成及其相互间的作用关系,保证联盟稳定性影响因子体系的系统性。确定权重的方法有很多,总体可分为两大类,一类是主观定性赋权法,即根据专家的经验进行主观判断确定,如德尔斐法、层次分析法、模糊子集法、比较矩阵法;另一类是客观定量赋权法,即根据评价指标的实际数据进行确定,如熵值法、主成分分析法、灰色关联度法等。主观和客观赋权法都有各自的优缺点和适用范围,要根据实际的研究对象去选择合适的方法。基于联盟稳定性影响因子体系的特征和联盟运行管理的实际，本研究采用了层次分析法计算四大子系统的构成权重。

1. 层次分析法一般步骤

层次分析法（analytic hierarchy process，AHP）是美国匹茨堡大学教授、著名的运筹学家萨蒂（T. L. Saaty）等人于 20 世纪 70 年代初提出的一种简便、灵活的多准则决策方法，主要用于确定综合评价的决策问题。该方法基于对复杂的决策问题的本质、影响因素及其内在关系等的深入分析，将定量分析与定性分析结合起来，用决策者的经验判断衡量目标能否实现的标准之间的相对重要程度，并合理地给出每个决策方案的标准权数，利用权数求出各方案的优劣次序。层次分析法的基本步骤如下。

（1）建立层次结构模型

确定评价的要素，建立所需确定权重要素的结构。本节主要计算四大子系统因素构成联盟稳定性的权重，评价因素即匹配性、有效性、互动性和共赢性子系统。

（2）构造成对比较矩阵

层次分析法需要引入判断矩阵，将判断定量化。鉴于联盟稳定性影响因子体系中的四大子系统因素的重要性呈木桶效应，即重要性区分度不宜过大，四大子系统对联盟稳定性缺一不可，且又存在相互之间的影响关系，因此，笔者将层次分析法的一般判断矩阵标度级差修正为 0.5，以便更精确地反映各个子系统之间的重要性对比关系。（见表 6 - 10）

表 6 - 10　判断矩阵标度及其含义

标度	含义
1	表示两个因子相比，同等重要
2	表示两个因子相比，一个因子比另一个因子稍微重要
3	表示两个因子相比，一个因子比另一个因子显著重要
4	表示两个因子相比，一个因子比另一个因子高度重要
5	表示两个因子相比，一个因子比另一个因子绝对重要
1.5, 2.5, 3.5, 4.5	表示上述两个相邻因子判断的中值
1/1.5, 1/2 等倒数	因子 i 与 j 比较得到判断 Fij，因子 j 与 i 比较的判断值 1/Fij

（3）层次分析计算

根据评价要素及引入的矩阵标度，构造判断矩阵，计算其最大特征根 λ_{max} 和各层次的单排序，以检验判断矩阵的一致性。具体计算如下：

①将每一列向量归一化：$\tilde{w}_{ij} = a_{ij} / \sum_{i=1}^{n} a_{ij}$

②按行求和：$\tilde{w}_i = \sum_{j=1}^{n} \tilde{w}_{ij}$

③将 $\tilde{w}_i$ 归一化 $w_i = \tilde{w}_i / \sum_{i=1}^{n} \tilde{w}_i$，$w = (w_1, w_2, \cdots, w_n)^T$，即为近似特征根（权向量）

④计算 $\lambda = \frac{1}{n} \sum_{i=1}^{n} \frac{(Aw)_i}{w_i}$，作为最大特征根的近似值

（4）验证判断矩阵的一致性

一致性指标：$CI = \frac{\lambda - n}{n - 1}$。$CI = 0$ 时，A 一致，CI 越大，不一致性越严重。$CR = \frac{CI}{RI} < 0.1$ 时，即可认为判断矩阵具有满意的一致性。对于一阶和二阶判断矩阵，不需要判断一致性。RI 的值见表 6 - 11。

表 6 - 11　RI 的取值范围

阶数	1	2	3	4	5	6	7	8	9
RI	0	0	0.58	0.9	1.12	1.24	1.32	1.41	1.51

2. 子系统权重的计算过程

（1）建立关系矩阵

依据前文对四大子系统的相关关系分析和建立的判断矩阵标度含义，结合联盟运行的实际，通过专家反复修正，分别对四大子系统因素进行两两比较，建立关系矩阵。（见表 6 - 12）

表 6 - 12　四大子系统的关系矩阵

因素	匹配性	有效性	互动性	共赢性
匹配性	1	1/2.5	1/3	1.5
有效性	2.5	1	1.5	3

因素	匹配性	有效性	互动性	共赢性
互动性	3	1/1.5	1	2.5
共赢性	1/1.5	1/3	1/2.5	1

（2）计算过程

根据层次分析法确定构成权重的计算步骤，将联盟稳定性四大子系统的权重计算过程以表 6 - 13 表示。

表 6 - 13　计算过程

因素	匹配性	有效性	互动性	共赢性	∑ Bij	∑	Wi
匹配性	1	1/2.5	1/3	1.5	3.23	0.59	0.15
有效性	2.5	1	1/1.5	3	7.17	1.60	0.33
互动性	3	1.5	1	2.5	8.00	1.32	0.40
共赢性	1/1.5	1/3	1/2.5	1	2.40	0.48	0.12
∑	7.17	2.40	3.23	8.0			

（3）一致性验证

由表 6 - 13 可以看出，初步计算出的四大子系统权重分别为 0.15、0.40、0.33 和 0.12，然后按照层次分析法的检验过程进行一致性检验。

$$AW = \begin{vmatrix} 1 & 1/2.5 & 1/3 & 1.5 \\ 2.5 & 1 & 1/1.5 & 3 \\ 3 & 1.5 & 1 & 2.5 \\ 1/1.5 & 1/3 & 1/2.5 & 1 \end{vmatrix} \begin{vmatrix} 1.15 \\ 0.33 \\ 0.40 \\ 0.12 \end{vmatrix} = \begin{vmatrix} 4.04 \\ 4.06 \\ 4.08 \\ 4.02 \end{vmatrix}$$

$$\lambda_{max} = 4.05$$

$$CI = \frac{\lambda_{max} - 4}{4 - 1} = 0.017$$

$CR = \dfrac{CI}{RI} = 0.017/0.90 = 0.018 < 0.1$，随机一致性比率小于 0.10，满足一致性检验，因此，计算过程符合判断逻辑，可以将联盟稳定性四大子系统的匹配性、有效性、互动性和共赢性的权重分别设定为 0.15、0.33、0.40 和 0.12。

由此可见，有效性和互动性子系统作用于联盟稳定性系统的影响较大，这也为后文系统动力学仿真联盟的稳定性提供了依据。

三　产业技术创新战略联盟的运行动态框架

产业技术创新战略联盟的稳定性与联盟生命周期的各个发展阶段相关，要识别联盟稳定性的影响因子，就需要充分了解产业技术创新战略联盟各个发展阶段的特点。布朗鲁斯将战略联盟发展阶段划分为伙伴定位、运作模式选择、协商、运行管理和绩效评估 5 个阶段。[①] 林和范德温（Ring and Van de ven）则认为战略联盟的运行过程为协商、承诺和执行 3 个步骤不断反复的持续过程。Das 和 Teng 较为详细地阐述了战略联盟的动态运行过程，将其划分为联盟战略确定、伙伴选择、协商、联盟组建、联盟运作、评估和完善 7 个阶段。国内有学者将产学研战略联盟运行过程划分为组建、运作和评估 3 个阶段。尽管不同学者的划分依据和结果各有不同，但不难发现，战略联盟的发展都包含了伙伴选择、联盟组建、联盟运作和结果评估 4 个阶段。因此，本文在现有研究成果的基础上，结合产业技术创新战略联盟的特性和动态发展的一般过程，将产业技术创新战略联盟的发展阶段划分为酝酿期、组建期、运作期和绩效期 4 个阶段。（见图 6-1）

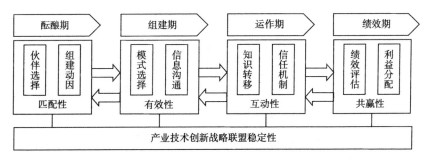

图 6-1　产业技术创新战略联盟的运行过程模型

图 6-1 中正向的箭头表示产业技术创新战略联盟一般沿 4 个发展阶段发展，而虚线左箭头表明任何时候发生的一些改变都可能会逆转联盟的寿

命。具体地说，每个联盟是一个重复的 4 个阶段中的序列，一些阶段可能多次成为联盟的演变发生。例如，在无法预料的环境中，联盟初始条件（如合作范围或分工）的改变可能需要重新谈判以确定关系中的地位。

尽管越来越多的学者开始关注联盟的发展过程，但他们并没有考虑发展过程中的稳定性问题。研究人员通常在同一个很短的时间内调查潜在的联盟稳定性的多个因素，却很少有人研究单个因素在 4 个阶段中对稳定性产生的可能影响。为填补这项空白，本书提出此过程模型，用以研究联盟稳定性的主要影响因素。

当然，本书的目的并不是在这个框架下产生一个详尽的因素列表，而是重点集中在联盟关系内部发展的关键因素上。因无法控制联盟的外部因素，如环境因素，故不在本书研究讨论的范围之内。

（一）产业技术创新战略联盟的酝酿期

寻找合作伙伴及不同成员组建动因的匹配是产业技术创新战略联盟酝酿期的关键问题，选择具有合作精神等特性的合作伙伴及组建动因将关系到联盟未来的运作过程并直接影响联盟的绩效评价，因此本书将组建动因与选择合作伙伴作为研究的起点。

资源基础理论认为，企业为创造并维持竞争优势联合组建战略联盟而获取不具移动性、模仿性和替代性的资源和能力；交易费用理论认为，组建联盟的动因为降低运营过程中的交易费用；而通过战略联盟进行知识的学习转移为组织学习理论的主要观点。产业技术创新战略联盟的企业、高校及科研院所等不同利益主体基于自身判断，根据成本、技术、政策等不同原因协同组建战略联盟，不同盟员组建产业技术创新战略联盟的动因协调性和一致性将影响联盟的稳定运行。

选择合作伙伴强调的是合作伙伴之间愿意匹配的资源配置、目标、动机及策略。一些研究建议，联盟成员应考虑潜在合作伙伴的声誉、经验、诚信、能力和对联盟潜在的贡献作为重要的选择标准。其他研究高度则强调选择合作伙伴过程中的资源互补性与学习的重要性。产业技术创新战略联盟需要各盟员共同投入资源，实现盟员共享共用，并依托资源整合开展协同创新，提升综合竞争优势。因此，酝酿期是否能恰当地合作伙伴将直接影响联盟的运行绩效，而且成员之间的匹配性对产业技术创新战略联盟的稳定性也具有重要影响。

值得注意的是，产业技术创新战略联盟是动态变化的，联盟成员不是一成不变的。例如，一个新的合作伙伴想要加入一个已经组建好的联盟时，就需要重新考虑选择合作伙伴的标准，只有在联盟成员之间满足优势互补、目标协同等条件时，才能保证产业技术创新战略联盟的稳定运行。同时，产业技术创新战略联盟盟员的匹配性也会随着联盟的成功组建、正式运作而不断发展变化。

（二）产业技术创新战略联盟的组建期

明确了合作伙伴后，产业技术创新战略联盟进入组建阶段，选择联盟创新模式及沟通交流机制的有效性就显得尤为重要。

产业技术创新战略联盟的目标是面向产业共性关键技术开展协同创新，由于不同性质的盟员之间的价值取向及资源条件等不同，联盟的组建模式也有所不同。根据产方和学研方的特点，寻求有利于发挥盟员优势的联盟创新模式是产业技术创新战略联盟稳定运行的关键所在。产业技术创新战略联盟组建的主要目的之一就是协同解决产业共性关键技术问题，因此协同创新模式的选择至关重要。不同的协同创新模式具有各自的优缺点和适应环境，不能简单地进行优劣排序。

产业技术创新战略联盟具有多主体性，由于企业、高等院校与科研院所等性质各异的主体在自有文化、经验、资源与发展战略目标上的差异，使成员之间本就存在鸿沟，自然在进行合作活动时会出现各种摩擦。因此，联盟运行过程中出现冲突是无法避免的，需要建立高效的沟通交流机制。也就是说，产业技术创新战略联盟组建阶段的创新模式及沟通交流机制的有效性将影响稳定运行的效果。

（三）产业技术创新战略联盟的运作期

产业技术创新战略联盟运作阶段的核心内容之一为产方和学研方之间知识的传输和吸收。知识转移作为技术创新的重要手段，能使各方之间的知识活动产生协同效应。产业技术创新战略联盟的知识转移就是知识在产方和学研方之间有目的、有计划的转移、传播和共享行为，也是产业技术创新战略联盟稳定发展的关键。由于产业技术创新战略联盟盟员之间的相对独立性会不可避免地产生道德风险和投机行为，因此，在产业技术创新战略联盟的运作阶段，强调盟员之间的互动效应、加强盟员之间的信任、开展关系管理、风险管理等控制机制、促进知识的有效转移和共享等可以增强联盟运作阶段的稳定性。

产业技术创新战略联盟的良性运作需要联盟内部的技术、人才、信息等创新资源的有效互动。产业技术创新战略联盟的运作机制包括知识转移机制、信任机制、利益分配机制等，各个机制相互补充、相互支撑。其中，利益分配机制是产业技术创新战略联盟运作的基础，只有在组建期时制定了公平合理的利益分配方案，盟员才会加入联盟的运作中。可以看出，利益分配机制不单存在于组建和运作两个阶段，更多体现在产业技术创新战略联盟的绩效评估阶段。

（四）产业技术创新战略联盟的绩效期

产业技术创新战略联盟的绩效评价是对联盟一定时间段内运行情况的综合评价，产品利润或项目进展情况都可以作为绩效评价的标的物。绩效评价是研究盟员设定目标的实现达到了何种程度。当绩效的评价结果优于合作伙伴的预期时，合作伙伴可能会试图保持合作关系，投入更多的资源和能力；当绩效的评价结果低于预期，合作伙伴可能会降低承诺并撤回部分投入以限制未来的风险，甚至会直接导致产业技术创新战略联盟的停滞或解体。因此，一个持续良好的联盟绩效可以维持联盟的稳定性，而不良的表现结果可能导致联盟不稳定与合作人的退出。

从一个完整的意义上说，产业技术创新战略联盟的绩效评价应同时考虑成本和收益两个方面。实践中，合作伙伴通常倾向于高估自己的支出而低估其他伙伴的贡献，也可能会低估自己获得的收益而高估伙伴获得的好处。也就是说，可能会由此发生联盟利益分配过程中的不公平。因此，产业技术创新战略联盟的绩效评价阶段的利益分配机制和实现共赢性会共同影响联盟的稳定性。

四　小结

通过专家访谈，本研究提出了包括匹配性（M）、有效性（E）、互动性（I）和共赢性（W）的稳定性 MEIW 系统模型，构建了与酝酿期、组建期、运作期和绩效期 4 个发展阶段的相互关系，初步探讨了 4 个稳定性子系统之间的作用机理，为后文系统动力学模型的构建提供了基础。

第七章

产业技术创新战略联盟稳定性系统 SD 模型的构建

产业技术创新战略联盟稳定性的具体影响因素有很多，而且某一因素可能在联盟运行的不同阶段都会影响联盟的稳定，在不同阶段所产生的作用及其重要性可能不尽相同。鉴于此，本章将在深入分析产业技术创新战略联盟的酝酿期、组建期、运作期和绩效期的各个阶段主要内容的基础上，揭示各个具体影响因素并根据研究需要进行适当分类，构建匹配性、有效性、互动性和共赢性 4 个子系统的基模流图。

一 产业技术创新战略联盟的酝酿期与匹配性子系统

（一）产业技术创新战略联盟的组建动因及合作伙伴的选择

产业技术创新战略联盟的形成包括一系列的选择和决定，其中，选择良好的合作伙伴是关键性的第一步，匹配性较强的合作伙伴对产业技术创新战略联盟的稳定性具有重要意义。

1. 产业技术创新战略联盟的组建动因

本章以云南省产业技术创新战略联盟作为调研对象，根据联盟的实际运行情况，围绕合作组建联盟的动因、伙伴选择的标准等问题，结合参与主体的性质，选择了高校及科研院所、企业等进行问卷调研，尽可能多地从不同层面收集更多信息。此次调研共发放问卷 62 份，回收有效问卷 48 份，回收率 77.42%。其中，高校及科研院所 26 份（含事业性院所 3 份），企业 22 份。具体人员构成和联盟类型见图 7 – 1。

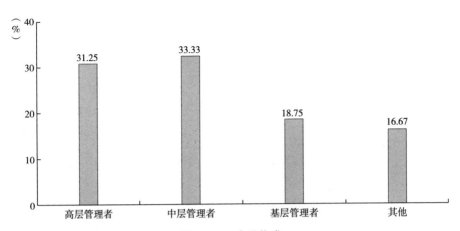

图 7 - 1a 人员构成

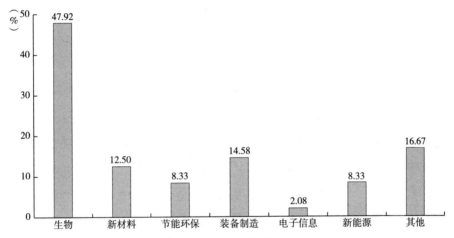

图 7 - 1b 联盟领域构成

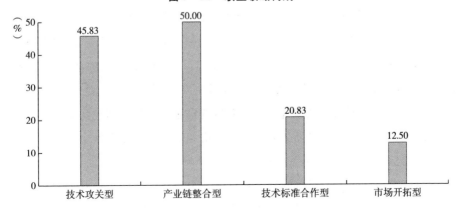

图 7 - 1c 联盟类型构成

图 7 - 1 问卷基本信息

所处产业领域和成员特性不同，产业技术创新战略联盟不同主体的组建动因也会有所区别。（见图 7 - 2）

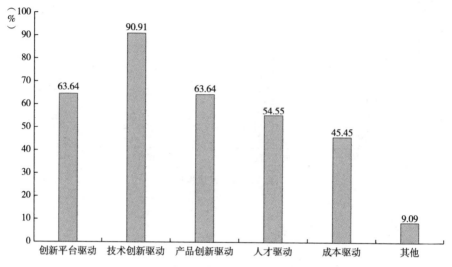

图 7 - 2　企业组建产业技术创新战略联盟的动因分析

通过调研及访谈可以发现，企业作为产业技术创新战略联盟的产方，有意愿与学研方等组织成立战略联盟的动因可以概括为以下几个方面：企业试图在变化的市场环境中取得竞争力，技术创新水平是重要的决定因素。但事实上，与高校和科研院所相比，企业特别是中小企业，不管是创新人才、创新平台还是创新成果积累方面，都有很大的欠缺。90.91% 的企业将技术创新驱动作为组建产业技术创新战略联盟的主要动力因素，另外，分别有 63.64%、63.64%、54.55% 和 45.45% 的企业是为了寻求合作伙伴协同开展产品创新、共享创新平台、共享创新人才以及降低成本。还有 9.09% 的企业组建产业技术创新战略联盟并无明确的动因，国家鼓励产业技术创新战略联盟发展的政策导向在其中发挥了重要作用。

相比以追求经济利益最大化为主要目的的企业来说，高校及科研院所牵头或参与组建产业技术创新战略联盟的动机相对集中于以下两个方面：一方面，高校及科研院所长期致力于某一产业领域的人才培养和创新成果研究，积累了一定的专利、标准等知识产权，但其市场化转化能力相对薄弱，致使大量研发成果束之高阁，难以转化成为生产力。因此，所有被访谈的高校及科研院所都表示，与企业等机构成立联盟的初衷是尽快将大量成果转化为生

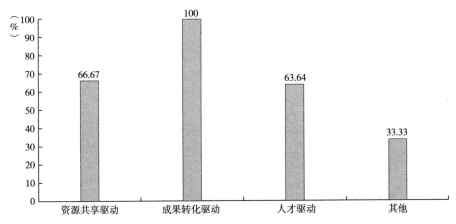

图 7 - 3 高校及科研院所组建产业技术创新战略联盟的动因分析

产力，在契约框架内实现技术转移和开展有偿交易。另一方面，66.67% 的高校及科研院所将资源共享作为主要驱动力。高校及科研院所每年从各个层面可获得大量的创新平台建设资金，但大批研发设备往往在项目执行结束后难以高效发挥作用。相比企业在平台建设方面的不足，高校及科研院所有意愿通过组建产业技术创新战略联盟的形式，在合作范围内实现科技人才、创新平台等资源的共建共享。对于在产业技术创新战略联盟中主要发挥协调、服务等辅助功能的中介机构等合作伙伴，本书不再展开论述。

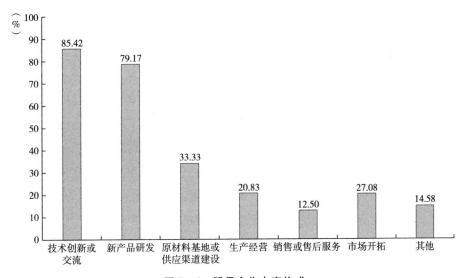

图 7 - 4 盟员合作内容构成

产业技术创新战略联盟运行过程中，成员之间主要开展的合作内容有技术创新或交流、新产品研发、原材料基地或供应渠道建设等方面，其中技术创新或交流占85.42%，新产品研发占79.17%，原材料基地或供应渠道建设占33.33%，市场开拓类占27.08%，生产经营类占20.83%，其他包括融资等在内的类型占总数的14.58%。

通过上述分析可以发现，当产方企业与学研方高校及科研院所在某一方面的动因相匹配时，才有可能组建产业技术创新战略联盟。联盟成员动因匹配性的变化，会对产业技术创新战略联盟的稳定运行产生影响。

2. 产业技术创新战略联盟合作伙伴选择

英国战略管理专家戴维·福克纳曾提出，联盟的成功取决于正确选择合作伙伴。产业技术创新战略联盟是企业、高校及科研院所等组织结成的长效合作关系，各类盟员在分析了对方的资源和能力后，关注的就是盟员合作意识等内容，实现资源信息共享，提升联盟自身的收益性。

（1）产业技术创新战略联盟合作伙伴的基本类型

结合产业技术创新战略联盟的运行实践，盟员会涉及到所处产业甚至跨产业的众多不同组织利益，合作伙伴包括政府、企业（产方）、高校及科研院所（学研方）、中介机构等不同独立实体。各类不同性质的合作伙伴在产业技术创新战略联盟的运作过程中，根据自身特点和资源基础，发挥不同的作用。其中，企业（产方）作为创新主体，处于产业技术创新战略联盟的核心位置，承担着提供资金、参与研究开发、标准制定、技术推广以及产业化等功能；政府发挥着政策支持、监督管理、搭建公共资源平台、营造有利于产业技术创新战略联盟健康发展的宏观环境等功能；高校及科研院所（学研方）在产业技术创新战略联盟解决实际技术难题等过程中，担负着引领产业技术发展方向，共享创新平台，提供高素质创新人才等作用；根据产业技术创新战略联盟所需的桥梁纽带作用，中介机构等在联盟项目实施过程中提供咨询、信息等辅助服务。

（2）从交易费用和资源基础理论融合的视角选择合作伙伴

交易费用和资源基础理论是战略联盟的两大主流理论，分别以交易费用和资源/能力作为研究的基本单位。本书将两者视为互补关系，并以此为基础去研究产业技术创新战略联盟合作伙伴的选择问题。

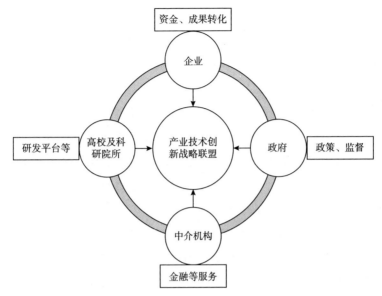

图 7 - 5　产业技术创新战略联盟合作伙伴构成

①合作伙伴选择的资源及交易二维结构

交易费用理论最初是用来分析企业自行生产与市场购买之间的替代关系，而后逐步拓展到各类治理模式。产业技术创新战略联盟作为企业联盟治理模式之一，必然会产生交易费用。根据威廉姆森的理论论述，交易费用取决于资产专用性、交易不确定性和交易频率。而资源基础理论则强调成员内部独特的资源或拥有的能力。结合两大主流理论的分析思路可以发现，在产业技术创新战略联盟的酝酿阶段，合作伙伴会综合考虑成员之间的交易关系以及背后体现的资源关系，即交易维度和资源维度。合作伙伴之间的资源关系为其本质属性，决定了合作伙伴之间的关系性质以及创造的价值。

②基于资源维度的合作伙伴选择

产方、学研方及联盟其他成员的各自特性及发展背景不同，使其具有的资源或能力存在明显的异质性和不可模仿性，这就促使不同性质的合作伙伴有意愿组建产业技术创新战略联盟。组建联盟之前，单靠成员各自的资源难以在变化的市场环境中取得必要的竞争优势，组建之后可以实现资源在合作伙伴之间的共享，提升资源的利用效率。

产业技术创新战略联盟的资源维度包括外部资源和内部资源两部分。

外部资源处于产方和学研方等参与主体之外，主要指市场资源和政策资源，在选择合作伙伴的过程中，发挥着同样重要的作用。只有外部资源有效地提升了合作伙伴的合作激情并与内部资源有效结合，才能较好地维护产业技术创新战略联盟的稳定运行。盟主一般基于市场需求的分析，对比自身实力，找出研发差距，以此作为选择合作伙伴的主要标准，进而组建产业技术创新战略联盟。产业技术创新战略联盟作为国家创新工程的主要载体，各级政府都制定出台了一系列加快产业技术创新战略联盟发展的政策措施，如专项资金支持，可以在合作伙伴的选择过程中更倾向于选择有政府项目组织和实施经验的单位。

产业技术创新战略联盟的内部资源主要指产方和学研方等合作主体自身能提供的资源，对产业技术创新战略联盟的形成具有决定性作用。外部资源只有依靠内部资源，才能真正发挥作用。产业技术创新战略联盟合作伙伴之间相互依赖的内部资源可以为盟员带来竞争优势。此种资源依赖关系分为互补与增益两大类，可以从两个层面去理解：一是产方和学研方内部的资源依赖关系更多地表现为互补关系，即同一类型合作伙伴之间的某一种资源的变动能被另一重资源的变动所补偿；二是产方与学研方之间的资源依赖关系更多地表现为增益关系，即不同类型合作伙伴的一类资源的存在将扩大另一种资源或要素的影响。具体来讲，在产业技术创新战略联盟的酝酿过程中，产方选择学研方作为合作伙伴时，会考虑其创新人才、创新平台、技术积累等资源与自身资源的增益程度。同样，学研方在选择合作伙伴时，会综合考虑产方的产业化水平、成果转化能力、创新意识、资金实力等资源水平。上述不同资源的匹配和互补程度越高，产业技术创新战略联盟稳定运行的基础就越好。

③基于交易维度的合作伙伴选择

产业技术创新战略联盟作为一种协作型的技术创新模式，在选择与之相匹配的合作伙伴的过程中，必将产生搜寻信息、谈判、签订及执行合约等费用，这些费用构成了交易费用的基本内容。交易维度的主要影响因素为资产专用性、不确定性和交易次数。其中，专用性资产主要包括产业技术创新战略联盟合作伙伴开展项目合作过程中的固定资产投资、人力资源投资等内容。由于专用性资产的专属性强且沉没成本较高，因此合作伙伴对专用性资产的投入水平可以在一定程度上表明其合作态度以及对长期合作的承诺水平。较高水平的专用性资产投入规模，可以表明合作伙伴关系的锁定程度，预示着联盟具有良好稳定运行的前期基础。我国产业技术创新战略联盟的实践中，企业（产方）多以仪器设备、办公厂房等有形资产投入为主，而高校及科研院所则多以技术、知识等无形资产形式转化为专用性资产，因此，科学、客观地评估无形资产对确认合作伙伴之间的信任关系具有重要作用。

从交易维度讲，产业技术创新战略联盟酝酿期的交易费用主要包括：①搜寻成本。产业技术创新战略联盟的盟主在明确了创新的主要内容和需求之后，会根据技术难题的特点去搜寻适当的合作伙伴。此时，搜寻的要求和目标是明确的，但对于未来合作伙伴的实际情况并不容易掌握。合作伙伴的规模、生产能力、市场占有率等指标较易获取，但其创新意识、企业文化等隐性指标却较难得到，需要付出更多的时间和精力，这就带来了一定的搜寻成本。②谈判成本。合作伙伴初步确定之后，会需要面对不同的合作伙伴开展一系列的谈判。谈判所涉及的合作内容、任务分工、资金投入、风险控制名目较多，相关成本也很高，任何一项内容无法协调一致，都可能会导致合作关系的失败。另外，合作伙伴之间的地位和谈判技巧等要素也会影响谈判成本，而合作伙伴的相对实力将直接影响谈判结果。此外，谈判本身非常耗时且会产生巨大的成本付出。因此，在寻找合作伙伴的过程中，谈判成本是一个非常重要的影响因素。

（3）产业技术创新战略联盟盟主的特性

联盟盟主即牵头单位（高校、科研院所、企业），其不同的性质使产业技术创新战略联盟的组建模式有所不同。云南省产业技术创新战略联盟的盟主以企业居多，占 67.5%，当然也不乏高校和科研院所作盟主的现象。笔者通过访谈发现，各类产业技术创新战略联盟的盟主具有 3 点共性。

①具有把握所处产业发展方向的能力

产业技术创新战略联盟的特性决定了联盟盟主必须了解所处产业的发展方向，能清晰地挖掘产业亟待解决的共性关键技术问题。在联盟运行过程中，能与其他联盟成员共同围绕技术问题开展研发及产业化等工作。

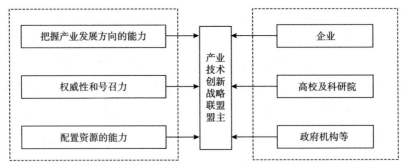

图7-6　产业技术创新战略联盟盟主的特性

②具有较强的权威性和号召力

为了共同任务和实现共同目标，盟主处于产业技术创新战略联盟的绝对主导地位，必须拥有强大的行业竞争优势，而高校及科研院所的成员应该能有效地提供技术创新来源。只有具备较强权威性和号召力的盟主单位才有能力聚集企业、高校及科研院所等各类机构，形成以盟主为中心和主导的星状结构的动态联盟形式，通过盟员间的协同合作，寻求长期发展，在实现自身战略目标的同时，解决所处产业领域的技术难题，提升产业的核心竞争力。

③具有一定的资源配置能力

在产业技术创新战略联盟的运行中，盟主一般以协同创新项目的形式组织与实施活动，其间所需的人员、经费、设施等条件就需要具有一定资源配置能力的机构来安排。

此外，盟主单位的核心人物的个人领袖魅力也为其成为盟主发挥了关键性作用。

（二）产业技术创新战略联盟匹配性子系统的基模分析

1. 匹配性的影响因素

产业技术创新战略联盟成员选择过程中的匹配性对联盟的稳定性将产生直接影响，联盟选择过程中成员之间的合作动机、意识、声誉、信任以及合作意识等因素，将直接影响产业技术创新战略联盟的稳定性。

（1）合作意识

产业技术创新战略联盟成员之间开展协同合作的基本素质之一就是盟

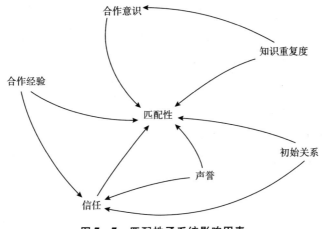

图 7-7 匹配性子系统影响因素

员所具有的合作意识以及合作能力水平。盟员之间的任务知识重复度对合作意识具有一定的影响作用。一般来说，产业技术创新战略联盟运行早期，随着成员之间任务知识重复度的不断提升，盟员会逐渐认识到仅凭个人的知识和能力难以完成联盟的任务和目标，而向其他盟员学习就成为有效的手段，同时也增强了盟员之间的合作意识。但经过一段时间的合作后，联盟成员对彼此的知识、技术、方法等均已熟悉，会认为自己可以完成其他成员的任务，此时的合作意识又会逐渐降低。

（2）知识重复度

产业技术创新战略联盟中企业、高校及科研院所等不同性质的联盟成员在执行项目的过程中，一般会以较小的联盟模块组织活动，成员在相互合作、共同完成既定任务目标时，有的成员可能会提出另外的、更有利于任务目标完成的方案，联盟可能会因此制定新的目标实施方案，并对任务进行重新分配。联盟成员之间任务知识重复的程度决定了任务的重分配或何时需要协作工作。任务在执行过程中发生的改变隶属于联盟运行的大系统，本质上也是创新行为。任务知识的重复度通过影响盟员的合作意识，会进一步对联盟整体的稳定性产生影响。

（3）合作动机

产业技术创新战略联盟成员之间合作创新的内在动力即为合作动机，是联盟创新行为发生和持续发展的主要原因。不同联盟主体进入联盟的需求有所不同，因此动机也不尽相同。斯蒂尔斯将企业进入联盟的动机划分为合作动机和竞争动机两大类。在合作创新动机情况下，联盟成员投入资源和能力、共同得到战略优势、联合研发、开发新产品、面对共同的竞争对手，或者通过提高效率降低生产成本。每个联盟成员清晰地了解彼此的期望和目标[①]，有利于增强之间的合作配合度。比如，企业的主要目的在于以较低的成本获得高校及科研院所的创新成果等互补性资源，不断增强自身竞争力；而高校及科研院所则更多地希望在契约框架内实现成果的有偿交易，获取经济价值。其他中介机构或为了履行职能，或通过提供服务来获得附加价值。

（4）合作经验

产业技术创新战略联盟的成员是否有联盟合作经验是影响联盟稳定运行的主要因素之一。有关研究证明，其他条件一致的情况下，具有联盟组建和运行经验的企业成为好的合作伙伴的可能性更大。通过潜在合作伙伴过去参与联盟的时间长短可以判断与其未来组建联盟的可能性，因此，联盟的时间越长，越能说明此企业拥有较好的声誉。另外，联盟成员若在组建产业技术创新战略联盟之前便形成了相互依存和促进的战略合作关系，则会为他们再次组建联盟提供原始动力。再者，联盟成员之前丰富的合作经验，能为联盟的稳定运行提供保障。

（5）初始关系

事前不断地进行深入交流互动在联盟设计的选择上起着至关重要的作用。也有研究认为，初始关系在联盟的动态与未来发展方面是关键因素。多斯（1996）认为，现有重复关系的存在有利于未来合作的形成，随着关系的发展，这反过来又会提供组织学习和加速后续调整的周期。鲁埃尔等人（2002）认为，这样的经历可以为结成联盟和管理联盟的动态方面提供先见之明。一个联盟的增长幅度意味着需要更大的协调力度和比例更高的成本，以降低合作的潜在危害。对更高层次的合作需求，协调与整合也可能会增加有关目标不兼容的问题。可以预见，联盟范围的扩大会降低联盟

---

① Ariño A., "To Do or Not to Do? Noncooperative Behavior By Commission and Omission in Inter-firm Ventures," *Group & Organization Management* 26 （2001）: 4 – 23.

未来的稳定和成功的可能性。来自初始关系的经验提供了彼此的文化、信息系统、结构和策略等信息，能促进有效的沟通和相互理解。成员可能会专注于成功概率最高的策略。初始关系可以产生亲密关系并加强合作伙伴之间的相互信任，但反过来又阻碍了机会主义和交易费用的降低。[①] 随着时间的推移，双方都认为是相互依存的，由此就形成了广泛的嵌入式合作关系。拥有在进入联盟之前就有过短期合作行为的产业技术创新战略联盟的盟员，更有利于联盟稳定发展。

（6）声誉

与合作伙伴结盟之前，联盟应该明确成员是否在经营和运作上有良好的声誉。调研发现，联盟选择合作伙伴时，声誉发挥着重要作用。声誉这类信任价值和竞争力是重要的战略资产，会随着时间累积。良好的声誉意味着成员的质量，并能鼓励其他组织参与联盟；相反，则可能具有机会主义行为且很难开展工作。声誉是联盟未来稳定运行的关键因素，是相互信任的重要来源。它有助于降低交易费用、减少潜在的机会主义行为、降低合作伙伴间的冲突和控制相关风险。相信一个信誉好的合作伙伴能使彼此真诚合作，为联盟带来真正的贡献，使联盟在相当长的一段时间内合作成功。

2. 匹配性子系统的基模流图

匹配性子系统的影响因素分析侧重于相关影响因素的作用关系，匹配性子系统的基模流图主要描述了各个影响因素对产业技术创新战略联盟稳定性运行的作用机制。

在匹配性子系统中，产业技术创新战略联盟成员之间良好的初始关系是联盟稳定性运行的重要条件。产业技术创新战略联盟选择成员时，通常会在之前有过战略合作的组织中按照一定的选择标准进行。由之前有过较好合作的盟员组成的产业技术创新战略联盟比无类似经历的盟员组成的联盟更具稳定性，因此，之前的合作可以增强彼此的认知，提高相互信任的水平。

---

① Parkhe A., "Strategic Alliance Structuring: A Game Theoretic and Transaction Cost Examination of Interfirm Cooperation," *Academy of Management Journal* 36 (1993): 794 – 829.

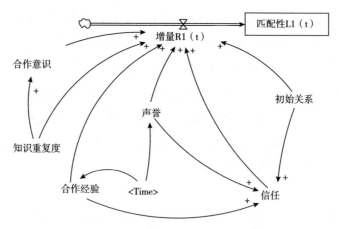

图 7-8　匹配性子系统的存量流量

　　合作经验较为丰富的产业技术创新战略联盟的盟员更能了解联盟运作中的问题，并能从之前的经历中吸取经验教训。比如联盟组建之初，如何设定科学合理的契约以提前规避未来可能产生的各类风险，联盟运作过程中如何保持与盟员的沟通与合作。也就是说，较为成功的合作经验对联盟的稳定运行具有正向促进作用。当然，对于拥有合作失败经历的盟员来讲，面对发展中存在的、难以单方面解决的问题，如果选择吸取之前失败的教训，改变其中的不足之处，还可以再次组建联盟。稳定发展的联盟能促进盟员获得积极的合作经验，提升盟员之间协同研发的积极性。合作伙伴之间通过了解彼此的合作经验，可以充分掌握其技术实力和综合水平，提高相互信任的水平。

　　匹配性子系统中，盟员的声誉越高，则联盟成员之间的信任度也越高，从而会增大盟员在产业技术创新战略联盟运作过程中投入资源的动力，降低投入的风险水平。

　　此外，合作意识和知识重复度等因素也会影响产业技术创新战略联盟的稳定性。通常情况下，合作意识较强的联盟成员组建的产业技术创新战略联盟较能保持长期稳定。合作意识越强，合作动机也越强，盟员就越会为联盟整体战略的目标而付出成本和资源，由此造成的较高违约成本能较好地保持长期稳定的合作状态。一般来说，共赢性子系统的稳定会正向作用于盟员的合作经验和合作意识，共赢性子系统中利益分配越公平，与期望水平越接近，联盟总体的稳定性程度越高。由上述分析可以基本判断，产业技术创新战略联盟的匹配性子系统会随着联盟的稳定运作、盟员合作经验的增强及声誉水平的提升，呈现出平稳上升的发展趋势。

二 产业技术创新战略联盟的组建与有效性子系统

（一）产业技术创新战略联盟的基本运作模式及创新模式的选择

产业技术创新战略联盟明确了合作伙伴之后，接下来就需要确定签订、联盟沟通交流机制等内容。产业技术创新战略联盟的合作创新模式是否适应合作伙伴的特性、所处产业的特色及联盟发展对产业技术创新战略联盟的稳定性至关重要。

1. 产业技术创新战略联盟的创新模式

根据产业技术创新战略联盟盟员所处的不同产业链和创新链的位置以及面对不同产业技术问题的特点，联盟创新模式主要有技术协作和合作开发两种基本类型。基于产业技术创新战略联盟中产方和学研方的自身特点，其在选择联盟这两类基本创新模式选择的态度上也各有差异。创新合作模式决定了利益分配和风险分担。只有联盟合作伙伴的创新模式选择一致，盟员协同合作才能找到切入点。因此，选择创新模式也是产业技术创新战略联盟稳定运行的关键因素。

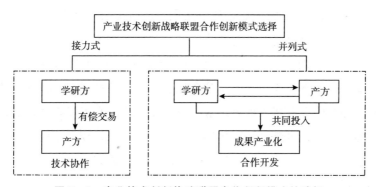

图 7 - 9 产业技术创新战略联盟合作创新模式的选择

（1）技术协作的创新模式

技术协作的创新模式属于产方和学研方接力式的技术开发方式，面对产业拟解决的技术问题，产方通过技术转移和有偿交易的形式购买学研方的阶段性研究成果后，进行中试及产业化开发。此种模式下，产方和学研方按照技术难题的不同开发阶段，以一定的时间序列先后开展创新活动。此类创新模式有利于企业在短期内获得所需技术，并迅速形成市场化产品，提高生产能力，但是需要注意选择好与学研方的合作项目，因为这直接关系到未来的生产和经营，具有一定的风险性。另外，技术协作模式有利于保持学研方的研发独立性，加速成果和知识产权的转移，但无法满足技术转移产业化后的长期利益保障。

此外，技术协作的创新模式也会存在如下问题：一是学研方只考虑创新成果如何快速实现产业化，隐含的技术风险和道德风险带来的信息垄断，致使产方在缺乏相关信息的情况下无法有效地鉴别技术成果的先进性和可靠性等问题。而缺乏综合评定等能力会难以制约道德风险行为，也可能会产生一定的经济损失。二是难以鉴定技术成果的经济价值。目前尚无科学的方法准确合理地评定专利等无形资产的价值，从而导致产方和学研方难以达成共识。

（2）合作开发的创新模式

相较于技术协作，合作开发更侧重于联盟内部产方和学研方的共同参与和协同创新，属于并列式技术开发形式。面对特定的产业共性关键技术问题，产方和学研方共同投入资金、人才等创新资源，但往往遇到的技术均较为复杂，任何一方都无法单独完成，所以就必须发挥资源互补等特性，整合创新过程中实现较高的结合度，才能取得预期目标。一方面，产方需要具有一定的创新能力，并参与整个创新及产业化的过程；另一方面，学研方需要参与技术研发和成果后期产业化的过程。合作开发模式可以使产方和学研方以契约等形式紧密结合在一起，实现风险共担和利益共享。然而，产方也可能会利用自身的生产经营优势，较大幅度地占有成果产业化的相关信息，使学研方处于被动地位，造成利益分配不均，影响联盟的稳定运行。

2. 产业技术创新战略联盟创新模式的博弈选择

调研数据表明，93.33%的产业技术创新战略联盟成员都关注如何选择合作创新模式才能有利于保持联盟的稳定运行。通常，企业倾向于选择合作开发模式，而高校及科研院所更倾向于选择技术协作模式。产业技术创新战略联盟创新模式的选择，不是产方、学研方等盟员的决策过程，而是相互博弈的对策过程。

（1）基本假设

假设 1：学研方的创新成果分为高水平和低水平的研发成果，其中，高水平创新成果所付出的科研成本为 C_h，低水平创新成果付出的科研成本为 C_l。

假设 2：学研方了解创新成果水平的高低，而产方由于信息不对称，只有通过可得信息判断成果的水平，创新成果高的概率为 μ，创新成果低的概率为 $1-\mu$。

假设 3：联盟内部的学研方比产方具有更强的研发优势，学研方创新能力 I_2，产方的创新能力为 I_1，且 $I_2 > I_1$。

假设 4：产方购买到高水平的创新成果后，若自身的创新能力达到学研方的创新水平，则变为 I_2，反之，则自身创新能力不变。

假设 5：创新成果的未来产业化收益 V 是创新能力的增函数，即 $V = V(I)$，则有 $V(I_2) > V(I_1)$。

产业技术创新战略联盟中的产方和学研方开展技术协作时，产方可以根据学研方要价的高低来判断创新成果水平的高低。设购买价格为 P，若购买到高水平的创新成果，则产方的收益为 $V(I_2) - P$，学研方的收益为 $P - C_h$；若购买到低水平的创新成果，则产方收益为 $V(I_1) - P$，学研方的收益为 $P - C_l$。

当产方与学研方开展合作开发时，若产方在创新成果的未来产业化收益中所占比例为 r，则学研方所占比例为 $1-r$。高水平创新成果可以提升的总体创新能力为 $I_2 \cup I_2$，而低水平创新成果所产生的创新能力为 $I_1 \cup I_2$，有 $(I_2 \cup I_2) > (I_1 \cup I_2)$。若创新成果为高时，则产方收益为 $rV(2I_2)$，学研方收益为 $(1-r)V(2I_2) - C_h$，反之，则产方收益为 $rV(I_1 \cup I_2)$，学研方收益为 $(1-r)V(I_1 \cup I_2) - C_l$。如果双方合作失败，则产方为独立创新，其收益为 $V(I_1)$，而学研方高水平创新成果和低水平创新成果的收益分别为 $S - C_h$ 和 $-C_l$。S 为保留效用，表示当创新成果水平高时，对学研方仍具有一定价值。合作过程中，未考虑产方和学研的风险成本。

合作初始阶段，由产方提出合作模式，学研方进行选择。

（2）博弈模型的设定

根据上述假设，可以用图 7 - 10 的博弈树表示产方和学研方关于创新模式选择的博弈过程。

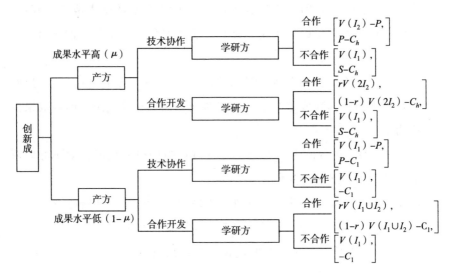

图 7 - 10　创新模式选择博弈树

此过程属于不完全信息博弈过程，产方仅知道学研方创新成果水平高的概率为 μ，创新成果水平低的概率为 $1 - \mu$，故产方提出选择技术协作模式的期望收益为 $E_1 = \mu \left[V(I_2) - P \right] + (1 - \mu) \left[V(I_1) - P \right]$，提出合作开发创新模式的期望收益为 $E_2 = \mu \left[rV(2I_2) \right] + (1 - \mu) \left[rV(I_1 \cup I_2) \right]$，不合作情形下，产方的期望收益为 $E_3 = V(I_1)$。若技术协作模式和合作开发模式下产方取得的期望收益相等，即 $E_1 = E_2$，则可以求得：

$$\mu = \frac{P + rV(I_1 \cup I_2) - V(I_1)}{V(I_2) - V(I_1) - r \left[V(2I_2) - V(I_1 \cup I_2) \right]}。$$

（3）技术协作创新模式的博弈分析

当 $\mu > \dfrac{P + rV(I_1 \cup I_2) - V(I_1)}{V(I_2) - V(I_1) - r \left[V(2I_2) - V(I_1 \cup I_2) \right]}$ 时，可知 $E_1 > E_2$，即方选择技术协作创新模式的期望收益大于选择合作开发的创新模式，从而会对创新成果提出采用技术协作的创新模式。对学研方而言，若

自身的创新成果水平为高，且产方提出的购买价格 P 大于成果保留效用 S 时，则同意产方选择，合作达成。若产方提出的创新成果购买价格不及成果保留效用 S，或者学研方提出的出售价格超过产方的出价上限时，则双方无法达成合作。

若产方和学研方之间的创新成果购买成功，对产方而言，创新成果购买的期望收益应该大于等于开展独立创新的期望收益，即：

$$\mu \left[V\left(I_2\right) - P \right] + \left(1-\mu\right) \left[V\left(I_1\right) - P \right] \geq V\left(I_1\right)$$

可求得：$P \leq \mu \left[V\left(I_2\right) - V\left(I_1\right) \right]$

也就是说，当创新成果水平为高时，产方和学研方开展技术协作的创新成果的购买价格区间为：$S \leq P \leq \mu \left[V\left(I_2\right) - V\left(I_1\right) \right]$。

这对学研方而言是隐藏信息，但产方也无法了解学研方隐藏的保留效用 S 的信息。当双方在上述价格范围内讨价还价时，学研方会为达到提高保留效用的目的而尽力表明此项创新成果的重要程度和水平高低。产方通过判断创新成果水平高低的概率来确定对创新成果的购买价格。因此，学研方若要提高创新成果的成交价格，就必要提升创新成果的水平，不断提高 μ 水平，从而实现合作伙伴之间的长效合作。而产方若要不断降低交易价格，须不断提升自身的创新水平，提升 $V\left(I_1\right)$ 水平和谈判砝码，而不是减少 μ。

从上述分析可知，在采用技术协作创新模式的情况下，对创新成果的判断极为重要。若学研方的创新成果水平为低，根据收益函数，只要产方提出的交易价格 $P > 0$，学研方就会为设法卖掉创新成果而不计较产方提出的价格水平，尽快收回为取得创新成果所付出的成本。此时，产方如果购买低水平的创新成果，就是得不偿失的行为，因为购买后的收益由 $V\left(I_1\right)$ 减少为 $V\left(I_1\right) - P$。因此，当创新成果水平低时，产方选择技术协作创新模式就是不理智的行为。

（4）合作开发创新模式的博弈分析

当 $\mu \leq \dfrac{P + rV\left(I_1 \cup I_2\right) - V\left(I_1\right)}{V\left(I_2\right) - V\left(I_1\right) - r\left[V\left(2I_2\right) - V\left(I_1 \cup I_2\right) \right]}$ 时，可知 $E_1 \leq E_2$，即产方选择合作开发创新模式的期望收益大于选择技术协作的创新模式，从而会对创新成果提出采用合作开发的创新模式。对学研方而言，若

创新成果水平为高，只要与产方开展合作的期望收益大于不合作，即 $(1 - r) V (2I_2) - C_h \geq S - C_h$，得 $r \leq 1 - S/V (2I_2)$ 时，就同意合作。同样，学研方在创新成果的未来收益中所占比例小于等于产方所能承担的上限，即：

$$\mu [V (I_2)] + (1 - \mu) [rV (I_1 \cup I_2)] \geq V (I_1)$$

可求得：

$$r \geq \frac{V (I_1)}{\mu [V (I_2) - V (I_1 \cup I_2)] + V (I_1 \cup I_2)}$$

也就是说，当创新成果水平为高时，产业技术创新战略联盟产方和学研方开展合作开发创新模式时，创新成果未来收益分配系数的范围为：

$$\frac{V (I_1)}{\mu [V (I_2) - V (I_1 \cup I_2)] + V (I_1 \cup I_2)} \leq r \leq 1 - \frac{S}{V (2I_2)}$$

产业技术创新战略联盟的产方和学研方应在上述分配系数范围内开展讨价还价。双方讨价还价的能力取决于各自的创新能力，只有当利益分配系数 r 的浮动范围变小，双方实现合作的概率才会变大。从上述公式的左边部分可知，产方创新能力的变化对 r 的影响大于合作创新能力的影响。只有产方不断提升自身的创新能力，学研方才更有意愿与之开展协同创新，合作开发创新模式才能顺畅进行。从公式的右边部分可得，双方合作开发后的创新能力越强，学研方的谈判能力会越弱，而学研方创新成果的保留效用 S 越大，则越能有效提升学研方的谈判能力。因此，学研方创新成果价值的提高有助于提升其谈判能力。

若学研方的创新成果水平为低，对产方而言，只要 $rV (I_1 \cup I_2) \geq V (I_1)$，即 $r \geq V (I_1) /V (I_1 \cup I_2)$，也就是说，只要合作开发能提升产方的创新能力，增大未来收益，就有意愿开展合作。此时，只要学研方的利益分配系数 $1 - r > 0$，由于学研方需要产方提供资金作为研发补贴，因此也有与产方开展合作的意愿。然而实践中，产方很难有效地确定创新成果水平的高低，相应的创新成果利益分配就只能按照未来的期望收益水平计算。

通过前文对技术协作和合作开发两种创新模式的博弈分析可以得出，产业技术创新战略联盟中的产方和学研方在选择创新模式的过程中，学研方创新成果水平为高的概率越大时，产方自身的创新能力越强，就越偏好与学研方开展技术协作，双方在一定的交易价格范围内会达成合作；学研方创新成果水平为低的概率较大，产方独立的创新能力越弱，就越倾向于选择合作开发创新模式，双方在一定的利益分配系数范围内会达成合作。

（二）产业技术创新战略联盟有效性子系统的基模分析

对于产业技术创新战略联盟来说，确定任务目标，制定发展战略、对联盟活动进行组织、控制、协调，都离不开联盟对内对外的沟通。沟通是联盟稳定健康发展的关键所在，有效的沟通不仅能够协调联盟内部、各成员之间的工作内容、处理分歧与矛盾、及时进行信息反馈，还能使联盟适时调整其发展战略以适应不断变化的情况，使联盟越来越具有团队精神。倘若联盟成员间未能有效地进行沟通，信息不对称或观念不协调，就容易出现沟通障碍，造成联盟成员之间的冲突。

1. 有效性的影响因素

产业技术创新战略联盟组建阶段的有效性子系统通过沟通能力、沟通效果等因子对联盟的稳定性产生影响。本节将结合文献研究及座谈等形成凝练有效性子系统稳定性的影响因素。

（1）沟通能力

为实现产业技术创新战略联盟的战略目标，需要盟员之间进行有效沟通。资源基础理论认为，战略联盟成员各自的战略目标取决于自身具有的能力与拥有的资源。较强的沟通交流能力有利于产业技术创新战略联盟内部的信息在盟员之间得到共享与交流，就问题达成一致的认知。盟员在组建过程中如果能建立运行得力的执行机构，始终在伙伴之间共建共享信息等相关资源，成员之间可以当面沟通交流对某一问题的看法和意见，就能进一步增进感情，有效提高成员相互之间的信任程度。因此，若伙伴间建立畅通的沟通渠道和手段，则可以增进彼此的了解，增加彼此的信任程度。

（2）沟通频率

沟通浪费是产业技术创新战略联盟成员分散性所需付出的成本之一。

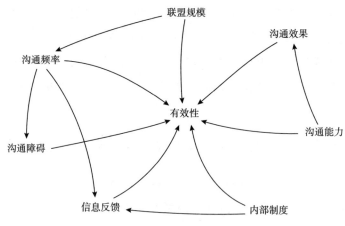

图 7 – 11　有效性子系统影响因素

在其他条件不变的情况下，产业技术创新战略联盟成员的沟通频率与信息反馈和资源共享成正比，也就是说，沟通频率越高，信息共享和反馈的内容就会越多。同样，联盟成员之间的沟通越有效率，也会提升反馈和共享的信息量和水平，沟通浪费最小化。一般来说，当联盟成员在沟通过程中遇到障碍时，自我调整行为会发挥增强相互交流强度的作用，通过增加沟通频率、提高沟通效果来避免沟通障碍的发生。

（3）沟通效果

沟通是联盟成员之间正式或非正式地分享有意义的信息，可以促进盟员之间的了解，及时调整目标，更好地协调任务实施。产业技术创新战略联盟的沟通效果是指联盟成员之间通过良好的沟通渠道，围绕运行过程中遇到的相关问题进行沟通交流后达到的实际效果。沟通途径和信息反馈将直接影响沟通效果。一般来说，产业技术创新战略联盟内部的沟通渠道越多、途径越合理、沟通能力越强、信息反馈越及时，沟通的总体效果就越好，越有利于联盟的稳定运行。

（4）信息反馈与共享

产业技术创新战略联盟成员来自产业的不同层面，在知识与技术等方面都有各自的比较优势，且盟员之间的组织运行规则和程序也不尽相同。若要实现联盟成员之间的信息畅通，就需要在他们之间建立畅通的信息反馈与共享机制。联盟内部的不协调和冲突会造成联盟的不稳定甚至终止，畅通的信息反馈和共享机制能充分发挥盟员在资源、技术、人才等方面的优势，立足产业链的不同阶段，面向产业共性关键技术问题开展协同创新。沟通频率与信息反馈和共享成正比关系，沟通频率越高，成员之间信息反馈的内容就越多。同时，盟员之间有效的沟通也会增加信息反馈的内容，从而使联盟成员之间的沟通与交流活动更为通畅。

（5）沟通障碍

产业技术创新战略联盟的成员在信息传递和交换过程中信息意图受到干扰或误解，会造成沟通失真现象而产生沟通障碍。在联盟运行过程中，沟通障碍主要来自发送者的障碍、接受者的障碍和信息传播通道的障碍等方面，称职的秘书处等执行机构的组织模式和结构有利于识别障碍，并采取有效的手段进行信息沟通，以减少或避免沟通障碍的发生。

（6）联盟规模

联盟规模主要体现在产业技术创新战略联盟合作伙伴的数量上。对盟主来讲，联盟具有较大数量的合作伙伴且较多选择协同创新模式，不仅可以有效地降低资源短缺风险，还能够取得谈判优势，也有助于建设内部协同网络。但从沟通角度来讲，较多的合作伙伴无疑会增加沟通成本和协调力度。另外，合作伙伴的增多势必也会降低成员规模的对称性，增加内部的投机风险，从而影响产业技术创新战略联盟的稳定性。

（7）内部制度

产业技术创新战略联盟面向产业的创新行为属于目的性和计划性较强的系统行为，创新行为的稳定开展需要建立科学合理的内部管理制度。实践中，产业技术创新战略联盟一般会建立完善的财务、人事、知识产权等规章制度，科研活动的特殊性应使联盟内部的管理制度更具人性化和灵活性，这样才能充分激发成员的科研创新能力和能动性。为了在相对平稳的条件下确保各种创新行为的顺利进行及相互协调，联盟必须建立与联盟成员相适应的行为规范、奖惩措施等规章制度，促使盟员围绕联盟的共同目标而形成协作行为，保证联盟沿着正确的轨迹发展。

2. 有效性子系统的基模流图

产业技术创新战略联盟有效性子系统侧重于盟员创新模式及沟通交流机制的建立。本书在研究了有效性子系统的影响因子的基础上，形成了有效性的基模流图，分析了各个影响因子对产业技术创新战略联盟稳定性的影响。

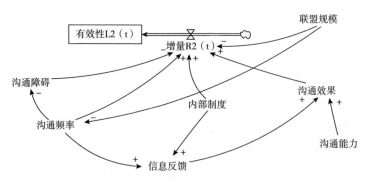

图 7 - 12　有效性子系统存量流量

完善有效性子系统中盟员的沟通渠道和沟通效果等沟通交流机制，对联盟的稳定性起着关键性作用。由于盟员相对分散及自有文化特性，难免会产生沟通障碍，也会对联盟的稳定运行产生负面影响。实践中，盟员可充分利用网站、电子邮箱、传真等方式来加强沟通与交流。

产业技术创新战略联盟的盟员在一定时间内的沟通次数会直接影响沟通障碍和信息反馈。一般来说，沟通频率越高，盟员之间的信息反馈越及时，越能减少沟通障碍的制约，实现高效、共赢的沟通效果。盟员之间的信息反馈，不管是信息接收者还是传送者，都应仔细观察对方的反应和行动来间接获取反馈信息，使盟员之间的沟通成为真正意义上的双向沟通。

完善联盟内部的规章制度等管理制度，一方面有利于成员之间的信息反馈，若内部制度明确规定了盟员之间必须开展沟通的时间点和信息反馈的强制性，那么在一定程度上会维持联盟稳定运行的状态；另一方面，盟员之间围绕联盟运行中存在的问题加强沟通与交流、不断完善内部制度、及时减少沟通障碍因素，也便于形成良好的沟通氛围，促进产业技术创新战略联盟的稳定发展。

此外，产业技术创新战略联盟的成员数量也在一定程度上对有效性子系统产生影响，从而影响联盟的稳定运行。成员数量越多，难以协调的因素就会越多。各类不同主体性质的盟员在动机和目的上更多地呈现出多元化，如何统一盟员的不同诉求、围绕共同目标协同创新成为难题。同时，沟通能力直接影响沟通效果。通常，对于某一特定问题，不同性质的盟员具有不同的沟通交流能力，观察和理解问题的水平也有所区别，这就形成了盟员之间迥然不同的沟通效果。一般来说，产业技术创新战略联盟在运行过程中，会不断优化信息反馈的机制，减少沟通障碍，实现畅通、高效的沟通效果，从而使联盟的有效性子系统表现出稳定水平并不断提升的运行状态。

三　产业技术创新战略联盟的运作与互动性子系统

产业技术创新战略联盟对合作伙伴及创新模式的选择为联盟的稳定运行创造了前提条件。实现从学研方到产方的知识转移是产业技术创新战略联盟稳定运行的关键之一，知识从产生到实现转移的过程贯穿于联盟的运行之中。

（一）产业技术创新战略联盟的知识转移机制

1. 产业技术创新战略联盟知识的特性

（1）知识的黏性

知识的默会性（隐性知识）和知识的情景嵌入性会增加知识从知识源转移到知识受体的额外成本，也就是增大知识流动的难度。在产业技术创新战略联盟内部，知识的黏性会增大知识被有效编码、表达和解读的难度，从而使合作伙伴必须"克服伙伴技能的模糊性"，并增加知识转移的成本。

（2）知识的复杂性

某种知识涉及其他资源的程度即为知识的复杂性。涉及的资源程度越高，则知识的复杂性越高，由此带来的模糊性也就越明显。一般来说，产业技术创新战略联盟盟员之间的知识很多是跨领域、跨部门的，这类知识在转移过程中需要大量的解释性知识，其转化应用也同样需要方方面面的资源配合。

（3）知识的互补性

虽然产业技术创新战略联盟产方和学研方的劳动分工过程带来了

知识分立，但是孤立的知识无法实现经济发展。联盟中产方和学研方的分立知识必然存在互补关系，表现为同一类型知识的不同知识面之间在时间上的互补以及不同知识内容在空间上的互补。比如，产业技术创新战略联盟中创新能力较强的产方与创新能力较弱的产方属于知识在时间上的互补，而不同区域内的产方之间则可能会存在知识空间上的互补关系。

2. **基于知识势差的联盟知识转移的成因分析**

知识势差是知识区位理论概念，用来表征不同主体之间知识支配能力的差异。组织由于拥有知识存量而具有的势被称为知识势，表示对某类知识的存量。假定某一技术领域作为研究范围，将其所涉及的知识广度和深度作为两个维度，可以构筑二维知识区位，从而每个知识主体可以根据上述二维空间找到自己的位置。由于知识分布的不均衡以及知识发展的历史路径依赖，不同的知识主体拥有的知识存量和质量有所不同，因此，在知识区位中就存在高低位势的差异。

产业技术创新战略联盟中的产方和学研方之间也存在知识的势差，从而形成从高位势知识主体向低位势知识主体的自然压力，所有盟员之间形成错综复杂的知识流动，将低位势知识主体向高位势知识主体拉近，同时促进知识转移机制的形成。知识转移不同于知识扩散，它是有目的、有计划的知识共享。产业技术创新战略联盟盟员之间的知识转移过程就是知识从知识源向知识接受者有目的、有计划的流动过程，在高低位势的知识主体之间形成动态循环，促进知识转移的持续进行。

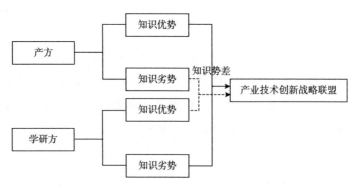

图 7-13　产业技术创新战略联盟知识转移过程

因此，知识势差的存在客观上造成了产方和学研方追求资源互补，使彼此之间结成联盟，并从根本上推动两者之间知识转移机制的形成。

需要指出的是，并非所有的知识势差都会产生结成联盟的动力。例如，产业技术创新战略联盟中处于高位势的学研方 A 与处于低位势的产方 B 的知识势差 P（$P \geq 0$），若 $P = 0$，则学研方 A 与产方 B 的知识无差距，就没有知识转移的价值；当 $P < P^*$（P^* 为某一特定值）时，即知识势差尚未达到影响产方的吸收能力，P 的增加表示学研方 A 对产方 B 的知识贡献价值增大，可以促使产方 B 加速向学研方 A 学习，加之知识差距不大，产方 B 对学研方 A 的知识贡献也有较大价值，有利于反馈和共赢；当 $P > P^*$ 时，表明两者的知识差距过大，P 的增加使产方 B 难以消化吸收，从而降低了学习效率和共享效率；若 P 趋近于无穷大，则产方和学研方的学习效率趋近于零。可见，产业技术创新战略联盟中产方和学研方的知识效率与彼此之间的知识势差呈现倒 U 形。

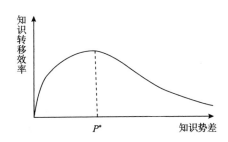

图 7-14　产业技术创新战略联盟知识效率与知识势差关系

3. 盟员间知识转移的影响因素模型

产业技术创新战略联盟成员之间的知识转移同时受到知识源、知识受体、知识转移路径以及联盟自身层面等要素的影响。

（1）知识源层面

产业技术创新战略联盟中的知识源既可以是具有知识优势的产方，也可以是具有知识优势的学研方，其知识转移动机、知识转移意愿、知识转移能力以及先前的知识转移经验等因素具有一定的影响。

①知识转移动机

产业技术创新战略联盟的知识源开展知识转移的动机包括输出过时知识、获得对方知识等内容，其最为基本的目的是获得利润。不同的知识转

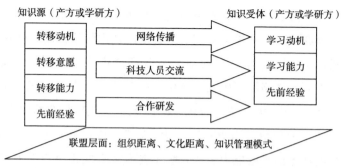

图7-15 产业技术创新战略联盟知识转移影响因素模型

移动机对知识转移的影响是不同的。对于输出过时知识的知识源来讲，其目的是通过转移对自身来说已经过时的知识来快速获取经济效益，其知识转移的意愿会相对强烈。

②知识转移意愿

知识能得以实现转移的前提条件就是知识源必须有进行知识转移的基本意愿。产业技术创新战略联盟内部产方与产方之间、学研方与学研方之间的竞合关系决定了知识转移意愿的矛盾性，同类成员之间既渴望共享知识获得利润，又担心丧失竞争优势。

③知识转移能力

知识源对拟转移知识的编码能力、认知能力、对受体信息反馈的理解能力以及知识转移方法等因素影响着知识源能否准确而真实地解释知识，让知识受体理解并接受。知识源的知识转移能力决定着产业技术创新战略联盟中不同盟员之间的知识转移是否通畅和有效。

④先前的转移经验

知识源先前的知识转移经验能让其更深刻地把握自身知识的潜在用途，也是拟转移的知识能得到有效开发利用的必要条件。具有较多先前知识转移经验的知识源可以更好地判定知识受体的准备情况以及预测知识转移过程中可能存在的障碍，并及时提出有效的规避措施，从而提升知识转移的水平。

（2）知识受体层面

①学习动机

知识受体不同的合作目的会带来不同程度的资源投入量。如果知识受体结成产业技术创新战略联盟的意图是促进知识学习，那么此受体将搜寻所需知识并关注盟员之间的知识转移。知识转移的效率还受到学习目标明确性的影响。

②学习能力

知识的挖掘能力、吸收能力和保持能力共同影响着知识受体的学习能力。其中，知识挖掘能力越强，知识源实施知识转移就越简单，也就越有利于实现知识的创新。适当的吸收能力对知识受体来说非常重要，只有自身吸收了被转移的知识，才能提升获取知识的有效性。知识受体应用新知识的能力可以反映其保持知识的能力，只有保持了被转移的知识，才能说明知识实现了有效转移。

③先前的吸收经验

先前的知识吸收经验是知识受体接受新知识的良好背景，如先前对某种技术的吸收经验会有利于理解、吸收新的相关性较强的技术。[①] 产业技术创新战略联盟中对于某项知识的转移，如果知识受体具有较好的先前的吸收经验，将有助于提升其接受转移知识的能力。

（3）产业技术创新战略联盟的自身层面

在产业技术创新战略联盟的知识转移过程中，知识源及知识受体的组织结构、组织文化、知识管理模式等方面的差异会对知识转移产生影响。比如，知识源与知识受体的组织结构差异越大，彼此之间沟通和交流就会越困难，从而知识转移路径的开通就越难。另外，双方在价值观念、思想精神等文化上的异质性也会影响联盟内部对知识的态度和积极性，从而导致对同一知识的不同认知结果。还有，不同组织之间的知识管理模式的差异亦会影响知识转移的有效性。产业技术创新战略联盟中具有相似知识管理模式的盟员在转移知识的认知和使用方式上越相似，越有利于知识转移。

（4）知识转移渠道

产业技术创新战略联盟的知识由知识源转移到知识受体的途径主要包

---

① Zander U., Kogut B., "Knowledge and The Speed of The Transfer and Imitation of Organizational Capabilities: An Empirical Test," *Organization Science* 6 (1995): 76 – 92.

括网络传播、技术人员交流和共同研发 3 类。网络传播主要通过邮件等网络手段进行知识转移，具有快捷、节约成本等特点，但对隐性的知识转移效率较低。科技人员交流主要指盟员之间互派科技人员，以人为载体，开展知识转移。此种方式对隐性的知识转移非常有效，但是转移成本较高。共同研发是指战略联盟内部的成员共同开发特定知识，实现知识的转移。此类方式虽然便于显性和隐性知识的转移，但容易导致核心技术溢出。从上述分析可知，不同的知识转移渠道会带来不同的转移效果，应结合转移知识的特点去选择合适的转移渠道。

（二）产业技术创新战略联盟互动性子系统的基模分析

1. 互动性的影响因素

产业技术创新战略联盟运作阶段的互动性子系统的主要影响因子包括联盟范围、任务分工、机会主义等，相关影响因子的交互作用对联盟的稳定性产生影响。

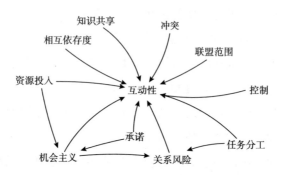

图 7 - 16　互动性子系统的影响因素

（1）联盟范围

联盟成员必须决定彼此之间任务或功能的接口区域。一般来说，一个联盟协议可能涉及 3 个不同的功能区或合作活动：研发、制造和营销。产业技术创新战略联盟的范围可以用成员之间开展创新活动的数量来表示，不同规模和不同领域的战略联盟的合作范围不尽相同。例如，一些合作仅限于某一个单一的活动（如研发、制造或营销），而另一些则涉及多个领域。产业技术创新战略联盟比单一联盟具有更广泛的范围，所选择的范围对联盟随后的动态发展具有重要意义。鲁埃尔等人认为，联盟范围越广，不确定性就越多，联盟运行也会越困难。一个联盟合作范围的增长幅度越大，预计所需的协调程度就越大，会导致比例较高的成本，提高合作的潜在危害。更高层次的合作、协调及整合也可能增加有关目标、系统、程序和策略的不相容问题。可以预见，随着联盟范围的不断增加，联盟未来稳定发展的可能性就会不断降低。

（2）任务分工

联盟成员之间的任务分工是产业技术创新战略运作过程中的重要组成部分。鲁埃尔等人强调了联盟任务分工的重要性，并将其作为一个由合作成员承担的主要任务，指出合作伙伴之间任务分工越明确，权责分配越合理，联盟治理结构发生变化的可能性越小。一方面，明确的分工规定将减少复杂的协调活动，减少合作伙伴间的纠纷，并降低可能的关系风险。另一方面，分工明确还可以鼓励合作伙伴提供更多的资源来履行他们的责任。可以合理地预测，分工明确的联盟会比责权利模糊的联盟更加稳定和成功。

（3）机会主义

交易费用理论认为，违反已议定的契约的行为就是机会主义行为；资源依赖理论和组织学习理论则认为，联盟成员不管是通过学习还是技术剽窃等手段，凡是对对方的核心资产造成侵犯的行为都构成机会主义行为。也就是说，在产业技术创新战略联盟运行过程中，盟员以有别于契约要求的行为标准，为追求自身利益而损害合作伙伴利益的行为构成机会主义。由于很多情况下，采用机会主义获取的收益大于遵守联盟契约得到的收益，所以联盟运行过程中机会主义层出不穷。一般来说，产业技术创新战略联盟不健全的自身制度、不可充分预见的市场环境以及信息不对称等因素都导致了难以监督联盟成员的行为，难以评价其行为结果。

（4）关系风险

Das 和 Teng[1] 将风险分为关系风险和绩效风险两个主要类型。关系风

---

① Das T. K., Teng B., "Between Trust and Control: Developing Confidence in Partner Coopera-tion in Alliances," *Academy of Management Review* 23（1998）：491 – 512.

险来源于联盟合作伙伴之间不守承诺并采取机会主义的行为，使联盟可能遭到损害的风险。机会主义行为是关系风险产生的主要源泉，只在合作战略中发生，因此，所有参与联盟运行的企业、高校及科研院所等组织都要面对联盟自身属性的关系风险。

（5）绩效风险

即使产业技术创新战略联盟合作伙伴之间实现了充分合作，联盟可能仍无法完全实现其预期战略目标。绩效风险来源于各种因素，如政策环境、市场因素等。与关系风险存在合作战略不同，绩效风险是任何战略决策的组成部分。盟员建立战略联盟通常会降低单位组织所要面临的绩效风险的程度。

（6）承诺

信任和承诺、信任和控制等为现有文献中研究较多的问题，联盟成员的承诺是联盟关系贡献的特殊资源和能力，意味着对联盟和合作伙伴的忠诚，表明了一个长期的定位，在足够长的时间内保持伙伴间的合作关系来实现自身的利益。当多边承诺建立以后，所有的合作伙伴都会致力于减少机会主义，并推动关系向前发展。相反，任何一个成员如果不对联盟承诺，就不可能与合作伙伴密切合作。因此，缺少任何一方的承诺的任意一部分都将成为联盟不稳定的因素，而双方合作伙伴的承诺往往能提高互惠合作水平，促进关系的稳定性。

（7）相互依存度

就其本质而言，相互依存度是指战略联盟直接或间接地创造了合作伙伴之间的相互依赖关系。联盟成员之间平等依存性的产生、发展与维护，可以提高产业技术创新战略联盟的稳定性。首先，相互依存度有助于增强成员对环境和市场变化的战略反应的一致性，提高合作稳定性的性能。其次，合作伙伴同时为联盟做出重大贡献和投资时，相互依存度可以使他们共同遵守联盟协议。再者，相互依存的合作伙伴有权平衡所贡献的资源和得到的经济回报，任何一方的贡献不会被忽视或低估，还可以激励盟员为联盟活动给予更多的投资。最后，相互依存使合作伙伴具有以可信的方式采取行动的动机，并创建了一个相互宽容、互惠互利的环境，是联盟发展和成功的必要条件。因此，均衡的相互依存度有利于联盟的长期稳定和成功。

（8）冲突

产业技术创新战略联盟作为一种面向长远发展的技术创新组织形态，由于其内在属性——多决策中心共同施压、相互妥协、经常性谈判、利益冲突不断等以及对联盟成员缺乏强有力的控制手段，因而容易发生组织成员背叛合作承诺，导致成员间互不信任、信息共享渠道不畅、联盟组织控制成本上升、技术创新效率下降等问题，造成联盟运行不稳定的状态。联盟各方内在的独立性使冲突在所难免，尤其是合作各方的性质和产业目标不同所导致的文化差异更容易引起冲突。盟员之间在文化、地理距离等方面的差异会导致低水平的学习和知识转移。联盟成员间的冲突是一个涉及多方面原因和结果的复杂结构体。之前的研究已经发现联盟伙伴间的冲突存在各种原因，例如，有学者认为冲突起因于协调和效率或机会主义和不公的问题；也有学者指出，私人与私人之间的利益冲突及共同利益和所有的合作伙伴之间的不相容性是利益冲突的来源。Das 和 Teng 将联盟冲突的来源分为 3 类：一是联盟成员存在不同的组织惯例、技术、决策制定模式和偏好等难以适配的因素；二是联盟成员对自身利益及机会主义行为的处理；三是在同一市场上激烈竞争的伙伴企业会为了各自的利益在联盟外产生冲突。联盟中未解决的冲突是影响联盟持续稳定发展的关键负面因素，所以必须建立适当的机制去有效地管理冲突。研究人员通常建议，联盟成员间的信息共享是解决冲突的关键手段，建立信任和管理控制可以协助解决冲突。一旦冲突已经被最小化，合作伙伴就会有强烈的欲望要保持这种关系不变，联盟由此可以进入一个相对稳定的时期。

（9）非正式控制

除了管理关系外，控制也是确定联盟未来的过程和动力学的重要因素。控制可以被看作是一个组织的协调和管理过程，包括监测、指导、评估和奖励活动。非正式控制也被称为社会控制，强调利用建立长期的、主观的和平时行为或成员和联盟收入作为直观的评价标准。社会控制通过建立共同的目标、规范和价值观去影响合作伙伴企业的行为，其目的是减少目标的不一致性与合作伙伴的偏好差异。社会控制可以增进相互理解，培育相互信任。重要的是，没有规定的特定行为或刚性结果，合作伙伴可以相对独立地完成他们的工作，并开展相互交流的过程，盟员之间可能会因此享有和谐稳定的关系来实现共同目标。

（10）行为控制

研究者们将正式控制分为两种类型：行为控制（或过程控制）和结果控制。行为控制是明确地指定适当的合作伙伴行为与合作伙伴间交流的满意度之间的作用机制，是强调行为人的过程本身的措施而不是经济或财务结果。过程或行为的控制可以对联盟的动态产生正面影响。一方面，如果合作伙伴经常利用过程控制去协调联盟活动，就必须不断监测和频繁检查，这会破坏合作伙伴的善意和信任，使他们只有有限的自治权来完成他们的工作。另一方面，适当的过程控制应允许联盟成员建立可行的目标和适时修正不合理的要素。通过实时监测和及时检查，联盟成员可以检测问题及控制在实施过程中可能出现的偶然事故，并相应地采取有效行动来解决问题和适应变化。随着产业技术创新战略联盟的不断演化，联盟成员可以享受联盟运行和可持续发展的稳定性。

（11）结果控制

相比之下，结果控制机制注重的是结果或联盟活动的特定的收入。它涉及的合作伙伴达成的依赖于准确和可靠的联盟数据评价经济和战略目标的能力。如果合作伙伴公司严重依赖对结果的控制，那么就必然会降低联盟的稳定性。结果控制需要客观的措施，如利用市场份额或投资回报率来评估使用性能的标准。当单独采用这个以结果为基础的控制方式，则可能出现的问题：一些结果在完成之前很难被量化，无适当的方法和指标来测量。如果联盟运行之初就暗藏了这样的结局，那么争议和不满随时可能发生，联盟由此将逐渐变得不稳定。

（12）资源投入

内生交易费用是导致战略联盟不稳定的根本原因，联盟要想保持稳定，就得是不断降低内生交易费用。联盟中投入的资源属性与其内生交易费用具有相关性。对产业技术创新战略联盟来讲，资产主要可以划分为两类：专用性资产或物权性资产和专有性资产，不同学者对此类资产的内涵提出了不同的具体内容，如投入的核心资源、专门知识及知识类资源。专用性资产和专有性资产都可以给产业技术创新战略带来"可剥夺准租"，而对此准租的机会主义攫取与防护行为之间必然会产生冲突，以致产生了内生交易费用。

（13）信任

任何一种关系的成功，信任的重要性毋庸置疑。许多学者以不同的方式定义信任。然而正如卢梭等人指出的，不同学科对信任的基本观点大体一致。信任被定义为合作伙伴关系、战略联盟和企业网络成功的重要组成部分。以前的研究表明，信任必须建立在共同为维持稳定持续的关系的基础上。在不同环境下的不同层次的分析中，信任会随时间而发展变化，理论和实证也认为信任在人际交往中会随时间而发展。他们提出一种信任的阶段性演化模型，其中"信任逐渐发展为双方从一个阶段转移到另一个阶段"。相互信任的联盟环境可以提供给合作伙伴一系列的好处和优势的合作关系。例如，相互信任不仅使那些拥有不同知识基础和经验的企业通过协商形成长期互惠的密切合作，还使他们能够扩大可行的联盟活动领域和范围。此外，相互信任带来的信心和声誉以较低的冲突和更高的满意度减少了因监控和其他替代控制机制的正式契约保障的需要，有利于形成有效的合作关系。相互信任因此被广泛视为联盟稳定性的根本和联盟成功的重要预测因子。如果产业技术创新战略联盟运作一段时间后，盟员之间无法培养出信任，就会提高联盟运行成本，并会极大地限制盟员之间知识转移和相互学习的可能性。因此，具有竞合关系的产业技术创新战略联盟成员之间的相互信任和承诺能增强获得预期收益的可能性。同时，盟员之间的信任作为高成本治理机制的低成本替代物，决定着产业技术创新战略联盟的预期结果。

2. 互动性子系统的基模流图

互动性的各个影响因子并不是独立地对产业技术创新战略联盟的稳定性系统产生影响，而是通过影响因子之间的作用链条相互交织地发挥作用。本节构建的产业技术创新战略联盟互动性子系统的基模流图能够更清晰地观测各个影响因子之间的相互作用关系。

互动性子系统影响因子的反馈结构中存在着正向和负向的反馈关系，不同的反馈关系相互作用，使产业技术创新战略联盟的互动性子系统随时间呈现出一定的变动特征。随着协同合作的不断深入、研发项目的开展，

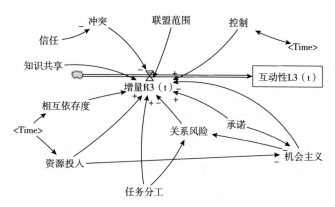

图 7 – 17　互动性子系统的存量流量

盟员之间的信任水平会不断降低成员之间可能发生的冲突。产业技术创新战略联盟的多主体性和资源等方面的差异使盟员之间存在差距，自然会在合作过程中产生各类摩擦。冲突既可以表现为文化上的冲突，又能以不合作的形式对联盟的互动性子系统产生负面影响，降低互动性子系统的稳定性。此时，若联盟理事会或秘书处等机构通过信息反馈、盟员反映等形式加强控制机制的建立，就能有效减轻冲突带来的不良影响。

　　产业技术创新战略联盟在运作过程中一般以项目为载体开展共性关键技术的研发活动，盟员在盟主的领导下，按照各自资源、人员等能力基础开展任务分工。任务分工时，会根据项目的特点采取不同的形式，若项目以产业链和技术链的方式开展，则盟员应根据所处的产业链位置开展相应的工作。工作任务分配的合理性和有效性对调动产业技术创新战略联盟成员的积极性以及降低冲突水平有直接的影响。

　　互动性子系统中的风险与盟员的投机性对联盟的稳定性有显著的作用。成立联盟虽然可以降低成员独立研发的风险，但并未消除联盟成立后所面临的风险。一方面是来自盟员机会主义的投机性所造成的关系风险，另一方面是来自合作研发失败的可能性风险。盟员之间承诺水平越高，越能降低盟员之间的机会主义风险、减少投机行为，而且盟员为了共同目标向联盟投入资源的强度，也能降低投机行为，盟员投入联盟的资源越多，套牢性越明显，越有助于抑制盟员间的投机行为。盟员的相互依存度和知识共享可以增强联盟成员之间的互动氛围，相互依存度越高，盟员之间合作的动力越强，彼此之间进行知识共享的意愿也越明显。知识流在盟员之间的畅通流动有助于提升互动性子系统的稳定性。

四 产业技术创新战略联盟绩效与共赢性子系统

产业技术创新战略联盟经过一段时间的运作后，会面临如何对联盟收益进行合理分配的问题，而利益分配过程中的共赢性将直接影响产业技术创新战略联盟的稳定性。

（一）产业技术创新战略联盟的利益构成及方式选择

1. 产业技术创新战略联盟的利益构成及分配原则

（1）产业技术创新战略联盟的利益构成

产业技术创新战略联盟的利益由企业、高校及科研院所等利益主体通过协同创新而产生的利益客体，即联盟总体利益。利益主体即利益拥有者，不仅包含处于一定组织内的个人，也包含某个群体或组织的整体。不同的利益主体在产业技术创新战略联盟中发挥着各自不同的作用。

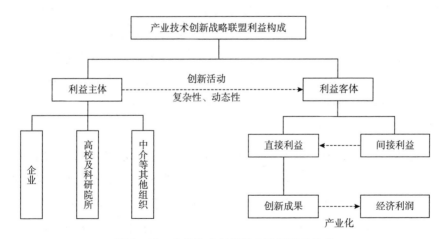

图 7 - 18 产业技术创新战略联盟利益构成

利益客体由人的需要所指的对象构成，产业技术创新战略联盟中的企业、高校及科研院所等利益主体所需求的对象构成了联盟的利益客体，包括直接利益和间接利益。对云南省产业技术创新战略联盟的调研结果显示，截至 2013 年底，联盟共建立各类创新平台 23 个，组织实施项目 207 项，累计投入资金 69.76 亿元，其中申请政府资助 4.46 亿元；突破核心关键技术 24 项，获得专利授权 142 项，发表学术论文 58 篇，制定国标 8 项、行标 15 项、地标 12 项、企标 6 项；通过科技成果鉴定并完成成果转化项目 14 项；培养研究生（含硕士、博士）103 人，省级中青年学术和技术带头人、技术创新人才 33 人，建成云南省省级创新团队 3 个，院士工作站 2 个。相较于其他的战略联盟，产业技术创新战略联盟的整体绩效更多体现在技术、知识合作的有效性方面，其创新成果更多应表现为产业共性关键技术的创新成果，包括专利、知识产权、重点新产品、技术标准、联合论文发表等，而间接利益则表现为地区科技创新能力的提升。直接利益中的专利等创新成果将在产业化后通过产业的经济利润得到反映，也就是说，产业技术创新战略联盟的利益分配在产业链的最后阶段将以企业利润的形式得到体现。

产业技术创新战略联盟的利益具有复杂性和动态性的显著特征。一是产业技术创新战略联盟的利益构成相对复杂，既包括有形利益，也包括无形利益。对专利等知识产权的归属以及后期评估，不管是在形式上还是方法上，都超出一般实物和资金的衡量范围。二是产业技术创新战略联盟处于动态变化的环境中，联盟的预期收益与实际收益可能差异较大，致使事先规定的利益分配内容不再适用。另外，产业技术创新战略联盟的利益客体具有一定的时效性。盟员协同创新的成果在相当长的一段时间内都是以专利等无形资产的形式存在，要经过产业化和商业化之后，才有可能转化为经济利润。

产业技术创新战略联盟利益主体的协同创新活动产生了利益客体，盟员对产业技术创新战略联盟的运行管理将利益主体与利益客体有机地整合在一起，协调联盟内部各种复杂的利益关系，实现联盟利益在成员之间的共赢和最大化的同时，也要保证提升区域科技创新能力等间接利益能得以实现。

（2）产业技术创新战略联盟的利益分配原则

产业技术创新战略联盟成员之间的合作属于典型的非零和博弈，盟员都试图通过结盟合作达到双赢的效果。因此，要实现产业技术创新战略联盟的健康稳定发展，就必须公平合理地分配联盟利益，使盟员所得收益与预期水平基本一致。

①协商性原则

由于事先订立契约的不完备性，产业技术创新战略联盟在利益分配实践中可能会出现原有契约中未涉及的新利益以及未能实现的设定利益，处理不当会影响联盟成员的积极性。因此，面对此类问题，产业技术创新战略联盟应在理事会和秘书处的统一协调下，通过高层协商民主决策解决，避免发生联盟整体运行不稳定的情况。

②补偿性原则

产业技术创新战略联盟运行过程中遇到产业共性的关键技术问题时，盟主一般会根据盟员的实力等因素，结合创新链和产业链环节开展任务分工，不同的任务分工承担着不同的风险，因此，在利益分工机制中引入风险调节系数有利于对盟员所承担的不同风险进行有效的补偿。盟员承担的风险越大，则对其进行的补偿越高，使产业技术创新战略联盟各盟员所承担的风险与所获取的收益比值基本相同。

③一致性原则

所谓的一致性是指实现产业技术创新战略联盟各盟员的付出成本与所得收益成正比，付出越多，利益分配时所获得的收益也应该越多。盟员付出的成本既包括设备、厂房等有形资产，也应该包括人力资源、知识产权等无形资产。只有当盟员的付出与收获成正比时，才能有效地调动产业技术创新战略联盟各盟员对联盟投入的积极性。因此，联盟组建时约定的利益分配和绩效评估阶段的实际利益分配都应该坚持付出与收益一致性的原则，以增强产业技术创新战略联盟的稳定运行。

（3）产业技术创新战略联盟的利益分配方式

产业技术创新战略联盟利益主体间的利益分配方式与开展技术创新的模式密切相关。在产业技术创新战略联盟运行过程中，企业与高校、科研院所等组织基于利益共享、风险共担等原则开展深层次的技术协同创新活动。

①利益分配计算方法

目前，学术界对战略联盟盟员的利益分配计算主要有有 Shapley 值法

和基于 *Nash* 谈判模型的利益分配法。

1）Shapley 值法

设联盟参与人的集合为 N，局中人集 S 为 N 中的一个联合（$S \subset N$），v（S）是此联合集上的一个函数。若集合（N，v）上存在 v（N）= $\sum v(i)$ 且 $i \in N$，则表示该合作博弈为非实质博弈。若存在 v（N）> $\sum v(i)$ 且 $i \in N$ 或 v（S）> $\sum\limits_{i \in S} v$（i）且 $S \subset N$，则该合作博弈为实质博弈。

局中人集合 N 的任何非空子集 S 都表示为一个联盟。总体的联盟用 N 表示，空集记作 φ，用 v（S）描述每一种可能的联盟 S 收入的特征函数，表示不管其余局中人采取何种行动，联盟 S 中各个盟员相互合作所能达到的最大收入水平。通常有：

v（φ）= 0，即没有局中人参与的联盟的收入为 0。

对于合作对策则有：v（S）> $\sum\limits_{i \in S} v$（i）

这也是联盟 S 存在的前提条件，因此只有存在能在成员之间合理分配的剩余效用，成员才会结成联盟。成员 i 得到的分配结果为 x（i）。

若 R，$S \subset N$，且 $R \cap S = \varphi$，则：

$$v（R \cup S）\geq v（R）+ v（S）\tag{1}$$

上式表示为超可加性，为有联盟 R，S 整合成为新联盟的必要条件。在合作对策中，满足个体理性：

$$x（i）\geq v（i）\qquad i \in N \tag{2}$$

总体合理性：

$$\sum\limits_{i \in N} x_i = v(N) \tag{3}$$

式（3）的结果 $x = （x_1, x_2, \cdots, x_n）$ 为分配。非劣的分配集合称之为核，记作 C（v）。对策问题的核由满足式（1）、（2）、（3）的结果 $x = （x_1, x_2, \cdots, x_n）$ 构成：

$$\sum\limits_{i \in N} x_i \geq v(N) \qquad S \subset N \tag{4}$$

上式称为团体合理性。

Shapley 值给出的局中人 i 的收入 x_i 称作 *Shapley* 值，其算法如下：

$$x_i = \sum_{S \subset N} \frac{(s-1)!(n-s)!}{n!}[v(S) - v(S-i)]$$

2）*Nash* 谈判模型下的利益分配法

战略联盟利益分配中往往需要盟员通过协商或谈判来决定，如果盟员能遵守一定的合理性假设，那么 *Nash* 谈判模型的解就是能满足这些合理性假设的解。

Nash 谈判模型的唯一理性解 $U = \{u_1, u_2\}$ 满足 $\{u_1, u_2\} \in F$（在可行集内），$u_1 \geq c_1$，$u_2 \geq c_2$（不劣于冲突点），且能使 $(u_1 - c_1)(u_2 - c_2)$ 最大。

在相应的战略联盟利益分配过程中，用 v_i 表示第 i 个盟员单独采取行动时能获得的最大收益，u_i 表示第 i 个盟员通过谈判之后获得的利益分配值，那么战略联盟盟员之间利益分配的向量 $U = (u_1, u_2, \cdots, u_n)$，此规划问题的最优解为：

$$MaxW = \prod_{i=1}^{n}(u_i - v_i)$$

$$s.t. \sum_{i=1}^{n} u_i = v(N) \quad u_i \geq 0$$

②利益分配方式

实践中，产业技术创新战略联盟根据实际面对的技术难题的不同性质，高校及科研院所将专利等创新成果转移到企业开展产业化，同时还会与企业继续协同合作，推动相关技术成果的产业化进程。因此，产业技术创新战略联盟中的高校及科研院所会涉及一次性固定支付、产出提成支付以及混合支付等 3 种形式。

表 7 - 2　利益分配方式的选择

		企业（产方）创新能力	
		强	弱
高校及科研院所（学研方）创新能力	强	提成支付	混合支付
	弱	固定支付	—

1) 一次性固定支付

此种利益分配方式适用于产业技术创新战略联盟的盟员在创新项目合作开发过程中，企业、高校及科研院所按照技术链所处的不同时序先后进入开发过程。也就是说，高校及科研院所事先取得了某种产业技术创新成果，企业通过技术转移或技术交易的形式通过市场价格一次性购买此阶段性创新成果的使用权及收益。一次性支付的价格可以通过第三方对无形资产的评估确认或者买卖双方协商确定。此种利益分配形式下，高校及科研院所属于技术链的前端，企业购买之后自行开展中试及产业化开发，此后取得不再分配给经济效益的高校及科研院所。

此种分配方式对于技术创新成果能充分评估市场价值，且企业产业化转化能力强的产业技术创新战略联盟的最佳选择方式。实践中，企业主导型产业技术创新战略联盟更多选择一次性固定支付。

2) 产出提成支付方式

产业技术创新战略联盟各盟员间开展合作开发，按照事先协商的分配比例从联盟收益中提取分成。理论上，产出提取分成的方式包括按产品产量、销售额及利润3种方式进行。由于产品产量无法准确反映产业技术创新战略联盟的整体经济效益，因此实践中很难采用。利润支付是盟员比较趋同的产出提成方式，但由于信息不对称等因素的影响，在具体核算利润时容易产生争议，进而会引发盟员之间的冲突，不利于联盟的稳定运行。相比于前两种提成方式，销售额提取有着显著的优势。一是便于衡量，产业技术创新战略联盟中企业的产品销售额能直观地反映企业的经济效益且核算方便。二是计算简单，创新成果在企业实现产业化后，市场销售的产品额按事先协商的一定比例进行支付，能很好地体现风险共担、利益共享的原则，有利于提升盟员之间的相互信任。产出提成支付可以有效规避一次性固定支付使高校及科研院所无法持续得到成果收益的弊端，对增大企业、高校及科研院所合作的紧密度也有一定的推动作用。

此种利益分配方式适用于产方与学研方均具有较高的创新能力且资源互补性强，并以高校及科研院所为主导型的产业技术创新战略联盟。

3) 混合支付

产出提成支付也有不足之处，它无法保障高校及科研院所前期成果积累的成本支出，假使成果在产业化阶段未能取得预期效益，则势必会降低学研方协同创新的积极性。因此，产业技术创新战略联盟实践中接受技术转移的企业首先会根据成果的评估结果支付给高校及科研院所一笔固定的资金，用于补偿前期投入，然后双方再协同合作，按照事先协商的提取比例及成果的产业化效益进行支付。混合支付方式能很好地将产业技术创新战略联盟中的产方与学研方联系到一起，既能缓解企业的资金压力，又能及时收回学研方的资金投入，具有较强的实用性。

此种分配方式对合作开发创新模式中高校及科研院所创新能力强而企业创新能力较弱的产业技术创新战略联盟具有适用性。

2. 产业技术创新战略联盟利益分配的博弈分析

为客观地掌握产业技术创新战略联盟的利益分配情况，笔者以云南省产业技术创新战略联盟为调研对象，共发放问卷 62 份，回收有效问卷 48 份，回收率 77.42%。数据表明，产业技术创新战略联盟较多采用一次性固定支付和提成支付两种分配方式。

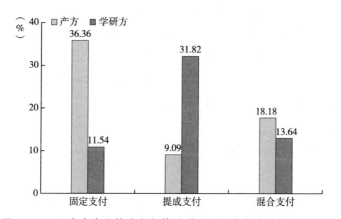

图 7 – 19　云南省产业技术创新战略联盟利益支付方式的调研分析

如图 7 – 19 所示，产业技术创新战略联盟的产方选择一次性固定支付的比例为 36.36%，比学研方占比（11.54%）高出 24.82 个百分点；提成支付方式则正好相反，学研方选此类分配方式的比例为 31.82%，比产方占比（9.09%）高出 22 个百分点；产方和学研方选择混合支付方式的比例相差不大，分别为 18.18% 和 13.64%。调研数据表明，产业技术创新战略联盟的企业、高校及科研院所等不同性质的盟员在面对联盟利益分配时，企业更倾向于直接购买高校及科研院所的既有成果，避免高校及科研院所分享其未来产业化的收益；而高校及科研院所则更倾向于选择提成支付的方式，以便获得更多的未来预期收益。相较于前两种利益分配方式，混合支付方式在云南省产业技术创新战略联盟实践中选取的比例居中。上述分析也从另一方面体现了产业技术创新战略联盟在组建及运行过程中，盟员之间的利益诉求和解决方式的矛盾。盟员之间如何博弈、采取何种利益分配方式会直接影响产业技术创新战略联盟的稳定运行。因此，下节将着重对产业技术创新战略联盟采取较多的固定支付和提成支付模式进行利益分配的博弈分析。

（1）固定支付模式下的利益分配博弈

在一次性固定支付模式下，尽管学研方获得收益与其承担的任务和风险相关，但是收益的额度与产业技术创新战略联盟的最终收益完全脱节。也就是说，不管技术和产品的未来市场收益如何，都与学研方无关。接受一次性固定支付的学研方通常会高于第三方的评估结果出价，假设该技术或产品的第三方估价为 p，则学研方根据市场前景出价 $p + x$，产方出价为 $p + y$，且 $x > y > 0$，学研方和产方的贴现因子分别为 δ_1 和 δ_2，而后共同协商一次性固定支付的方案。此问题可以转化为产方和学研方共同分一份价值为 $(x - y)$ 的物品，由学研方出价，产方还价。根据讨价还价模型可以得出，经过产方和学研方的多轮协商之后，最终的一次性固定支付的纳什均衡解为 $v = (1 - \delta_2) / (1 - \delta_1\delta_2)$。

可知 $v_1 = (1 - \delta_2)(1 - \delta_1\delta_2)(x - y)$，表示产方提议分给学研方的份额。

将上述纳什均衡解代入原方案中，可以得到产方和学研方协商的最终结果：$(1 - \delta_2)(1 - \delta_1\delta_2)(x - y) + p + y$。

一次性固定支付的协商过程较为简单，利益分配的影响要素对支付结果的影响较小。由上式可以看出，贴现因子是产业技术创新战略联盟的盟员对投入和风险等要素综合考虑的结果，但需要注意的是，该利益分配的具体结果过于依赖技术和产品的评估结果。由于技术和产品的未来效益存在极大的不确定性，因此假如未能实现预期的结果，那么产方的实际收益可能会低于初始成本，这就损害了产方的利益，打击了继续合作的积极性，不利于产业技术创新战略联盟的共赢，甚至可能会导致联盟解散。

（2）提成支付模式下的利益分配博弈

提成支付模式的关键在于产业技术创新战略联盟的成员在衡量贡献大小的基础上确定提成比例。如前文所述，此模式侧重于学研方从产品和技术的未来收益中提取一定比例，但鉴于产方在生产和产业化阶段因其生产上的优势而成为主导者，学研方在研发阶段的作用已经弱化，因此根据委托代理理论，产业化阶段的信息劣势方为委托方，信息优势方为代理方，提出如下假设：

假设学研方在产业化阶段为委托方且决定利益提成比例，用于激励代理方（产方）达成最优行动，产方和学研方在生产和产业化阶段的贡献分别为 λ 和 θ，令 $\lambda > \theta$。产方的资金、市场等投入为 a，学研方的知识、人才等投入为 b，投入成本为投入的二次函数，$E(a) = a^2/2$，$E(b) = b^2/2$，表示随着投入的增加，产方和学研方的成本会逐渐递增。创新成果的增加值在产业化阶段为 $V = a^\lambda b^\theta$，表示创新成果转化的增加值取决于产方和学研方的投入以及贡献程度。产方和学研方事前协商的提成比例为 s 和 $1-s$。

本书只分析产方和学研方进行非合作博弈的情况。考虑博弈的第一个阶段，首先由学研方决定利益提成的比例 s，再由学研方和产方根据这个利益提成比例决定自己的投入水平 a 和 b，而后采用逆向归纳法求均衡解。

考虑博弈的第二个阶段，由于利益提成比例 s 已经确定，因此产方和学研方选择投入 a 和 b，以实现自身利益最大化。

产方的净收益可表示为：

$$\Delta q_1 = sV - E(a) = sa^\lambda b^\theta - a^2/2$$

学研方的净收益表示为：

$$\Delta q_2 = (1-s)V - E(b) = (1-s)a^\lambda b^\theta - b^2/2$$

在产方和学研方利益极大时必有：

$$\partial \Delta q_1 / \partial a = s\lambda a^{\lambda-1} b^\theta - a = o$$

$$\partial \Delta q_2 / \partial b = (1-s)\theta a^\lambda b^{\theta-1} - b = o$$

解得产方和学研方的最优投入为：

$$a^* = \dfrac{\left[\ (1-s)\ \theta\ \right]^{\dfrac{-\theta}{2\lambda+2\theta-4}}}{(s\lambda)^{\dfrac{2-\theta}{2\lambda+2\theta-4}}}$$

$$b^* = \dfrac{\left[\ (1-s)\ \theta\ \right]^{\dfrac{\lambda-2}{2\lambda+2\theta-4}}}{(s\lambda)^{\dfrac{\lambda}{2\lambda+2\theta-4}}}$$

考虑博弈的第一个阶段，双方的投入水平已经确定，学研方选择 s 以实现自身利益最大化，$\Delta q_2 = (1-s)\ V - E\ (b^*) = (1-s)\ a^{*\lambda}b^{*\theta} - b^{*2}/2$，即有：

$\partial\ \Delta q_2/\partial\ s = o$，可解得产方利益最大化的利益提成比例为 $s^* = \lambda/2$，学研方相应得到的利益提成比例为 $1 - \lambda/2$。

可以看出，在产品和技术的产业化阶段，实现成果的市场转化是产方和学研方的根本任务，但最终成功与否取决于产方的贡献程度，学研方为次要因素。在具体的利益分配中，产方得到的利益提成比例与其投入的贡献程度成正比，而学研方得到的利益提成比例与产方的贡献程度成反比。

（二）产业技术创新战略联盟共赢性子系统的基模分析

1. 共赢性的影响因素

利益共享是产业技术创新战略联盟的优势，也是联盟建立的目的之一。联盟的知识产权、技术、利润等绩效成果如何在联盟成员之间实现共享共赢对联盟的稳定性至关重要。本节将系统分析影响产业技术创新战略联盟共赢性的主要影响因素及作用机制，并深入探讨共赢性对产业技术创新战略联盟稳定性的影响。

通过访谈和文献研究可得，潜在的工作绩效、绩效差距、制度环境、成员利益等因子影响着联盟成员的利益共享机制。

（1）潜在的工作绩效

产业技术创新战略联盟潜在的工作绩效是指在没有外界影响干扰的情况下，由联盟成员通力合作而应产生的工作绩效。潜在的工作绩效是由联盟成员的数量和具有联盟合作经验的机构决定的。具有联盟经验的机构越多，联盟总体的潜在知识经验越丰富，沟通能力越强，合作效果越好，潜在的工作绩效就越高，进而联盟成员整体可以共享的利益就越多。

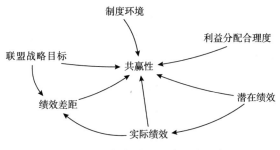

图 7-20 共赢性子系统影响因素

（2）实际工作绩效

联盟成员一般为独立的市场经济主体，各自依据占有或支配的专用性和专有性资源进入市场，目的是实现自身利益的最大化。实际工作绩效直接影响联盟成员的直接利益，并且受到潜在工作绩效和沟通效率的相互影响。联盟在运行过程中，联盟成员获得的利益越多，进一步合作的动力越强，联盟越稳定。

（3）绩效差距

绩效差距是指实际绩效和预期绩效之间的差别。联盟运作一段时间后，联盟成员会对联盟已达到的任务目标进行评估，再与当初拟定的战略目标进行比较，确定和衡量绩效差距，研究合作伙伴的设定目标实现到何种程度。如果评估的性能比预期的要糟糕，那么合作伙伴可能会降低其承诺或撤回一些投资以限制未来的风险。因此，一个持续较好的联盟绩效可以作为一个稳定的力量，而不良的表现结果可能会导致不稳定，甚至是合作伙伴的退出。

（4）制度环境

产业技术创新战略联盟的稳定运行受到宏观制度环境的影响。财政扶持政策、税收优惠政策以及知识产权保护政策等能为产业技术创新战略联盟营造良好氛围，激励联盟中的企业、高校及科研院所等单位良性互动。比如，对产业技术创新战略联盟围绕产业共性关键技术形成的攻关项目给予扶持经费的财政优惠政策会激励联盟的运行和发展，其他类似的政府积极干预的手段同样会对产业技术创新战略联盟的稳定运行产生影响。

（5）利益分配

产业技术创新战略联盟的利益分配客体除了经济利益，还包括专利、新产品等无形资产。联盟成员协同创新的目的就是追求共同的利益，除此之外，企业、高校及科研院所等盟员具有自身的不同利益诉求。利益分配是否合理是联盟稳定运行的关键问题，直接关系到盟员成败。产业技术创新战略联盟开展技术研发是以个体利益最大化为行为导向，共同创造联盟整体绩效。联盟成员由于分工不同而承担了不同程度的风险，在利益分配机制中引入风险调节系数对联盟成员进行风险补偿。利益分配机制，直接影响个体利益最大化及联盟良好的运转。因此，权利与义务对等的利益分配是保证联盟稳定运行的基础。

2. 赢性子系统的基模流图

通过对共赢性影响因子的分析，设计了产业技术创新战略联盟共赢性子系统的基模流图，分析了产业技术创新战略联盟共赢性子系统各影响因子的作用机制。

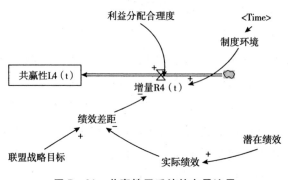

图 7 - 21　共赢性子系统的存量流量

产业技术创新战略联盟成员之间的利益争夺属于结盟博弈，每个盟员都追求双赢的局面。因此，盟员之间利益分配的合理度对共赢性子系统的影响至关重要。实践中，产业技术创新战略联盟会设计一整套制度或契约来管理联盟的收益分配原则和知识产权等技术成果。如果利益分配能按照"贡献大小、投入多少、充分协商后分配"的原则，并在联盟理事会章程的基础上制定相关的管理办法，在合同中进一步细化分配方式，那么盟员之间会根据自身的特点和定位，不断加大对产业技术创新战略联盟的资源投入，提升联盟稳定性的运行水平。在项目执行的不同阶段，联盟将以不同的形式规范利益分配。如研发阶段，盟员通过协商、转让协议等形式实现知识产权约定范围和使用方式，并明确研发成果的责权利。项目产业化阶段的经济效益将根据理事会章程中的收益分配原则和管理办法进行分配。

联盟成员在结盟之前会结合自身的发展战略去设定结盟后的发展目标，比如创新能力较弱的企业会希望通过协同合作不断提升人员素质和研发水平，高校及科研院所则希望通过联盟合作加快成果的转移转化。在联盟运作过程中，盟员会在实际绩效与战略目标之间进行比较，联盟整体战略目标的设定，对产业技术创新战略联盟的共赢性子系统影响重大。随着联盟整体战略目标的实现，预期绩效的差距越来越小，对盟员的合作刺激程度也会减少。此时，如果盟员不结合所处产业领域的技术需求重新设定新的、更高的战略目标，那么联盟可能会逐步走向松散或崩溃。因此，在产业技术创新战略联盟发展目标设定不变的情况下，共赢性子系统的稳定性会随着联盟目标的实现而呈现减少的趋势。

除了上述影响因子的作用外，政府的制度环境对共赢性子系统的稳定性也发挥了不可或缺的作用。政府的监督管理有利于保障产业技术创新战略联盟合理分配盟员的利益，还可以从法律层面规范技术成果的定价方法和原则，避免盟员之间在规定知识产权价值方面发生冲突。同时，对违反合约的行为采取相应惩罚等手段，也有利于规范联盟成员的行为，提高产业技术创新战略联盟的稳定性。

五　小结

本章较为系统全面地分析了产业技术创新战略联盟的酝酿期、组建期、运作期和绩效期 4 个运行阶段的成员选择、创新模式选择、知识转移以及利益分配的主要内容，并结合各个子系统稳定性的影响因素，研究形成了匹配性、有效性、互动性和共赢性子系统的基模流图，为下章开展产业技术创新战略联盟稳定性系统动力学仿真提供了基础。

第八章

产业技术创新战略联盟稳定性 SD 仿真

本章将基于前文所构建的产业技术创新战略联盟稳定性的系统模型和基模流图开展 SD 仿真研究，进一步明确 4 个子系统之间的关系及作用机理，预测产业技术创新战略联盟稳定性的变化趋势。

一 系统动力学仿真的目的及步骤

（一）仿真分析的目的

产业技术创新战略联盟的匹配性、有效性、互动型和共赢性 4 个稳定性子系统不仅存在时间序列上的递推关系，而且相互之间的影响共同推动了产业技术创新战略联盟的稳定运行。

系统动力学建模的目的在于研究系统的问题，探索系统内部的反馈结构，研究各因子的动态行为关系并提出优化系统行为的建议。本书力图从动态的视角去求证多因素的复杂因果关系及非线性对产业技术创新战略联盟稳定性的影响。在构建相对完整的产业技术创新战略联盟稳定性影响因子的基础上，运行仿真软件研究各个影响因子之间以及影响因子与系统之间的因果关系，动态预测产业技术创新战略联盟稳定性在一定时期内的变化趋势。

（二）SD 仿真流程

产业技术创新战略联盟稳定性的系统动力学仿真将结合系统动力学的基本原理，按照如下步骤实施：

（1）确定建模目的

从系统动力学角度来看，一个模型就是为了研究一组具体的问题而设置的，是为了解决问题而建模。本书建模的主要目的是明确影响产业技术创新战略联盟稳定性的各个因子的作用关系及对稳定性的影响。

（2）确定系统边界

此处的系统边界是指产业技术创新战略联盟稳定性研究中的系统变量。确定的主要原则为：根据建模目的，采用系统思考的方法，集中相关领域专家与实际工作者的知识，形成定性分析意见，在此基础上确定边界；尽可能缩小边界范围，如果没有该变量也能达到系统研究的目的，那就不要把此变量列入边界内。

（3）因果关系分析及变量定义

系统动力学模型不同于一般直角坐标系下的模型，不是直接建立直角坐标系下的变量曲线方程，而是先建立流位流率系。产业技术创新战略联盟稳定性的 4 个子系统水平动力学模型中为流位变量，是体现积累效应的变量。流位变量确定后，对应的流率变量自然随之产生；位于流位变量与流率变量信息通道上的变量统称为辅助变量。根据确定的流位、流率和辅助变量及相关关系，便可形成联盟稳定性因果关系的结构模型。

（4）建立方程

此步骤是建立产业技术创新战略联盟稳定性的系统动力学模型，根据各个变量之间的相互关系，写出全部变量方程。

（5）模型优化

通过参数调控，仿真分析得出多个仿真结果方案，比较定量仿真方案与各种定性分析方案，然后进行评价、修改，揭示系统整体的涌现性，最终形成恰当的决策方案。以上建模过程的逻辑思维过程可用图 8 - 1 表示。

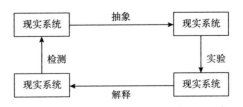

图 8 - 1　系统动力学建模逻辑流程

二 产业技术创新战略联盟稳定性的 SD 仿真准备

（一）系统边界

系统边界（或界限）是用来规定哪些部分应划入模型，哪些部分不应划入模型。系统界限是一个想象的轮廓，圈出建模目的所考虑的内容，与其它部分（环境）隔开。本书所做的动力学仿真是在前文对联盟稳定性影响因子的体系分析的基础上，将与建模目的关系密切、重要的变量都划入边界，形成封闭的界限，以动态预测联盟稳定性的变化趋势。

本章节将系统论证和分析建立的产业技术创新战略联盟稳定性影响因子体系，在选取相关关键变量的基础上，构建系统动力学模型。产业技术创新战略联盟稳定性的子系统包括匹配性子系统、有效性子系统、互动性子系统和共赢性子系统；产业技术创新战略联盟的关键因子包括：初始关系、合作动机、合作意识、知识重复度、合作经验、信任、声誉、沟通效果、联盟内部制度、联盟规模、沟通障碍、沟通能力、沟通频率、信息反馈、潜在的工作绩效、实际工作绩效、绩效差距、利益分配、制度环境、战略目标、任务分工、关系风险、绩效风险、承诺等。

（二）仿真软件的选取

系统动力学最早的软件（SMPLE）出现于 20 世纪 50 年代，直到 80 年代才有程序语言将模型问题发展成为可视化界面。目前，系统动力学的仿真软件已有 Dynamo、Powersim 和 Vensim 等多种不同版本。其中，企业动态学研究小组开发的 Dynamo 软件用于系统动力学建模和仿真程序语言，新版 Professional Dynamo 较老版本在编辑、编译以及浏览结果等功能上有所增强。Stella 为图形导向的系统动力学模型发展软件，提供拖放式图形界面和图形化的控件组件，最先仅在 MAC 操作系统运行，近年来开始出现 Windows 操作系统的版本。与 Stella 相比，Ithink 虽然出自同一个研发团队，但后者更强调为企业及组织流程提供模型建构及仿真，二者的图形化界面和基本功能相同。Powersim 由挪威政府为改进高中教育使用系统动力学教学的质量的需求于 1980 年中期资助开发，目前的最新版本可将组建自工具列拖放至图板外，也提供模型的显示及组建管理等相关功能。

　　笔者基于产业技术创新战略联盟稳定性影响因素的性质以及动力学仿真的主要目的，选择了目前主流的仿真软件 Vensim。Vensim 发展于 20 世纪 80 年代中期，在构建系统动力学模型的过程中能兼顾图形方式和编辑语言的特性，并具有模型易构性、便于人工编辑等优点以及最佳化的政策功能。使用时只要用图形化的方式连接各变量，并将各变量之间的关系以适当的方式写入模型，即可完成动态建模。使用者在模型构建过程中可以清晰地了解模型变量之间的因果关系和回路以及各个变量输入输出之间的关系，有助于掌握模型的基本架构，并易于修改和完善相关模型。

三　产业技术创新战略联盟稳定性的流图构建

（一）产业技术创新战略联盟稳定性的总系统基模流图

　　结合前文匹配性、有效性、互动性和共赢性 4 个子系统的基模流图分析，根据流率基本入树建模法，将 4 个子系统的指标关系用系统动力学的语言表达出来，构建出产业技术创新战略联盟稳定性系统的总基模流图。（见图 8 - 2）其中，水平变量 $L1$ (t)、$L2$ (t)、$L3$ (t) 和 $L4$ (t) 分别对应上述 4 个子系统的稳定性水平指标（无量纲），速率变量 $R1$、$R2$、$R3$ 和 $R4$ 分别表示单位时间内 4 个子系统的稳定性水平增加的量，辅助变量 *STABILITY* 表示产业技术创新战略联盟稳定性水平的指标（无量纲）。对于影响产业技术创新战略联盟系统稳定性的市场环境、产业变化、政府行为等外生变量，在系统流图中统一以 *time* 变量表示。

（二）SD 方程

　　根据系统力学原理，结合产业技术创新战略联盟稳定性流图中各变量的实际含义，将水平变量、速率变量、辅助变量以及外生变量之间的相关关系用 SD 方程式的形式表现出来，将产业技术创新战略联盟稳定性各因子相互关系的动态过程逐步分解抽象为相应的变量数学公式，构建相对定量的方程式模型，为模拟验证打下基础。

通过对产业技术创新战略联盟稳定性的专家访谈进行分析，本书将稳定性系统划分为匹配性、有效性、互动性和共赢性 4 个子系统，它们与联盟稳定性之间存在复杂的非线性、多重反馈性等相互作用，对产业技术创新战略联盟的长期稳定产生影响。因此，产业技术创新战略联盟的稳定性与 4 个子系统中流位变量的因变量通过某种函数关系联系在一起，也就是说，产业技术创新战略的稳定性是上述 4 个子系统共同作用的结果，同样，4 个子系统的因子可以被当作为获得联盟稳定性而做出的相应投入，由此也就可以将联盟稳定性与子系统因素之间视为投入产出的关系。本书在 SD 模拟中借鉴柯布－道格拉斯生产函数的形式来表示产业技术创新战略联盟的稳定性：

$$STABILITY = \mu A M^{\alpha} E^{\beta} I^{\gamma} W^{\delta}$$

其中，M、E、I 和 W 作为投入要素，分别表示各个子系统中的流位变量；$STABILITY$ 作为产出要素，表示产业技术创新战略联盟的稳定性。A 定义为稳定性效应的转化因子，参照生产过程中反映联盟稳定的转化效率，令 $A = 0.8$。α、β、γ、δ 分别为 4 个子系统的流位变量的弹性系数，即在其他不变的情况下，4 个流位变量每增加 1 个百分点所得到的联盟稳定性增加的百分数。弹性系数之和大于 1、等于 1 或小于 1 分别表示规模报酬递增、不变和递减。在不损害趋势可比性的前提下，本书基于简化原则，将其设为规模报酬不变，采用第二章子系统的权重结果，$\alpha = 0.15$，$\beta = 0.40$，$\gamma = 0.33$，$\delta = 0.12$。

此外，参数 μ 用来表示所有在公式中没有涉及到的外部环境、人文环境等其他影响因素，因此，可以根据实际情况和经验确定参数 μ 的取值。本书在对产业技术创新战略联盟进行分析时，并未将联盟系统之外的其他影响因素考虑在内，而是将这类因素视为恒定不变，故本书将参数 μ 设定为不随时间改变的常量，基于方便的原则赋值为 1。

从而，产业技术创新战略联盟稳定性的函数形式可以转化为：

$$STABILITY = 0.8 M^{0.15} E^{0.40} I^{0.33} W 0.12$$

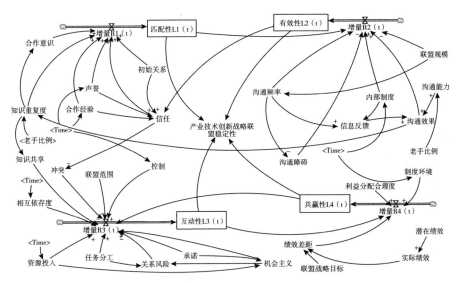

图 8 - 2　产业技术创新联盟稳定性的总基模流

（三）变量赋值

由于产业技术创新战略联盟稳定性的子系统划分具有明显的理论化特征，因此系统变量的赋值难以采取以现实数据为背景的实际赋值法。若对稳定性模型中各个子系统要素的流率变量赋以相对的基准初始值，那么在无法获得实际定量数据的基础上，通过模型模拟可以获得趋势的真实性和可比性，系统模型就可起到预测作用。这种主观的平衡态赋值法虽然不具备历史数据的支撑，但可以用来分析产业技术创新战略联盟稳定性的发展趋势，并对参数前后变化的效果进行对比分析。在产业技术创新战略联盟稳定性的系统动力学模型中，将 4 个子系统对应的流位变量数值统一设定为 5（无单位），通过上式可以得到辅助变量产业技术创新战略联盟稳定性的初始值。模型中各个变量之间的衡量单位并不统一，也缺少实际数据的赋值和分析，在模拟过程中对所有变量均实行了无量纲化。将无法定量化的描述性辅助变量，如控制机制、内部制度等变量的取值范围设定在区间 [0，1]，而函数迭代产生的流率变量的取值区间可能会超越上述区间，对此不作限定。

（四）模型的有效性检验

模型单位的一致性和关系的正确性检验都是模型基本有效性检验的主要组成部分。产业技术创新战略联盟稳定性的系统仿真模型，受到数据难以搜集以及现实关系复杂的因素制约，很难采用历史数据进行对比检验。模型检验不是判断模型好坏，而是判断模型在特定情形下到底有多大的作用。一般来说，模型结构的正确性比参数选择更为重要。

因此，本文以理论检验为主，通过产业技术创新战略联盟稳定性的流图模型，可以得到体现匹配性、有效性、互动性和共赢性4个子系统以及产业技术创新战略联盟整体稳定性的相关指标随着时间的变化趋势，考察模型结构是否可以反映理论的描述内容，基本判定各个子系统因素的发展同产业技术创新战略联盟稳定性的系统演化理论所预期的一致。

确定了匹配性、有效性、互动性和共赢性4个子系统的初始值均为5以及各个影响因子的相互关系后，进行系统动力学仿真分析，形成产业技术创新战略联盟在一定时间段内的稳定性变化趋势图。（见图8-3）

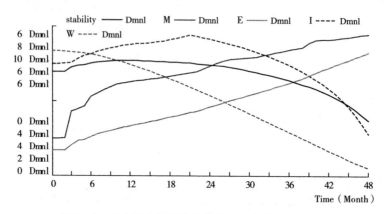

图8-3 产业技术创新战略联盟总系统的稳定性趋势

如图8-3所示，标号1表示产业技术创新战略联盟总系统的稳定性变化趋势，M、E、I和W分别表示匹配性、有效性、互动性和共赢性子系统的稳定变化趋势。从中可以看出，产业技术创新战略联盟各个子系统的稳定性整体水平在设定考察期内的变化各具特点。匹配性子系统在整个考察期内的前6期的增长态势迅速，随后缓慢平稳，这是由联盟成员之间的合作特性所决定的。初始关系及合作意识等因素很难随时间推移而改变，产业技术创新战略联盟成员之间合作水平的提升使合作经验、知识重复度以及声誉等影响因子均有正向增长，并同时作用于匹配性子系统。有效性子系统主要强调产业技术创新战略联盟在组建阶段建立完善的沟通交流机制和信息共享平台，其考察期内的整体运行轨迹表现为持续增长的状态。由于产业技术创新战略联盟在协同创新运作过程中不断完善，沟通机制，使盟员之间的沟通频率、沟通能力以及沟通效果得到持续提升，同时，信息反馈与共享水平以及内部制度的完善也有助于提升有效性子系统的稳定性。对于互动性子系统而言，联盟运作初始阶段的资源投入较为强烈，信任水平也处于较高程度，这些因素都促使互动性子系统实现快速增长。而后，产业技术创新战略联盟盟员之间目标不一致、文化难融和以及机会主义等的影响作用越来越强，致使互动性子系统的后期增速急剧放缓，呈现出倒 U 字形发展格局。产业技术创新战略联盟的成员会不断衡量实际的绩效产出与联盟战略目标的关系，联盟既定目标的不断实现致使盟员之间的合作动力逐渐减弱，导致共赢性子系统呈现出持续下降的状态。

产业技术创新战略联盟总系统的稳定性变化曲线具有明显的阶段性特征。匹配性和有效性在联盟形成初期发挥了决定作用，选择良好的合作伙伴以及合作的初始动机对产业技术创新战略联盟能否形成最初的稳定发展起着重要作用。发展后期，互动性和共赢性逐渐起主导作用，产业技术创新战略联盟总系统的稳定性呈现出先缓慢升高、后逐渐降低的变化趋势。

通过上述模型的有效性检验可以得出，产业技术创新战略联盟稳定性的系统动力学模型能较好地反映联盟稳定性的发展过程，具有较好的理论匹配和现实解释力，表明模型基本有效合理，能为下阶段的动态仿真提供良好基础。

四　产业技术创新战略联盟稳定性的 SD 模型仿真应用

本文采用 Vensim PLE 仿真软件开展了相应的仿真模型运算，选取初始时间为 0，结束时间为 48，单位为年，时间步长为 1。

（一）仿真研究假设

基于系统动力学研究产业技术创新战略联盟的稳定性，为保证研究的逻辑和科学性，在仿真研究之前需作如下假设：模型中变量的取值范围均为该周期内的取值，与超出周期的取值无连续性。

（二）仿真应用

对于产业技术创新战略联盟稳定性的系统动力学模型的仿真应用主要体现在以下几个方面。

一是在既定初始值的基础上，通过模拟数据前后的对比，揭示产业技术创新战略联盟稳定性的演变情况，最大限度地反映联盟发展趋势。

二是在趋势预测合理、仿真数据具备一定精度的情况下，推断联盟系统构成变量未来可能变化的数值，较为准确地把握产业技术创新战略联盟稳定性关键构成要素的影响作用和变动趋势。

三是直观反映模型内部的变量数值改变对稳定性数值的反应能力。

上述3个方面的应用旨在明晰产业技术创新战略联盟稳定性目标实现的关键变量，对重要影响变量的有效控制和调整能够实现盟员间的良性互动，为产业技术创新战略联盟的稳定发展提供理论引导。

（三）仿真分析

本节通过调整模型内部的变量数值改变来观察产业技术创新战略联盟的稳定性及4个流位变量的变动趋势。标号1表示变量改变之后的曲线，标号2表示系统初值状态的曲线状况。

策略1中，将产业技术创新战略联盟的战略目标由原来的100设置为150，提高了50%，模型的运行结果如图8-4a所示。产业技术创新战略联盟的稳定性最高值增大，稳定性下降的速度有所减缓，但匹配性和有效性几乎没有变化，是由于匹配性和有效性包含的影响因素具有一定的先天性，不会因为战略目标的改变而发生变化。也就是说，产业技术创新战略联盟的成员为了实现既定的战略目标而协同合作，加强项目运作，但随着战略目标的实现，彼此的合作意愿和动力会逐步降低，如果此时不及时调整联盟的战略目标，就会出现解散等情况。

　　如图 8 - 4b 所示，将产业技术创新战略联盟盟员之间的初始关系由原来的 3 改为 10 之后，产业技术创新战略联盟的稳定性较原来的状态有所增强，同时，匹配性、有效性、互动性和共赢性 4 个子系统稳定性的结果也都有了比较明显的改变。这主要是由于产业技术创新战略联盟盟员之间初始关系水平的提升，不仅提升了盟员间的信任水平、减少了相互的冲突，而且还直接提升了匹配性子系统的水平，良好的互动又进一步提升了产业技术创新战略联盟的共赢性水平。

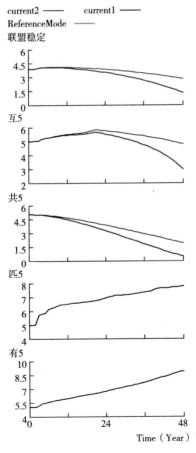

图 8 - 4a　战略目标（100 变为 150）

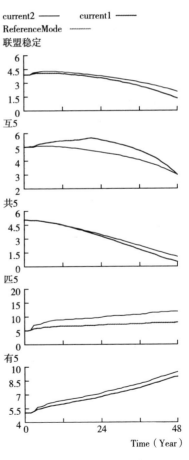

图 8 - 4b　初始关系（3 变为 10）

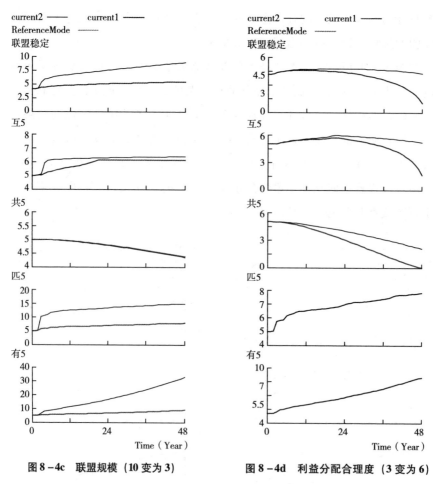

图8-4c　联盟规模（10变为3）　　图8-4d　利益分配合理度（3变为6）

图8-4　产业技术创新战略联盟稳定性单因素的敏感性分析

　　将产业技术创新战略联盟的规模由初始值10调整为3时，模拟结果如图8-4c所示。成员数量较少的联盟与成员数量庞大的联盟相比，成员之间的沟通交流会更加有效，匹配性和有效性的稳定性水平能够得到大幅提升，进而引起产业技术创新战略联盟稳定性水平的显著提升。将产业技术创新战略联盟利益分配的合理度数值由6变为3，提升50%后，模拟结果显示见图8-4d。利益分配的合理度对匹配性和有效性子系统无直接影响，但其提升有助于联盟实现共赢，并提高盟员之间的互动水平，使产业技术创新战略联盟总体的稳定性较调整之前在考察期内的变化幅度变小。

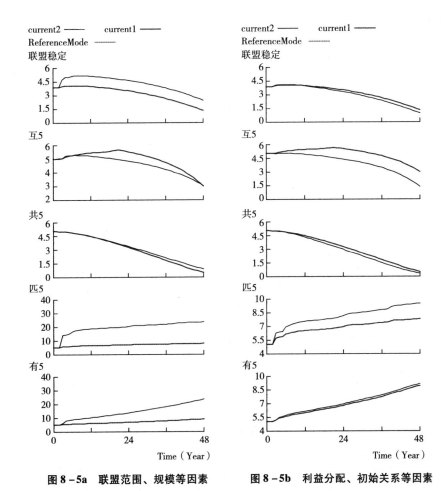

图 8 -5a　联盟范围、规模等因素　　图 8 -5b　利益分配、初始关系等因素

图 8 - 5　产业技术创新战略联盟稳定性多因素的敏感性分析

图 8 - 5 显示了多个影响因素组合变化后的产业技术创新战略联盟的 4 个子系统和总体稳定性水平的变化趋势。

将产业技术创新战略联盟的范围和规模进行一定比例的减少调整之后可以发现，产业技术创新战略联盟受组合因素的影响，其变动趋势发生了根本性改变，影响作用效果远远大于调整单变量因素带来的改变。共赢性没有根本的增长和改变。在减少联盟成员数量和缩小经营范围的共同作用下，盟员之间的沟通水平得到提升，匹配性效果更为明显，从而使有效性和匹配性子系统的水平也有较大程度地提高。产业技术创新战略联盟总体稳定性的曲线峰值变高，进入下降区间的时间延长。（如图 8 - 5a）

图 8 - 5b 显示的是将产业技术创新战略联盟利益分配的合理性和初始关系等内部变量进行了一定程度的变化后所观察到的系统稳定性的变化。标号 1 的曲线表示变量调整之后的产业技术创新战略联盟的稳定性及流位变动曲线，标号 2 的趋势代表系统最初各曲线的状态。从中可以看出，产业技术创新战略联盟受内部组合因素的影响，并未发生根本性改变。

通过上述单因素和多因素的仿真模拟可以看出，产业技术创新战略联盟的稳定性受多个因素的影响和制约，而且单因素调整和多因素组合调整会产生不同的影响效果。总体来说，单因素的调整效果较为简单直接，一般不会对产业技术创新战略联盟的稳定性系统造成根本性改变。而多因素组合调整对产业技术创新战略联盟稳定性影响的作用机理更为复杂。现实中，产业技术创新战略联盟稳定性的变动往往是由多因素的变动造成的。因此，既要重视匹配性、有效性、互动性和共赢性各子系统内部的单一变量因素的作用和影响，也要重视各个子系统以及影响因子之间的组合与联动，以实现产业技术创新战略联盟的稳定运行。

五　产业技术创新战略联盟层面增强稳定性的措施建议

结合产业技术创新战略联盟各个生命周期阶段及稳定性影响因素的作用机理，提出有效增强产业技术创新战略联盟稳定性的措施建议。

（一）酝酿期制定合作伙伴选择评价体系

组建产业技术创新战略联盟总是由一家骨干企业或高校及科研院所结合所处产业存在的机遇而提出的倡议。牵头单位在产业技术创新战略联盟酝酿阶段的主要任务是采用 SWOT 分析法收集所处产业市场信息，发现机遇及威胁，剖析自身的优劣势，评估组建战略联盟的潜在风险和收益，最终确定是否组建产业技术创新战略联盟；制定合作伙伴选择评价体系，综合考虑产业链和创新链的位置、组建动因的匹配性、文化融合性以及战略目标相似性等因素的影响，特别侧重从先前有过较好合作关系的潜在对象中进行选择，提高合作伙伴的匹配性程度。

（二）组建期设计战略联盟的运行机制

组建阶段是产业技术创新战略联盟确定运作模式的过程，诸多稳定性影响因素的作用程度取决于此阶段稳定性的管理措施。一是科学选择产业技术创新战略联盟运行的模式和组织结构，构建稳定的联盟控制权结构。二是构建产业技术创新战略联盟的信息管理平台，提高信息沟通和任务协调的有效性。三是建立产业技术创新战略联盟的成员管理制度，构建合理的盟员进出机制。四是优化资源配置、合理增加专用资产投入，提高盟员的融合度。五是建立公平合理的风险与收益分配机制，增强盟员的合作意愿。

（三）运作期加强联盟运作过程的动态监控

产业技术创新战略联盟的各项合作在运作期内均逐步进入正轨，联盟运行处于相对稳定的状态。但随着盟员之间合作的深入，冲突和矛盾等不稳定性影响因素也会逐步显现。此时可以从以下几个方面加强管理：一是定期开展外部风险评估，积极采取外部风险防御措施；二是加强联盟成员的关系管理，提高联盟团队的合作意识；三是加强运行监管，提高盟员之间的信任水平；四是动态监控，重点解决存在的各类冲突。

（四）绩效期提高盟员利益分配的合理度

解决产业技术创新战略联盟绩效评价期的不稳定性因素对提高联盟的稳定性十分重要。一是可以观察产业技术创新战略联盟的运营情况，准确查找盈利曲线的震荡原因。二是结合盟员的风险规避度、研发效率及各个项目之间的关联程度合理开展利益分配。三是根据产业技术创新战略联盟目标任务的实现程度，及时进行战略优化调整。

六　小结

利用系统动力学模型，借助计算机仿真技术，在无法获得实际数据的情况下，通过平衡态赋值法模拟了产业技术创新战略联盟稳定性的变化趋势，得出产业技术创新战略联盟稳定性的系统动力学模型能较好地反映联盟稳定性发展过程，具有较好的理论匹配度和现实解释力。分别模拟了单因素、多因素以及子系统权重调整对产业技术创新战略联盟稳定性的影响效果。通过模拟发现，单因素的调整效果较为简单直接，一般不对产业技术创新战略联盟的稳定性系统造成根本性改变，而多因素组合调整对产业技术创新战略联盟稳定性影响的作用机理则更为复杂。

第九章

产业技术创新战略联盟投机行为的博弈系统分析

本书第五章从产业技术创新战略联盟的内部微观运行角度，动态分析了稳定性影响因素的变化量对产业技术创新战略联盟稳定性变化趋势的影响作了动态分析，为产业技术创新战略联盟的稳定运行提供了一种决策思路。本章将以政府的监督管理为研究视角，结合博弈论与系统动力学，进一步分析政府对监督管理的抑制产业技术创新战略联盟投机行为的作用机理，从不同视角为增强产业技术创新战略联盟的稳定性提供方向性选择。

一 政府主管部门和盟员的混合策略博弈

我国产业技术创新战略联盟组建成功率较低与联盟成员缺乏信任机制、冲突性过高有直接关系，其中投机行为是导致产业技术创新战略联盟不稳定的一个重要原因。在某些情况下，企业、高校及科研院所加入产业技术创新战略联盟的目的并不是单纯为了实现盈利或科技成果产业化，而且为了建立和完善新产品或新技术创新销售平台等原因，机会主义倾向是此类行为的根源。新制度经济学指出，理性人不惜采取投机取巧等手段为实现自身利益最大化而损害合作者利益。同样，投机行为会导致关系风险，被发现后将会遭到报复，进而影响盟员之间的合作效率，造成产业技术创新战略联盟面临解体的危机。

部分学者应用传统博弈论对战略联盟的投机行为问题进行了建模分析，并给出了各种解决策略，但他们在分析中仅将战略联盟的产方和学研方作为博弈双方，却忽略了政府的监督管理作用。另外，完全理性的假设往往与实际情况不符，现实生活中的博弈通常是一种长期的重复博弈，博弈双方不停地获取对方或外界的信息来改变自己的策略。因此，也有学者开始尝试用演化博弈对盟员的投机行为问题进行分析，但这些博弈分析结果给出的策略大部分是定性的，难以从定量的角度去评价策略。传统的博弈模型分析方法求出的纳什均衡只给出一个博弈的结果，却无法说明如何达到这个结果，现实中存在大量的不确定性有可能会破坏博弈过程中的假设条件，导致博弈中断，还从何谈起均衡问题呢？所以，不仅要关注均衡点的位置，更要了解如何达到均衡点。博弈中也有很多诸如双赢互惠等反馈特性的概念，从某种意义上讲，博弈也是一种决策者对对手信息和行动的决策反馈过程。SD 是研究复杂系统中信息反馈行为有效的计算机仿真方法，能从系统整体出发，在系统内部寻找和研究相关的影响因素，注重系统的动态变化和因果影响，是一种定性与定量相结合的模拟方法，能在非完备信息状态下分析求解复杂问题。

国内外利用 SD 分析博弈问题的研究不多，国内有学者围绕环境污染①、集装箱港口②等问题，提出相关博弈问题的系统动力学模型，取得了具有现实意义的模拟结果。鉴于此，本章尝试以政府的监督管理为研究视角，结合博弈论与系统动力学，构建产业技术创新战略联盟投机行为博弈的系统动力学模型，对产业技术创新战略联盟的投机行为问题进行建模分析，刻画政府与产业技术创新战略联盟盟员的投机行为的动态特性，利用系统动力学为此问题提供定性与定量相结合的政策仿真平台。

（一）基本假设

本文考虑的产业技术创新战略联盟是经政府主管部门认定，由主管部门负责定期检查，且一旦检查必然能查出盟员的投机行为，由此假设如下：

---

① 蔡玲如等：《基于系统动力学的环境污染演化博弈问题研究》，《计算机科学》2009 年第 8 期。

② 郑士源等：《基于系统动力学的集装箱港口博弈模拟研究》，《系统仿真学报》2007 年第 15 期。

（1）产业技术创新战略联盟的盟员可以选择合作和投机两种策略。

（2）政府主管部门对产业技术创新战略联盟的成员也可以选择处理和不处理两种策略。

（3）假设产业技术创新战略联盟的盟员采取投机策略，则产业技术创新战略联盟整体将承担相应的损失 a，政府主管部门对产业技术创新战略联盟的抽样检查需要支付一定费用 b，盟员采取合作策略的利润 c，采取投机策略的超出利润为 d，对检查到的采取投机策略的盟员进行罚款 e，对采取合作策略的盟员进行一定的奖励 f，给出变量之间的限制关系：$a > d$，$d < e$，$e > a$，$f < d$。

（二）混合策略博弈的支付矩阵

对产业技术创新战略联盟而言，当政府主管部门进行抽样检查时，最优策略是合作策略，当政府主管部门不检查时，最佳策略为投机策略。对于政府主管部门而言，当产业技术创新战略联盟的盟员投机时，最佳策略是进行抽样检查，而合作时的最佳策略是不查处。表 9－1 给出了政府与产业技术创新战略联盟盟员投机行为的混合策略博弈的支付矩阵。

表 9－1　政府主管部门与盟员之间的博弈支付矩阵

政府主管部门	盟员策略	
	投机	合作
抽查	$-a-b+e$，$c+d-e$	$-d-f$，$c+f$
不抽查	$-a+e$，$c+d$	0，c

在静态支付矩阵条件下，政府对产业技术创新战略联盟盟员投机策略的惩罚为常数。由于参与博弈的主体是有限理性，所以一旦各主体在博弈时所选择的策略初始值不是博弈均衡点，则博弈的稳定状态很难在短期内达到，通常要通过长时间的重复博弈才能逐渐趋于稳定，如果信息延迟，则情况更为复杂。

假设最初状态是产业技术创新战略联盟盟员采取投机策略的概率为 p_1，则采取合作策略的比例为 $1 - p_1$，政府主管部门采取抽查的概率为 p_2，采取不抽查策略的概率为 $1 - p_2$。按照生物进化复制动态的思想，采用收益低策略的博弈方会通过学习、模拟采用收益高策略的博弈方来逐渐改变自己的策略,因此采用不同策略的双方比例会发生改变,某种策略比例的变化速度与其比重和收益超过平均收益的幅度呈正比。

根据支付矩阵,产业技术创新战略联盟的盟员采取投机策略和合作策略的期望收益分别为:

$$E_{m11} = p_2 \ (-a-b+e) \ + \ (1-p_2) \ (-a+e)$$
$$E_{m12} = p_2 \ (-d-f) \ + \ (1-p_2) \ c$$

产业技术创新战略联盟盟员的平均收益为:$E_{m1} = p_1 E_{m11} + \ (1 - p_1) \ E_{m12}$

引入复制动态方程,则产业技术创新战略联盟的盟员采取投机策略的变化速度为:

$$dp_1/dt = p_1 \ (E_{m11} - E_{m1})$$

同理,政府主管部门采取抽查策略的变化速度为:

$$dp_2/dt = p_2 \ (E_{z11} - E_{z1})$$

然而,现实中的产业技术创新战略联盟有很多盟员主体,且各主体之间并不是完全独立的。随着参与博弈的主体数量的增多,变量数目及其之间的作用关系也会相应增多,完全求出上式中的所有均衡点并对其演化路径进行分析是非常困难的。而建立上述模型的主要目的就是要把握问题本质、分析各种影响因素、寻找解决产业技术创新战略联盟成员之间的投机行为问题的方法。因此,当模型无法完全通过理论分析达到研究目的时,可以运用系统动力学仿真手段对各种政府政策的实施效果进行短期和长期的预测分析。

二 投机行为博弈的系统动力学模型

(一) 投机行为博弈系统动力学的存量流量图

在现实生活中,产业技术创新战略联盟成员和政府主管部门之间的博弈为一种长期的重复博弈,博弈双方不停地获取对方或外界的信息来改变自己的策略,利用传统博弈分析此类问题可知,博弈双方完全理性的假设往往与实际情况不符。根据前节对政府与产业技术创新战略联盟盟员的投机行为问题的博弈分析和假设条件,建立了投机行为博弈的系统动力学模型(见图9-1),模型由政府主管部门抽样检查子系统和产业技术创新战略联盟成员的投机行为选择子系统组成。

政府主管部门抽查子系统中,政府通过采取查处策略的期望值与采取不查处策略的期望值的差值来决定是否采取查处策略,当期望收益的差值为负时,政府将减少对产业技术创新战略联盟的抽查样本数量;当政府的期望收益差值为正时,政府将增加对产业技术创新战略联盟的抽查样本数量。

产业技术创新战略联盟盟员的投机行为选择子系统是通过判断联盟成员的投机和合作的期望收益差值来做决定的,当投机策略的期望收益大于合作策略的期望收益,即盟员的期望收益为正时,产业技术创新战略联盟的盟员将倾向于采取投机策略;当产业技术创新战略联盟盟员合作策略的期望大于投机策略的期望时,采取投机策略的联盟成员数量将会减少。

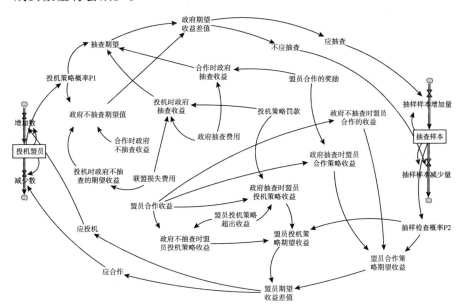

图9-1　产业技术创新战略联盟投机行为博弈的 SD 模型

（二）SD 方程

如图 9 - 1 所示，产业技术创新战略联盟投机行为博弈的系统动力学模型，包括抽查样本和投机盟员 2 个流位变量，样本增加量、样本减少量、投机盟员增加数和投机盟员减少数 4 个流率变量，对盟员投机策略的惩罚、对合作的奖励等 6 个常量以及 20 个辅助变量。该模型的主要变量及函数关系为：

（1）抽查样本 = INTEG（抽样样本增加量 - 抽样样本减少量，500）

（2）抽样样本减少量 = 抽查样本 × 不应抽查

（3）抽样样本增加量 = （1000 - 抽查样本）× 应抽查

（4）投机盟员 = INTEG（增加数 - 减少数，500）

（5）减少数 = 投机盟员 × 应合作

（6）增加数 = （1000 - 投机盟员）× 应投机

（7）不应抽查 = IF THEN ELSE（政府期望收益差值 < 0，0.05，0）

（8）应抽查 = IF THEN ELSE（政府期望收益差值 > 0，0.05，0）

（9）应合作 = IF THEN ELSE（盟员期望收益差值 < 0，0.05，0）

（10）应投机 = IF THEN ELSE（盟员期望收益差值 > 0，0.05，0）

（11）抽查期望 = 投机时政府抽查收益 × 投机策略概率 P1 + 合作时政府抽查收益 × （1 - 投机策略概率 P1）

（12）抽样检查概率 P2 = 抽查样本/1000

（13）政府不抽查时盟员合作的收益 = 盟员合作收益

（14）政府不抽查时盟员投机策略收益 = 盟员投机策略超出收益 + 盟员合作收益

（15）政府不抽查期望值 = 投机时政府不抽查的期望收益 × 投机策略概率 P1 + 合作时政府不抽查收益 × （1 - 投机策略概率 P1）

（16）政府抽查时盟员合作策略收益 = 盟员合作的奖励 + 盟员合作收益

（17）政府抽查时盟员投机策略收益 = 盟员合作收益 + 盟员投机策略超出收益 - 投机策略罚款

（18）政府期望收益差值 = 抽查期望 + 政府不抽查期望值

（19）盟员期望收益差值＝盟员投机策略期望收益－盟员合作策略期望收益

（20）盟员合作策略期望收益＝政府抽查时盟员合作策略收益×抽样检查概率 P2＋政府不抽查时盟员合作的收益×（1－抽样检查概率 P2）

（21）盟员投机策略期望收益＝政府抽查时盟员投机策略收益×抽样检查概率 P2＋政府不抽查时盟员投机策略收益×（1－抽样检查概率 P2）

（22）合作时政府抽查收益＝政府抽查费用－盟员合作的奖励

（23）投机时政府不抽查的期望收益＝联盟损失费用

（24）投机时政府抽查收益＝投机策略罚款－政府抽查费用－联盟损失费用

（25）投机策略概率 P1＝投机盟员/1000

（26）政府抽查费用＝2

（27）盟员合作收益＝3

（28）盟员合作的奖励＝1

（29）盟员投机策略超出收益＝2

（30）联盟损失费用＝5

（31）合作时政府不抽查收益＝0

（32）投机策略罚款＝6

三　初始模型的仿真及分析

（一）初始模型的仿真结果

基于 vensim 仿真平台，假设初始时间为 0，终止时间为 500，时间步长为 1，初始参数分别设为：$a=5$，$b=2$，$c=3$，$d=2$，$e=14$，$f=1$，则可以得出政府主管部门的抽样检查率和盟员投机概率的变化曲线。（见图 9－2）从中可以看出，当政府对产业技术创新战略联盟盟员投机行为的惩罚力度为常数时，盟员投机概率和政府抽查概率的变化曲线围绕均衡值始终处于上下波动的状态，这与实际中反复治理投机行为的现象相符，政府与产业技术创新战略联盟盟员博弈双方会不断根据对方的行动和信息去改变自己的策略选择。

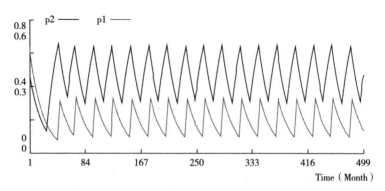

图 9 - 2　投机策略概率和抽样检查概率的变化曲线

（二）策略分析

1. 加大惩罚力度

假设在仿真的 100 个考察期后提高政府对产业技术创新战略联盟盟员投机行为的惩罚力度，e 由 14 增加至 18，则可以得出政府主管部门加大对产业技术创新战略联盟成员投机行为的惩罚力度虽然不能使博弈模型达到均衡状态，但投机策略和抽样检查的概率波动中心点较之前有所降低，产业技术创新战略联盟成员的投机策略率和政府的抽样检查率同时降低。（见图 9 - 3）

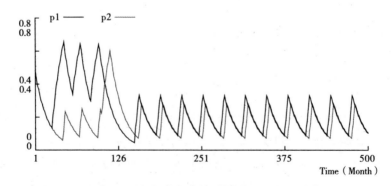

图 9 - 3　惩罚力度变化后的投机策略概率和抽样检查概率变化曲线

2. 惩罚机制对盟员投机策略演化的影响

决策者可能会从博弈演化过程存在的反复波动中获得错误信息而造成

演化均衡的改变和演化中断，动态惩罚机制能够有效地抑制博弈演化过程
中的波动现象。考虑对投机盟员采用动态惩罚函数，即在 SD 模型中添加
以下变量关系式。

投机策略罚款 = 投机策略概率 × 投机策略期望收益

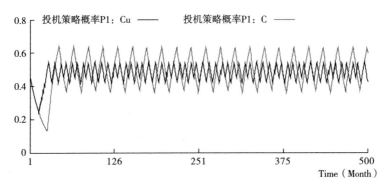

图 9 - 4　惩罚机制的变动对投机策略变化的影响

从图 9-4 显示的仿真结果可以看出，动态惩罚机制比静态惩罚机制更
能有效地抑制演化过程的波动性。在相同的惩罚额度下，动态惩罚机制对
盟员投机行为的抑制效果比静态惩罚机制要好。但该策略并不能从根本上
改变产业技术创新战略联盟盟员投机行为的变化趋势，而且前期投机行为
的短暂好转趋势还容易让政府主管部门放松监督，从而又陷入一种反复的
困境。

（三）均衡点探索

上述的仿真结果表明，达到博弈论分析得到的纳什均衡点很难，笔者
探索了可以快速缩小博弈双方波动范围的方法。通过将政府主管部门对产
业技术创新战略联盟盟员投机行为的惩罚与投机策略概率成比例，可以使
其达到博弈的纳什均衡。（见图 9 - 5）但是由于信息滞后性等因素影响，
政府主管部门难以将政策调整至此，故操作性不强。因此，将政策调控适
度简化，设置阶梯式惩罚取值方案，若政府检查中得到的投机行为概率大
于某一比例，政府就予以重罚，若小于某一比例，就予以轻罚。当抽样检
查中的投机行为概率大于 0.3 时，政府就实施双倍惩罚措施，此时，虽然

模型仍处于不断波动的状态，但相比之前的静态惩罚手段，在波动程度上有了很大的改善。（见图 9-6）

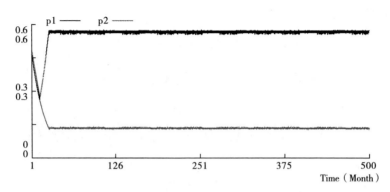

图 9-5 惩罚比例的变动对投机策略的影响

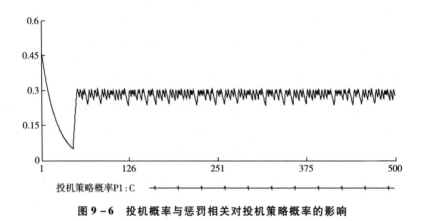

图 9-6 投机概率与惩罚相关对投机策略概率的影响

（四）仿真结论

研究发现，政府主管部门对投机盟员的惩罚力度、惩罚机制等因素直接影响产业技术创新战略联盟投机行为的演化结果。惩罚力度的大小与产业技术创新战略联盟投机行为演化过程的动态性密切相关，动态惩罚机制在其演化的波动性控制方面具有明显效果。当政府主管部门采用静态惩罚策略时，博弈过程不存在演化稳定策略，但对应的惩罚将影响政府和产业技术创新战略联盟盟员各方的策略选择。当惩罚值太小时，由于盟员的投机收益高于可能支付的惩罚，政府主管部门无法起到抑制投机行为的作用，但一味提高惩罚值，会使博弈过程加剧，造成实际问题难以控制。当主管部门采用动态惩罚策略时，博弈过程存在演化稳定策略，说明该策略可以较好地抑制博弈过程的波动状态，使投机行为可以达到预期的控制目标，进而有助于产业技术创新战略联盟的稳定运行。

四　小结

博弈论与系统动力学相结合可以很好地对现实生活中的博弈问题进行建模和分析，系统动力学能从全局整体考察博弈均衡背后的动态特性，而经典博弈论的分析对于建模和制定相应的决策起到了至关重要的作用。

第十章

产业技术创新联盟稳定性的研究结论与展望

一 研究的主要结论

产业技术创新战略联盟的稳定性对联盟绩效具有重要的决定作用，哪些因素影响产业技术创新战略联盟的稳定性？这些因素对产业技术创新战略联盟的稳定性影响程度如何？产业环境的动荡变化是否会对产业技术创新战略联盟产生影响？这些都是学术界和实践界共同关注的问题，在竞争日趋激烈的今天就愈发显得重要。这个领域以往的研究大多以国外的企业战略联盟为背景，其结果不一定具有普遍意义，未必同样适用于我国的产业技术创新战略联盟。因此，结合我国产业技术创新战略联盟的实践，在本土环境下对其稳定性的影响因素进行实证研究，对丰富战略联盟稳定性的理论、增强我国产业技术创新战略联盟的稳定性具有重要的理论和实践意义。本研究针对产业技术创新战略联盟稳定性的影响因素、稳定性与联盟绩效，以及环境动荡性的调节效应等方面进行了实证研究，对产业技术创新战略联盟的稳定性问题进行了较为深入的研究和分析，得出了以下主要结论。

（1）品质因素对产业技术创新战略联盟稳定性具有显著的正向影响

产业技术创新战略联盟盟员的品质因素主要是基于对合作伙伴的感知，用于评价合作伙伴是否具有可信度，是否值得与其组建产业技术创新战略联盟的依据，主要包括声誉和共享价值观两个维度。其中，盟员的声誉是合作伙伴根据过去的业绩对其品质进行的主观判断，会直接影响合作伙伴对该组织的期望。良好的声誉不仅让合作伙伴对该组织的关键品质产生很高的预期，对该组织将来的行动意图也会产生很好的预期水平，因此，良好的声誉必然会促进产业技术创新战略联盟的稳定运行。盟员的共享价值观主要是指合作伙伴之间是否具有共同的价值准则，若彼此的共享价值观一致，便会提升盟员之间的认同感，进而增强产业技术创新战略联盟的稳定性。本研究的实证显示，盟员品质因素的两个维度均对产业技术创新战略联盟稳定性有显著的正向影响且影响程度较大，标准化回归系数分别为 0.379 和 0.470。本研究证实了盟员品质因素对产业技术创新战略联盟稳定性的正向影响关系假设以及盟员声誉和共享价值观对联盟稳定性的正向影响关系的假设。

认识到这一点的主要价值在于，战略联盟的不稳定性是理性决策主体的联盟成员之间合作冲突的结果，选择适宜的对象构建产业技术创新战略联盟系统对稳定发展具有重要意义。分析产业技术创新战略联盟的稳定性问题时，可以不必过多地考虑稳定性的现状，而是更多地关注盟员的声誉和彼此之间共享价值观的差异。通过本书提出的概念模型以及随后的验证分析可以发现，产业技术创新战略联盟盟员的品质因素对联盟的稳定性具有正向影响。企业、高校及科研院所等机构可以通过培育自身的声誉，内化社会规范为自身价值观，以提高合作者的认可度。联盟在组建初期若能选择合适的合作伙伴，那么盟员之间就能相对更加愉快地开展合作，并能显著促进联盟的稳定，进而推动联盟产生更显著的绩效水平。当然，若合作伙伴选择不当，则会影响各方在联盟运营过程中的满意度，也会破坏联盟的稳定性。产业技术创新战略联盟在组建初期还要注重合作伙伴之间的共享价值等文化方面的相似性与兼容性。盟员彼此间的企业文化差异过大，会导致合作过程中矛盾丛生，影响彼此的合作和联盟的稳定性。

（2）情境因素对产业技术创新战略联盟稳定性具有显著的正向影响

产业技术创新战略联盟盟员的情境因素使合作伙伴之间没有必要做出机会主义就能满足自身利益最大化。情境因素依赖于产业技术创新战略联盟盟员的自身特性和过去的联盟经验，属于合作各方的本质属性。能力对比和联盟经验是情景因素的两个主要维度。产业技术创新战略联盟中，合作各方的能力应是平衡或至少是相对独立的，不存在一方控制另一方的局面，提倡有效沟通和充分授权，从而使合作伙伴之间产生更积极的合作期望，有利于降低盟员之间的机会主义。产业技术创新战略联盟盟员的联盟经验体现在合作各方是否具有以往的联盟合作经验，在其他条件一致的情况下，具有联盟组建和运行的经验更有可能成为良好的合作伙伴。本研究实证表明，盟员情境因素的两个维度对产业技术创新战略联盟稳定性具有显著的正向影响关系，标准化回归系数分别为 0.510 和 0.245。本研究验证了情境因素对产业技术创新战略联盟稳定性的正向影响关系假设，支持了能力对比和联盟经验对联盟稳定性正向影响关系的假设。

实证研究结论的实践价值在于，能力对比是影响产业技术创新战略联盟稳定性的最为显著的情境因素。合作伙伴之间的能力是联盟管理过程中的关键因素[1]，是盟员合作关系的特性。盟员之间的能力对比是否均衡或平衡会影响产业技术创新战略联盟成员之间的关系。布雷克和恩斯特（Bleek and Ernst，2004）早期对全球战略联盟的跟踪调查以及战略联盟的实践已经表明，实力相当的合作伙伴所组建的联盟更具稳定性。实力相当意味着盟员之间事前均存在各自的比较优势，事后以几乎对等的属性和相当数量的优势资产或资源投入，从而对联盟的贡献和从中分享的收益几乎是相等的。因此，产业产业技术创新战略联盟在组建初期第一要注重与合作伙伴之间资源优势的互补性。产业技术创新战略联盟盟员之间既要在资源和技术等方面各具优势，又要在总体实力方面相差不大。因为过多的资源相似性会使盟员之间缺乏彼此学习的动力，从而限制联盟的发展。当然，过多不同的资源也会增大合作伙伴之间相互学习的难度，进而增大产业技术创新战略联盟的管理难度。第二要注重合作伙伴之前的合作经历或联盟经验，较多的合作经历或较为成功的联盟经验，都会有助于产业技术创新战略联盟今后的稳定运行。

（3）互动因素中信任、沟通、利益分配和承诺对产业技术创新战略联盟稳定性具有显著的正向影响，但管理控制则对产业技术创新战略联盟稳定性的正向影响未被证实

本研究的实证分析结果表明，互动因素中的信任、沟通、利益分配和

---

① Doz Y. L. , "The Evolution of Cooperation in Strategic Alliances: Initial Conditions or Learning Processes?," *Strategic Management Journal* 17 (1996): 55 – 83.

承诺对产业技术创新战略联盟具有显著的正向影响,影响程度的大小顺序
依次为利益分配、沟通、信任和承诺,但管理控制对产业技术创新战略联
盟的正向影响假设未被证实。在产业技术创新战略联盟的运行过程中,盟
员不能只通过绩效导向来管理联盟、判断联盟合作关系的稳定性,本书实
证研究表明,产业技术创新战略联盟的互动因素对联盟的稳定性具有重要
作用。产业技术创新战略联盟运行过程中,第一,要及时处理解决联盟运
行中出现的各种问题。联盟运行中难免会出现合作伙伴对技术溢出问题的
过分防范等问题,若不加以及时解决,必定会对产业技术创新战略联盟的
稳定性产生消极影响。第二,要明确合作各方对联盟成果的收益分配,规
避不必要的争议。客观评价产业技术创新战略联盟的运营情况,准确查找
盈利曲线的震荡原因。结合盟员的风险规避度、研发效率及各个项目之间
的关联程度,合理开展利益分配。根据产业技术创新战略联盟目标任务的
实现程度,及时进行战略优化调整。第三,要注重盟员之间的沟通与协
调。有效的沟通协调机制能在很大程度上提升产业技术创新战略联盟各方
的互信度,进而增强联盟的稳定性。

(4) 盟员的机会主义行为对产业技术创新战略联盟稳定性具有显著的
负向影响

产业技术创新战略联盟运行中导致机会主义行为的主要原因是信息不
对称,导致个别盟员以有别于契约要求的行为标准为追求自身利益而损害
合作伙伴的利益。大量研究已经证实了机会主义对战略联盟稳定性的负向
影响,认为机会主义行为是影响联盟持续发展的重要因素。本研究的实证
分析表明,机会主义对产业技术创新战略联盟稳定性具有显著的负向
影响。

对于产业技术创新战略联盟来说,各盟员单位在协同创新过程中应避
免采取机会主义行为,因为会对产业技术创新战略联盟的稳定运行会造成
极大的负面影响。制定适当的鼓励高层领导交流的制度,鼓励盟员各方高
层领导建立私人友谊,有助于减少盟员之间的机会主义行为。政府应建立
公共信息平台,以促进产业技术创新战略联盟的知识和资源合理流动,并
及时完善知识产权制度。主管部门应加大对盟员机会主义行为的惩罚力

度，有效降低联盟盟员机会主义行为的发生①，保证产业技术创新战略联盟盟员之间的知识资源合理转移。

（5）产业技术创新战略联盟稳定性对联盟绩效的正向影响得到了验证

产业技术创新战略联盟的绩效直接影响盟员的根本利益，盟员作为独立的市场经济主体，组建联盟的目的是实现自身利益最大化。联盟稳定性对联盟绩效的影响关系一直是学术界研究的热点问题，本研究将联盟绩效作为产业技术创新战略联盟稳定性的后果变量。验证了联盟稳定性是联盟绩效提升的重要前提，提升战略联盟的稳定性有助于提高联盟的绩效水平，为结合我国实践背景对产业技术创新战略联盟稳定性与绩效的实证研究做出了有益的补充。

（6）产业环境的动荡性对产业技术创新战略联盟稳定性具有显著的正向影响，显著削弱了机会主义对产业技术创新战略联盟稳定性的影响，但产业环境的动荡性与互动因素的交互作用对产业技术创新战略联盟稳定性的影响不显著。

产业技术创新战略联盟的运行总是嵌入在特定的产业环境之中，产业环境的动荡变化会改变盟员原先获取竞争优势的技术和能力基础，进而可能影响产业技术创新战略联盟互动因素和机会主义的作用功效。本研究的实证研究结果表明，产业环境的动荡性对产业技术创新战略联盟稳定性具有显著的正向影响，并显著削弱了机会主义对稳定性的负面影响，但产业环境的动荡性与互动因素的交互作用对产业技术创新战略联盟稳定性的影响不显著。换句话说，产业环境的动荡性越强，产业技术创新战略联盟的运行越稳定。此现象的原因与产业技术创新战略联盟的组建动因有关：由于外部竞争加剧和产业环境的剧烈变化，技术创新成本越来越高，使单一组织的有限资源难以满足重大技术创新的需求，迫使企业、高校及科研院所等具有资源互补优势的组织建立起产业技术创新战略联盟。因此，产业环境的动荡性越强，盟员彼此之间寻求合作的意愿就越强烈，从而使产业技术创新战略联盟的运行愈加稳定。

---

① 李瑞光、段万春：《产业技术创新战略联盟投机行为研究》，《技术经济与管理研究》2015年第2期。

（7）产业技术创新战略联盟盟员在选择创新模式时，如果学研方创新成果水平为高的概率较大，那么产方的自身创新能力越强，就越偏好与学研方开展技术协作，当交易价格区间在一定范围时（$S \leqslant P \leqslant \mu [V(I_2) - V(I_1)]$），双方会达成技术协作；如果学研方创新成果水平为低的概率较大，那么产方的独立创新能力越弱，就越倾向于选择合作开发的创新模式，当利益分配系数为（$V(I_1) / [\mu [V(I_2) - V(I_1 \cup I_2)] + V(I_1 \cup I_2)] \leqslant r \leqslant 1 - S/V(2I_2)$）时，产业技术创新战略联盟会采用合作开发的创新模式。

（8）产业技术创新战略联盟采取一次性固定支付的利益分配的协商过程较为简单，利益分配影响要素对支付结果的影响较小。而提成支付模式中的提成支付比例与盟员的贡献系数相关，产方得到的利益提成比例与其投入的贡献成正比，但学研方与产方的贡献成反比。收益提成比例的合理性将直接影响产业技术创新战略联盟目标的实现和联盟的稳定性。

（9）产业技术创新战略联盟稳定性的 SD 仿真模拟结果表明，产业技术创新战略联盟稳定性的变化趋势在考察期内呈现先增加、后降低的倒 U 形态势。单因素调整和多因素组合调整会对产业技术创新战略联盟稳定性产生不同的影响效果。总体来说，战略目标、初始关系等单因素的调整效果较为简单直接，一般不会对产业技术创新战略联盟的稳定性系统造成根本性改变，而多因素组合调整对产业技术创新战略联盟稳定性的影响作用机理则更为复杂。

（10）产业技术创新战略联盟投机行为博弈的 SD 仿真模拟结果表明，产业技术创新战略联盟投机行为的演化结果取决于政府主管部门对投机盟员的惩罚力度、惩罚机制等因素。惩罚力度的大小与产业技术创新战略联盟投机行为的演化过程的动态性密切相关，动态惩罚机制在产业技术创新战略联盟投机行为演化的波动性控制方面具有明显效果。

二　进一步研究展望

鉴于本书作者研究水平有限，本研究还存在一些不足之处。一是样本收集范围有限。本书主要选择了云南省产业技术创新战略联盟进行访谈和调查研究，难免会出现区域单一、无法代表所有区域的情况。二是对产业技术创新战略联盟稳定性影响因素的研究归纳有限。本书只选取了一些具有典型特征、对产业技术创新战略联盟稳定性起到重要作用的因素进行研究和分析。三是并未深入研究影响因素之间的相互关系。

另外，产业技术创新战略联盟稳定性方面的诸多问题尚需要进一步研究和探讨。

（1）本书尽管比较深入地剖析了产业技术创新战略联盟稳定性的影响因素，但由于受到内外部环境的制约且影响因子众多，难免会有遗漏之处。此外，各个影响因子之间的复杂关系仍需进一步探讨。

（2）本研究的调查样本均来自云南地区的企业、高校及科研院所，具有很强的地域特征和局限性，无法体现本书概念模型中的地区差异。未来的研究可以扩大样本的地域范围，还可以对比分析不同地区的产业技术创新战略联盟稳定性的影响因素，增强研究结果的适应性和普遍性。

（3）产业技术创新战略联盟具有不同的运行模式，本书仅从共性影响因素的角度进行了分析，尚未从不同角度对企业主导、高校与科研院所主导以及政府引导这三类不同模式之间的产业技术创新战略联盟稳定性影响因素的作用机理开展稳定性的相关研究。

（4）运用系统动力学理论和方法对产业技术创新战略联盟稳定性的研究可以说仅是初步探讨，由于难以收集联盟运行的详细数据，本书无法利用计量方法做更为全面的实证研究，也就无法获得更为详细的实证结果，只能通过系统动力学的方法去检验理论分析的有效性。此类问题还有待于更深入的研究分析。

总之，目前的工作才刚刚起步，之前所做的也只是初步的探索和尝试，但开展产业技术创新战略联盟稳定性的实证研究具有较好的前景，希望本文建立的产业技术创新战略联盟稳定性的概念模型对产业技术创新战略联盟今后的发展和政策决策有所助益。

附录 A 产业技术创新战略联盟访谈提纲

针对企业的访谈主要围绕以下几个问题开展：

1. 贵单位参加或牵头成立产业技术创新战略联盟的初衷是什么？

2. 贵单位选择联盟合作伙伴的标准是什么？您认为哪个标准最重要？

3. 您认为企业、高校及科研院所、政府等不同主体在联盟稳定运行过程中应各自发挥哪些作用？

4. 您认为现阶段所在联盟的成员间能进行有效沟通和合作吗？是的话，好的方面是什么？否的话，有哪些需要改进？项目如何组织和实施的？

5. 您认为影响联盟稳定运行的因素有哪些？这些因素之间有无影响？

6. 您认为联盟运行中存在哪些问题有待改善？

7. 您认为盟主应具备哪些条件才能有效地增强联盟凝聚力，让成员发挥最大作用？

针对高校及科研院所的访谈主要围绕以下几个问题开展：

1. 贵单位参加或牵头成立产业技术创新战略联盟的初衷是什么？

2. 贵单位选择联盟合作伙伴的标准是什么？您认为哪个标准最重要？

3. 您认为企业、高校及科研院所、政府等不同主体在联盟稳定运行过程中应各自发挥哪些作用？

4. 您认为现阶段所在联盟的成员间能进行有效沟通和合作吗？是的话，好的方面是什么？否的话，有哪些需要改进？项目如何组织和实施的？

5. 您认为影响联盟稳定运行的因素有哪些？这些因素之间有无影响？

6. 您认为联盟运行中存在哪些问题有待改善？

7. 您认为盟主应具备哪些条件才能有效地增强联盟凝聚力，让成员发挥最大作用？

针对政府官员的访谈主要围绕以下几个问题展开：

1. 您认为影响产业技术创新战略联盟稳定运行的因素有哪些？这些因素之间有无相互影响？

2. 您认为企业、高校及科研院所、政府等不同主体在联盟稳定运行过程中应各自发挥哪些作用？

3. 您认为盟主（牵头单位、发起单位）应具备哪些条件才能有效地增强联盟凝聚力，让成员在联盟运行过程中发挥各自最大的作用？

4. 您认为政府应从哪些有利于联盟稳定性运行的方面营造良好环境？

附录 B 产业技术创新战略联盟
稳定性调查问卷

产业技术创新战略联盟成员单位：

为全面了解我省产业技术创新战略联盟的运行状况，云南省产业技术创新战略联盟认定中心特组织此次调研，以便及时掌握联盟运行中存在的主要问题，并提出进一步提升我省产业技术创新战略联盟稳定运行水平的措施建议。

我们的调查不记姓名，调查资料仅用于统计分析。答案没有正误之分，您只需根据自己的实际情况和想法回答，在相应的选项上打勾即可。

性别：□男　　□女

您参加工作的时间：_____年

您的职位：□高层管理者　□中层管理者　□基层人员　□其他，请说明：

您的最高学历：□研究生或以上　□本科　□大专　□中专或高中　□初中或以下

第一部分：单位相关信息

1. 贵单位所在联盟的名称：_____

2. 贵单位的性质：□科研院所　□企业　□高校　□_____

3. 贵单位所属行业类别为：

□生物　□新材料　□节能环保　□装备制造　□电子信息　□新能源　□其他：_____

4. 贵单位人数：□50 人以下　□51～100 人　□101～500 人　□500 人以上

5. 贵单位在联盟中参与的合作内容有（可多选）：

☐技术创新或交流　☐新产品研发　☐原材料基地或供应渠道建设
☐生产经营　☐销售或售后服务　☐市场开拓　☐其他：_____

6. 贵单位所在产业技术创新战略联盟的类型：

☐技术攻关型　☐产业链整合型　☐技术标准合作型　☐市场开拓型
☐其他：_____

请根据您单位的实际情况，任意选定一家联盟合作伙伴进行评价，并在相应的表格内打勾"√"。右边刻度上的数字表示：1—绝对不同意；2—不同意；3—有点不同意；4—不能确定；5—有点同意；6—基本同意；7—完全同意

您的意见没有对错之分，只希望了解您的真实看法。

第二部分

您对下列有关贵单位建立产业技术创新战略联盟过程中的各种描述持何种态度，请在您认为最符合情况的数字上打"√"。

		绝对不同意←——→完全同意						
1	合作伙伴有一个比较优秀的管理者或管理团队	1	2	3	4	5	6	7
2	合作伙伴在财务上是安全的	1	2	3	4	5	6	7
3	合作伙伴能够吸引和留住有才能的员工	1	2	3	4	5	6	7
4	合作伙伴有一个良好的长期未来	1	2	3	4	5	6	7
5	合作伙伴具有创新精神	1	2	3	4	5	6	7
6	合作伙伴能合理地利用其资产	1	2	3	4	5	6	7
7	我们与合作伙伴的能力与资源在有些方面是互补的	1	2	3	4	5	6	7
8	缺乏对方的参与，合作项目将很难成功（或成本很高）	1	2	3	4	5	6	7
9	我们与合作伙伴的相互依赖程度是对称的	1	2	3	4	5	6	7
10	合作伙伴没有提出过分的要求	1	2	3	4	5	6	7
11	我们参与联盟的频率较高	1	2	3	4	5	6	7

续表

		绝对不同意←——→完全同意						
12	我们具有较长的联盟历史	1	2	3	4	5	6	7
13	我们以往联盟成功的比例较高	1	2	3	4	5	6	7
14	合作初期，我们与合作伙伴均采用正式控制手段	1	2	3	4	5	6	7
15	我们与合作伙伴之间越来越了解之后，开始采用非正式控制手段	1	2	3	4	5	6	7
16	正式控制手段（如正式的规章制度）和非正式控制手段是相互补充的	1	2	3	4	5	6	7
17	合作伙伴愿意与我们交换相关合作项目的信息	1	2	3	4	5	6	7
18	我们与合作伙伴投入了必要的时间，进行面对面的交流	1	2	3	4	5	6	7
19	我们与合作伙伴的信息交流是坦诚的	1	2	3	4	5	6	7
20	合作伙伴与我们企业交流的信息是及时的	1	2	3	4	5	6	7
21	合作伙伴与我们企业交流的信息是可靠的	1	2	3	4	5	6	7
22	我们与合作伙伴的管理者在处理问题的方式上有共同之处	1	2	3	4	5	6	7
23	我们与合作伙伴相互之间都尊重和理解对方的单位文化	1	2	3	4	5	6	7
24	我们与合作伙伴不会将对方的信息泄露给第三方	1	2	3	4	5	6	7
25	我们与合作伙伴对合作目标有一致的认识	1	2	3	4	5	6	7
26	我们与合作伙伴都了解对方的合作目的	1	2	3	4	5	6	7
27	合作伙伴为得到我们的支持，会隐瞒对我们不利的信息	1	2	3	4	5	6	7
28	合作伙伴允诺的一些事情后来实际上没有兑现	1	2	3	4	5	6	7
29	未经允许，合作伙伴可能会利用我们企业的信息	1	2	3	4	5	6	7
30	我们与合作伙伴都愿意维持这种合作关系	1	2	3	4	5	6	7
31	我们认为合作伙伴是一个重要的商业伙伴	1	2	3	4	5	6	7
32	我们企业的关键人员与合作伙伴的关键人员之间建立了个人友谊	1	2	3	4	5	6	7
33	合作伙伴能完成合作协议中所承担的任务	1	2	3	4	5	6	7
34	合作伙伴对他们约定的事情是诚恳和负责的	1	2	3	4	5	6	7
35	合作伙伴能公平公正地对待我们单位	1	2	3	4	5	6	7

续表

		绝对不同意←——→完全同意						
36	尽管我们不是一味地同意合作伙伴的决策，但我们相信他们行动的意愿是好的	1	2	3	4	5	6	7
37	联盟的利益分配与合作伙伴投入的资本基本匹配	1	2	3	4	5	6	7
38	联盟的利益分配与合作伙伴承担的风险基本匹配	1	2	3	4	5	6	7
39	联盟的利益分配与合作伙伴所作贡献基本匹配	1	2	3	4	5	6	7

第三部分

下面部分与产业技术创新战略联盟稳定性相关，请在您认为最符合情况的数字上打"√"。

		绝对不同意←——→完全同意						
1	我们与合作伙伴在联盟中的关系能带来很高的产出	1	2	3	4	5	6	7
2	我们与合作伙伴在联盟中的关系是有价值的	1	2	3	4	5	6	7
3	从联盟中获取的利润和收益是公平与平等的	1	2	3	4	5	6	7
4	与合作伙伴组成的联盟增加了我们的收益	1	2	3	4	5	6	7
5	联盟有助于我们获得市场份额或竞争优势	1	2	3	4	5	6	7
6	我们继续作为联盟成员将得到更多利益	1	2	3	4	5	6	7
7	我们希望与合作伙伴的关系能持续较长时间	1	2	3	4	5	6	7
8	我们参与联盟的决策是正确的	1	2	3	4	5	6	7
9	我们与合作伙伴的关系很好，希望联盟继续存在	1	2	3	4	5	6	7

第四部分

下面部分为了解联盟期间贵单位的绩效水平，请在您认为最符合情况的数字上打"√"。

		绝对不同意←——→完全同意						
1	我们学会了如何与合作伙伴共同研发和生产产品	1	2	3	4	5	6	7

		绝对不同意←——→完全同意						
2	我们学会了如何与合作伙伴进行技术和知识交流	1	2	3	4	5	6	7
3	我们从合作伙伴那里获得了新技术或竞争力	1	2	3	4	5	6	7
4	通过联盟，我们开发了新技术或新产品	1	2	3	4	5	6	7

第五部分

下面部分与贵单位的产业环境相关，请在您认为最符合情况的数字上打"√"。

		绝对不同意←——→完全同意						
1	市场需求变动很快，难以预测	1	2	3	4	5	6	7
2	产业内技术发展变化很快	1	2	3	4	5	6	7
3	产业竞争非常激烈	1	2	3	4	5	6	7
4	产业政策变化很快	1	2	3	4	5	6	7
5	产业技术不易改变	1	2	3	4	5	6	7

问卷到此结束，请检查有无漏填题项。非常感谢您的支持和参与！

附录 C　产业技术创新战略联盟
稳定性 SD 方程

仿真模拟过程中，通过设定初值或方程输入的方式设定各个影响因子的初始状态，具体如下：

（1）互动性 = INTEG（"增量 R3（t）"，5）

（2）任务分工 = 3

（3）信任 = 初始关系 + 合作经验 + 有效性 + 声誉

（4）信息反馈 =（0.1 + 沟通频率 × 内部制度）/（1 + 沟通频率 × 内部制度）

（5）共赢性 = INTEG（"增量 R4（t）"，5）

（6）关系风险 =（0.3 + 任务分工 × 机会主义）/（1 + 任务分工 × 机会主义）

（7）内部制度 = WITH LOOKUP（Time，（［（0，0）- （48，10）］，（0，0），（1，0.2），（3，0.23），（4，0.32），（8，0.43），（14，0.48），（20，0.53），（24，0.63），（30，0.69），（36，0.75），（38，0.85），（42，0.91），（48，0.97）））

（8）冲突 = WITH LOOKUP（信任，（［（0，0）- （10，1）］，（0，1），（4，0.7），（6，0.5），（8，0.3），（10，1）））

（9）初始关系 = 3

（10）利益分配合理度 = 3

（11）制度环境 = WITH LOOKUP（Time，（［（0，0）- （48，10）］，（0，0），（6，0.45），（12，0.73），（36，0.91），（48，0.98）））

（12）匹配性 = INTEG（增量 R1（t），5）

（13）合作意识 = WITH LOOKUP（知识重复度，（［（0，0）－（1，1）］，（0，0），（0.6，1），（1，0）））

（14）合作经验 = WITH LOOKUP（Time，（［（0，0）－（50，1）］，（0，0），（5，0.032），（8，0.065），（12，0.086），（15，0.127），（17，0.165），（20，0.245），（25，0.356），（30，0.435），（33，0.468），（34，0.491103），（38，0.613），（40，0.633），（45，0.702），（46，0.723），（50，0.814）））

（15）增量 R1（t）=（声誉－DELAY1（声誉，1））/DELAY1（声誉，1）×合作经验 +（合作意识－DELAY1（合作意识，1））/DELAY1（合作意识，1）×初始关系 +（信任－DELAY1（信任，1））/DELAY1（信任，1）+（知识重复度－DELAY1（知识重复度，1））/DELAY1（知识重复度，1）

（16）增量 R2（t）=沟通频率×内部制度 +（匹配性子系统－DELAY1（匹配性子系统，1））/DELAY1（匹配性子系统，1）+（沟通效果－DELAY1（沟通效果，1））/DELAY1（沟通效果，1）-（沟通障碍－DELAY1（沟通障碍，1））/DELAY1（沟通障碍，1）-（联盟规模－DELAY1（联盟规模，1））/DELAY1（联盟规模，1）

（17）"增量 R3（t）" =控制机制×相互依存度×资源投入×（承诺－DELAY1（承诺，1））/DELAY1（承诺，1）×任务分工×冲突×联盟范围 +（知识共享－DELAY1（知识共享，1））/DELAY1（知识共享，1）+（共赢性子系统－DELAY1（共赢性子系统，1））/DELAY1（共赢性子系统，1）-（DELAY1（机会主义，1）-机会主义）/DELAY1（机会主义，1）-（关系风险－DELAY1（关系风险，1））/DELAY1（关系风险，1）

（18）"增量 R4（t）" =互动性子系统×利益分配合理度×制度环境×（绩效差距－DELAY1（绩效差距，1））/DELAY1（绩效差距，1）

（19）声誉 = WITH LOOKUP（Time，（［（0，0）－（48，1）］，（0，0.236），（4，0.267），（8，0.312），（12，0.331），（14，0.301），（18，0.297），（22，0.324），（26，0.352），（30，0.313），（34，0.342），（38，0.353），（42，0.302），（44，0.298），（48，0.297）））

（20）实际绩效 =0.7×潜在绩效

（21）承诺 = 3

（22）控制 = WITH LOOKUP（Time,（[（0, 0）－（50, 1）],（0, 0）,（2, 0.213）,（4, 0.39）,（8, 0.56）,（12, 0.73）,（16, 0.86）,（22, 0.96）,（26, 0.963）,（32, 0.981）,（36, 0.985）,（38, 0.991）,（46, 0.993）,（48, 0.996）,（50, 0.997）））

（23）机会主义 = 承诺 × 资源投入

（24）沟通效果 = 沟通能力 × SMOOTH（信息反馈, 1）

（25）沟通能力 = WITH LOOKUP（老手比例,（[（0, 0）－（1, 1）],（0, 0.3）,（0.5, 0.7）,（1, 0.8）））

（26）沟通障碍 = WITH LOOKUP（沟通频率,（[（0, 0）－（1, 1）],（0, 1）,（1, 0.8）））

（27）沟通频率 = WITH LOOKUP（联盟规模,（[（0, 0）－（20, 1）],（1, 1）,（2, 0.9）,（5, 0.7）,（10, 0.5）,（15, 0.3）,（20, 0.1）））

（28）潜在绩效 = INTEG（1, IF THEN ELSE（Time = 0, 1, 1.5 × Time））

（29）相互依存度 = WITH LOOKUP（Time,（[（0, 0）－（50, 1）],（0, 0.2）,（50, 1）））

（30）知识重复度 = 老手比例 × 沟通效果

（31）绩效差距 = 联盟战略目标 - 实际绩效

（32）老手比例 = 0.6 [0, 1]

（33）联盟战略目标 = 100

（34）联盟稳定性总水平 = 0.8 ×（匹配性子系统^0.15）×（有效性子系统^0.40）×（互动性子系统^0.33）×（共赢性子系统^0.12）

（35）联盟范围 = 3

（36）联盟规模 = 20 [3, 20]

（37）资源投入 = 0.7 × 联盟稳定性总水平

（38）有效性 = INTEG（增量 R2（t）, 5）

（39）知识共享 = 知识重复度 × 0.7

附录 D　云南省产业技术创新战略联盟的典型案例

一　外场强化过程与装备产业技术创新战略联盟

外场强化过程与装备产业技术创新战略联盟成立于 2012 年 8 月，是云南省首批试点联盟之一，是国内首家开展外场条件下的新工艺和新技术研究、装备的研制以及新技术的工程化、技术集成、工程应用的联盟。联盟现有成员 17 个，其中企业 12 家，大学 2 所，科研院所 2 家，工程技术研究中心 1 家。理事长由云南省冶金工程领域的知名专家彭金辉教授担任。联盟目标明确：立足于以企业为主体、市场为导向，建立产学研用结合的技术创新资源共享平台和技术转移机制，研发外场强化过程的新工艺和新技术，全面提升外场条件下冶金过程强化与装备产业技术的创新能力。联盟任务具体合理：总任务是引导产业发展、推动技术创新，实现重大技术突破，形成核心技术、产品和标准，支撑引领行业发展。具体任务为：①建立联盟产业技术创新中心，实施技术合作，联手发展和突破核心技术；②建立和完善外场强化冶金工程与装备技术产业创新的公共技术平台，开放和传播新型产业过程技术；③依靠联盟现有科研院所和科研机构，提供技术教育及培训；④建立联盟风险和危机预警机制，形成科研机构科技创新—生产企业技术升级—商业机构国内外市场预测联动机制，应对行业灾难与危机；⑤建立联盟内部协调与信任机制；⑥签订联盟协议书，对权利和义务进行分配，建立联盟成果分享和风险共担机制。经过 3 年的运行，外场强化过程与装备产业技术创新战略联盟在关键技术突破、新产品开发、知识产权、技术成果转化等方面取得了显著的成效。

（一）突破一批关键技术

（1）新型微波专用陶瓷材料制备的关键技术及增韧原理

微波特殊的能量传递方式需要专用承载体（即冶金物料的容器）具有介电损耗小、抗热震性好和力学性能优良等特性。该发明选用介电损耗小的氧化铝（Al_2O_3）和二氧化硅（SiO_2）工业陶瓷原料为基体，采用合理的粒度和成分组成，配入添加剂来提高成型强度，采用特殊烧结工艺制作出了价格低廉、力学和热学性能优良、抗热震性好、热膨胀率低的微波专用陶瓷材料。该技术成果解决了微波冶金高温反应器研制的瓶颈问题，在高温条件下，本专用承载体在微波生产线上的连续使用寿命达到了 29 个月。此外，为了进一步提高微波专用承载体材料的耐高温、耐热抗震性和热冲击能力，通过在陶瓷烧结过程中原位生成棒状的晶须材料，利用这些原位生成的增强体的拔出和裂纹的桥连、偏转等特性，采用原位合成莫来石晶须增韧的方式对发明的微波专用陶瓷材料进行了韧化处理，从而提高了材料的耐高温、耐热抗震性和热冲击能力。经优化响应曲面三维模型工艺，原位合成莫来石晶须增韧刚玉－莫来石微波专用陶瓷材料综合性能为：吸水率 25.75%、显气孔率 35.24%、体积密度 2.0360、耐高温可达1600℃、抗弯强度 60.90MPa、断裂韧性 9.15MPa.m－1/2、抗热震性＞20次、介电常数 6.5、介电损耗＜3%，各项性能均满足微波冶金专用承载体材料的指标要求。

（2）新型微波反应器大型化的关键技术

针对微波冶金反应器难以大型化的现状，提出了多微波源组合的分布耦合技术，建立了多馈口耦合的多维数学模型（馈口位置、方向、互耦、被处理材料特性、腔体形状和大小等），并利用智能算法优化了这些因素对微波场分布和温度场分布的影响，得到了微波冶金反应器的放大规律，实现了大功率微波输入，解决了大尺度微波冶金反应器设计的技术难题。该技术成果有效地减少了反应器常规设计方法出现的微波源的强互耦，即微波相互消耗却不作用于冶金物料。与微波谐振腔常规的设计计算方法不同，该技术关联了馈口位置、方向、腔体大小等对反射系数和互耦合系数的影响，进行了微波场与温度场的耦合，得到了能量利用率高、微波源寿命长、温度分布均匀的大型化谐振腔；针对不同的应用对象，利用智能算法进行优化设计，得到了微波冶金反应器的放大规律和设计原则。同时，通过强导热方式有效地保证了磁控管在高温条件下的连续工作，延长了使用寿命；利用 1/4 波长传输线的阻抗变换理论，采用抗流式屏蔽结构，并组合强吸波材料，形成二次阻断效应，显著降低了微波的泄漏。所研制的微波冶金高温反应器实现了四大跨越，美国工程院院士米勒（Jan D. Miller）也对该研究成果给予了高度评价，认为微波冶金反应器及其应用技术是"冶金工业的一大突破"。

（3）微波动力学设备开发

物质在加热过程中常伴随着质量变化，而这种变化过程有助于研究物质的化学现象和化学反应特性，从而获得反应动力学参数，揭示反应机理。微波作为一种新的加热方法，众多研究都已证明了其对化学反应具有催化作用。然而，由于缺乏专用的微波动力学设备，对微波作用下的化学反应机理尚不清楚，无法从理论上指导生产实践，故联盟针对该问题，集联盟成员之优势的技术设计、开发、加工研制了国内第一台微波动力学设备，填补了微波冶金动力学研究的空白。

（4）气体介质微波烟梗膨化装置及关键技术

云南省作为烟草大省，烟草业约占省地区生产总值的 50%。据 2014 年的数据显示，红塔集团以 963 亿元的营业收入蝉联云南省企业百强榜之首，红云红河紧随其后。然而烟梗作为烟叶筛选后的残余物，由于硬度大、燃烧困难，常被作为废弃物堆存或焚烧，不但造成资源浪费，而且燃烧后还带来废气污染。联盟经过近 2 年的技术公关，利用微波快速加热的特点开发了气体介质下微波烟梗膨化的专用装置和关键技术，在有效利用烟草二次资源的基础上，生产出高附加值、高烟油吸收率的烟叶添加产品，降低能耗达到 35% ~40%。

（5）高露点烟气的微波防结露技术开发

针对强化熔炼，如艾萨法、闪速熔炼法等在工业实践中存在的细粒精矿剧烈的炉内扰动所造成的烟尘温度高、含尘浓度高、水份含量高、露点温度高、粉尘粒度细等的特点，高露点烟气的高效处理成为强化熔炼技术发展和建设节能环保型工业亟须解决的共性难题。联盟利用微波对高介电损耗材料的高效能量转化特点，将微波能有效转化为热能并输出，在联盟单位云南铜业集团股份有限公司开发了高效、低耗、清洁、结构紧凑的微波防结露关键技术，创建了微波功率 > 280KW，输出热风温度 > 250℃，单系统热风流量 > 800m3/h 的全套微波系统和热风循环系统。与常规工艺相比，加热时间缩短 60%，除尘效率由 95.6% 提升到 98.5%，出口含尘浓度从 0.4593mg/Nm3 降低到 0.154mg/Nm3。

（二）推广应用一批技术成果

（1）新型外场强化实验装备转让

2014 年，联盟将新型外场强化实验装备和技术转让推广到加拿大阿尔伯塔大学、美国明尼苏达大学、中国地质科学院矿产综合利用研究所、武汉理工大学、大连理工大学、北京科技大学等国内外多家单位，扩大了外场强化技术的应用领域，提升了联盟在该领域的影响力。

（2）铅锌冶炼含氯废渣微波脱氯的新技术研发

目前，我国铅锌冶炼行业每年产生含氯废渣数百万吨，氯含量高易对后续的浸出和锌电积造成不利影响，尤其会降低锌片质量、加快阴阳极损耗、加大锌片剥离难度，但现有的多膛炉、回转窑和碱洗等处理工艺却会带来大量废气、废水排放和高能耗等问题。微波可选择性加热氯化铜（$CuCl_2$）和氯化锌（$ZnCl_2$）等含氯物相，而其他物料如氧化锌、氧化铅等的吸波性相对较弱，结合水分子的热解活化作用，在不添加其他辅料和较低的反应温度条件下，强化杂质组元 - 氯化物的氧化反应，进而释放出氯化氢（HCl），对其进行回收，返回冶炼流程实现循环利用。如果由此建立了产业化示范线，则能为我国和世界铅锌冶炼含氯废渣的清洁、高效利用提供有力保障。经微波焙烧后，锌浮渣中氯（Cl）的脱除率可达到96%以上，此新技术目前已经在云南蒙自矿业有限公司和云南弛宏锌锗股份有限公司内开始建立产业化示范线。

（3）长距离、高负荷、大流量微波低温清洁干燥的关键技术研究

钛是重要的战略物资，是运载火箭、导弹、卫星、战机、核潜艇等的支撑材料。攀枝花蕴藏着极为丰富的钒钛磁铁矿资源，钒钛磁铁矿通常需要进行选矿富集处理，其中尾矿经过选矿后得到钛精矿。由于经选矿处理

的钛精矿含有约10%的水分，如果不事先进行脱水预处理，则会造成后续工序中的能量利用率低、经济成本高、废气排放量大等问题，给后续工艺带来非常大的压力，因此，为节省成本、减少废弃物排放，就必须进行脱水处理。然而，回转窑干燥热风与钛精矿的接触面积小、热利用率较低、能源浪费较严重；另外，在回转窑干燥过程中，由于物料翻动和干燥热风的鼓入致使回转窑干燥产生出大量粉尘，因此必须进行收尘处理。但因为干燥过程中产生的大量水汽容易在目前所使用的回转窑布袋收尘系统管道和收尘器内凝结、糊袋，造成阻塞，所以必须定期更换收尘布袋，这导致干燥成本大大增加。据统计，滤布材料作为布袋除尘器的关键器件，其费用占布袋除尘器总费用的1/3左右。联盟集各单位之优势开发了大流量、长距离、高负荷低温清洁微波干燥的关键技术，解决了浮选钛精矿常规干燥存在的核心问题，该技术目前已经在攀枝花矿业有限公司建立了年处理10万吨的产业化生产线。

（4）气体介质微波烟梗膨化装置及关键技术

目前，气体介质微波烟梗膨化装置和技术已经在云南昆船瑞升烟草加工新技术有限公司、中烟许昌公司、辽宁开原北方科技再生资源公司、云南昆船瑞升科技有限公司等得到推广应用，经济效益、社会效益和环境效益显著。

（5）茶叶微波杀青技术

微波杀青是继传统名优绿茶杀青工艺之后的伟大创新，集微波、红外线、热风为一体，将制茶理论和专家经验技术紧密结合，实现了我国绿茶杀青工艺的第二次跨越。采用新工艺后，茶叶杀青成本下降到2~3元，能耗和人工成本分别节约25%和50%。微波茶叶杀青生产线工艺合理，符合清洁化生产需求；温度、送料、速度等影响茶叶品质的因素可控可调，便于生产不同风味的茶叶；操作简便、安全。该技术目前已经在湖北某茶业有限公司等得到推广应用。

（6）锰还原微波高温辊道窑装备及关键技术研发

锰是变价元素，在一定条件下可以造成不同价态的离子共存于同一晶体中，生成多样性的产物，而仅依靠温度的控制和延长保温时间很难达到产品的一致性。鉴于锰行业不但能耗极大，而且一直无法获得高纯产品，所以，降低能耗并提高产品纯度就成了研究的重点。联盟单位长沙隆泰微波热工有限公司通过多年潜心研究，突破了锰还原过程中能耗高、产品纯度低的技术瓶颈，制造出长达 46 米、运行温度 1300 度的核心装备——微波辊道窑。物料整体加热 20 分钟到 1473K，是传统升温速度的 10 倍，反应物松散、易于球磨、副产物少。与常规方法相比，节省能耗 25% 以上，产品的锰含量提高 2.5 个百分点。

（三）构建一系列研发平台

获批建设了干勇院士工作站和契霍特金（俄罗斯）院士工作站 2 个，复杂有色金属资源清洁利用国家重点实验室 1 个，微波能工程应用及装备技术国家地方联合工程实验室 1 个，超硬材料先进制备技术国际联合研究中心国家国际合作基地 1 个，云南省微波能应用及装备技术工程实验室、湖北省等离子体化学与新材料重点实验室、云南省选冶新技术重点实验室、云南省特种冶金重点实验室等省级重点实验室 4 个，中 - 俄超硬材料先进制备技术联合实验室、昆明理工大学 - 莫道克大学微波湿法冶金联合实验室等 4 个；1 人被遴选为 863 主题专家、2 人被遴选为云南省中青年学术和技术带头人后备人才，吸收和引进人员 7 人，其中博士 5 人，1 人晋升为教授，2 人晋升为副教授，博士研究生 8 人、硕士研究生 24 人。发表学术论文 80 余篇，其中 SCI/EI 检索 55 篇，申请国家专利 45 项，授权 22 项，其中发明专利 9 项。制定技术标准 1 项。

外场强化过程与装备产业技术创新战略联盟初步形成了以科技领军人才为旗帜带头人，以市场为导向、产学研用相结合的区域性协同创新战略联盟。

二 云南省花卉产业技术创新战略联盟

花卉作为云南高原特色重点产业之一，对促进农业增效、农民增收的经济社会发展作用显著，已成为云南名片。云花产业经过 20 多年的发展，综合产值已超过 340 亿元，云南省注册的花卉企业约 1900 家，从业人员 80 多万。尽管如此，由于花卉是一个技术密集型产业，专业化程度较高，品种、技术、标准仍然是云花发展的瓶颈问题，表现为优质花卉产品稳定供货能力弱、产业链短、产品附加值低，单位面积产值不到世界平均水平的一半。面临这样的窘况，只有依靠技术创新来驱动产业的转型升级，但现实困难是大型企业较少，多数为中小微企业，加之企业之间差异优化经营明显、信息共享不畅，企业自主研发面临缺资金、缺技术和缺人才的问题，而研发机构积累了一系列品种、技术、人才和科研平台却无用武之地。在这样的背景下，2012 年 12 月，由云南省农业科学院花卉研究所牵头，联合 17 家企业和科研单位组建了云南省花卉产业技术创新战略联盟，其中企业 12 家，大学 1 所，科研院所 4 家。经过 2 年的试点，在多方面取得实效，形成一些特点。

（一）联盟目标清晰，任务切实可行

联盟目标围绕云南花卉产业需求，整合云南省花卉科技和产业资源，以云南省最具竞争优势的鲜切花、特色花卉为主要对象，研发了一批自主知识产权的花卉品种，利用资源优势培育出一批新型花卉种类，制定了一批"绿色"花卉标准。

联盟任务有以下 3 方面：①探索建立以企业为主体、以市场为导向、产学研结合的产业技术新机制；继承和共享技术创新资源，突破云南省花卉产业发展战略及共性、关键技术的瓶颈，搭建联合攻关的研发平台；开展技术辐射，创建云南省花卉产业重大技术及产品创新的产业集群主体，使联盟成为云南花卉技术创新体系的重要组成部分。②整合资源，建立产学研技术创新机制，构筑产业技术创新平台。统一协调和充分利用优势科技资源，建立在产业技术创新价值链基础上的契约式协作机制；互惠互利、优势互补，建立技术转移和回馈机制。③瞄准前沿，统筹关键技术联合研发，规划与分工协作，突破产业共性技术。

联盟为解决行业发展中遇到的技术和产业化问题，共同开展了云南省花卉产业发展战略研究。通过产业调研、召开交流会、专家咨询等多种方式，于 2013 年启动了云南花卉产业技术路线图的研制项目并完成了草案的编制，2014 年开展了相关意见征求并进一步修改完善，形成了联盟产业技术路线图的征求意见稿。

（二）健全联盟管理体制和运行机制

针对花卉种类多、互补性差、资源整合与配置难的问题，联盟采用了技术链拉通产业链的方式，即以技术链全程整合品种、繁育、种植、采后、精深加工、销售等环节，合理配置科技资源。不断探索并进一步健全共享机制、利益分配机制、沟通协调机制和开放性机制。尝试以各种形式召开理事会、专家论证会、产业发展研讨会、会员沙龙等，为产业发展提出了很多真知灼见及对策建议。

联盟在常规工作的基础上，进一步探索联盟内产学研的结合方式，以形成更为紧密、利益共享、风险共担的合作关系。2009年，联盟尝试以云南锦苑花卉产业股份有限公司与云南省农业科学院花卉所共同出资组建的云南锦科花卉工程研究中心有限公司为申报主体，完成了"花卉新品种开发与生产国家地方联合工程研究中心"的申报，并由国家发改委批准建设。中心建成后将成为我国野生花卉资源发掘和中国传统花卉自主知识产权品种研发中心，我国花卉配套工程技术、新型环保型栽培基质创新平台，我国花卉产业科技成果孵化、组装集成、技术产品验证和科技成果展示的示范基地，国家花卉质量行业标准参考中心，花卉工程技术国际交流的窗口和信息平台。

（三）取得一批有代表性的成果

联盟成立以来，在牵头单位积极组织推动下，联盟取得了一系列有代表性的成果，包括云南省科技进步一等奖2项，二等奖1项，中国标准创新贡献奖三等奖1项，云南省标准技术创新奖1项，成效十分显著。

一是主要鲜切花种质创新与新品种培育成果获2012年云南省科技进步一等奖。该项成果针对产业缺乏自主知识产权的新品种，大部分切花品种依靠进口，成本居高不下的瓶颈问题，以月季、百合、香石竹、非洲菊及菊花五大类优势鲜切花为重点，历时6年，在3方面取得了重大突破：①建成国内5类花卉种质资源的大规模保存中心，补充收集了675个栽培品种及野生种（变种或变型），保存份数现已超过5万份。开展了遗传多样性等系统分析与评价，国际上首次报道了"云南特有野生蔷薇种'中甸刺玫'十倍体"等多项创新成果。②在 5 种花卉的常规及生物技术育种技术方面取得了重大进展，构建起配套性及系统性强的育种技术体系。"百合分段式胚培养结合后代 ISSR 标记早期鉴定技术使新品种选育周期从传统的 11 年缩短至 5 年""香石竹高育性亲本创制使杂交效率平均提高了 25 倍"等创新技术显著提升了育种效率，缩短了新品种的培育周期。③将常规育种与生物技术相结合，创制出一批优异新种质，培育了一批优良新品种。共完成 3913 个组合的配组杂交，累计采收杂交种子 111.7 万粒，培育杂交种子苗 45.45 万苗，创制出"四倍体大花型"非洲菊，"无侧芽"菊花及其它特异花型或花香、抗病、耐寒等类型的 1112 个优异种质（含中间材料）。共获得国家技术发明专利授权 3 项，公示 9 项；育成优良新品种 86 个（获国外授权 3 个、国家授权 14 个、省注册 17 个），新品种授权和申报数量均占全国同类鲜切花的 44%，其中"秋日"（Autumn Day）非洲菊、"云红 2 号"（YUN HONG 2 HAO）香石竹等品种分别在欧盟和日本获成功授权，发表论文 47 篇。

二是主要球根花卉种质创新与产业化关键技术集成示范成果获 2014 年云南省科技进步一等奖。该项成果针对品种、种源和设备对国外过度依赖，严重制约云南省花卉产业整体效益及国际竞争力提升的瓶颈问题，在 5 个国家科技支撑课题的支持下，以百合、马蹄莲等主要球根花卉为对象，围绕资源收集与评价、育种关键技术研究与种质创新、种球繁育和切花生产技术研究，以及采后处理设备研制，取得了一系列重要的创新成果。获国家专利授权 16 项，其中技术发明专利 10 项；育成新品种 34 个，获授权 29 个；制定国家标准 2 项，行业和地方标准各 1 项；发表论文 61 篇，其中 SCI 收录 5 篇，EI 收录 1 篇。经国际联机检索及专家鉴定认为：该成果创新性、系统性、实用性与辐射性强，总体达到国内领先水平，部分达到国际先进水平。成果的 4 个主要创新点分别为：①建成球根花卉种质资源保存中心，开展资源综合评价。国际首次报道了"以 ISSR 分子标记技术分析不同组系百合品种与其杂种系间的遗传关系"。②共完成 1870 个杂交配组，育成新品种 34 个，其中"龙珠"等 4 个品种为我国首批申报的东方百合与喇叭百合杂种系间杂交新品种。创制出无花粉百合等优异种质 749 份，打破了我国百合品种一直由国外垄断的产业格局。③研发了百合杂交种子混合基质包埋变温处理技术及彩色马蹄莲种子综合处理技术，提高了种子的萌发率。克服了百合远缘杂交的障碍，在国内首次获得了 1 个红色铁炮百合与亚洲百合杂种系间杂交新种质。通过百合离体诱变抗病株系的筛选研究，获得了 2 个抗尖孢镰刀菌种质。以上 4 项创新研究为国际首次报道。④建立了种球繁育和切花生产技术体系。完成了 2 项国家标准、1 项行业标准与 1 项地方标准的制定，标准实施后的种球质量总体达到进口标准，使百合种球的国产率从 5% 提升到 40%。⑤研制的种球分级机等5 类种球采后处理配套的设备达到了国际同等产品的水平，使成本大幅下降，解决了种球采后处理设备全部依靠进口的问题。成果将长期为云南及全国球根花卉产业的自主创新与可持续发展发挥重要作用。

（四）取得国家级创新平台建设的突破

自 2011 年起，联盟牵头单位云南省农业科学院花卉所就联合农科院本院内的 9 个相关研究所、中国科学院昆明植物所、云南锦苑花卉产业股份有限公司、云南英茂花卉产业有限公司、云南云科花卉有限公司等多家单位，经多次协商与讨论，在主管部门云南省科技厅的大力支持与直接领导下，进一步强化了顶层设计与产学研紧密合作，以各单位的重大研发成果为支撑，开始了国家观赏园艺工程技术研究中心（以下简称"中心"）的申报，该项目进入 2012 年云南省与科技部的省部会商项目。2012 年 11 月15 日在昆明通过了科技部农村科技司会同发展计划司组织的同行专家可行性论证，2013 年 1 月 17 日在北京完成了科技部发展计划司会同国家科技基础条件平台中心组织的综合评审，2013 年 4 月 2 日获得科技部立项批复（国科发计〔2013〕405 号文）。目前，该中心不仅是云南省第一个涉农公益类国家工程技术研究中心，而且是西南地区唯一的涉农公益类国家级工程技术研究中心。中心的建设对提高我国的观赏园艺产业，尤其是云南省高原特色农业的技术水平、提高核心竞争力、推动产业升级与行业进步具有极其重要的意义。经过 2013～2015 年 3 年的建设，国家观赏园艺工程技术研究中心将成为拥有国内一流的工程技术研究开发、设计和试验的专业人才队伍，具有较完备的工程技术综合配套试验条件，能够提供多种综合性服务，与相关企业紧密联系，同时具有自我良性循环发展机制的科技创新与产业化研发平台，成为国家科技发展计划的重要组成部分以及国家级行业关键性技术研究开发的重要基地，可以更好地服务于联盟。

（五）重大项目联合申报工作见实效

从 2010 年起，在云南省科技厅的重视、协调与组织下，以联盟单位云南省农业科学院花卉研究所与中国科学院昆明植物研究所为技术支撑，联盟单位云南锦苑花卉产业股份有限公司与云南远益园林工程有限公司为主持单位的国家科技支撑计划项目就开始了组织申报。项目"云南特色花卉高效生产技术集成创新与示范"（2015BAD10B00）设置了云南优势鲜切花高效低碳生产关键技术集成与示范（2015BAD10B01）、云南主要特色木本花卉高效生产技术集成创新与示范（2015BAD10B02）与高山特色花卉高效生产技术集成（2015BAD10B03）共三个课题，经过入库、评审、组装、项目可行性论证与概算咨询评议、课题综合评审与与概算咨询评议等一系列流程，现已完成项目的组装以及项目和课题的可行性论证、项目概算论证，报送了项目及课题的可行性论证报告以及经费概算书，并已于 2014 年 10 月 30 日通过了科技部在北京组织的项目及课题的可行性论证。

三　云南省肉牛产业技术创新战略联盟

云南肉牛产业技术创新战略联盟成立于 2012 年 8 月，由云南省草地动物科学研究院、云南省畜牧兽医科学研究院、云南农业大学以及省内肉牛产业的重要骨干企业共同组建，现有联盟成员 29 家，其中企业成员 25 家、大学 1 所、科研院所 2 家。联盟的目标是围绕云南和全国肉牛产业存在的重大关键技术问题展开技术攻关，同时进行技术示范，通过完善联盟合作攻关机制，承担国家级重大牛产业课题，加速创新成果产业化，推动云南省肉牛产业不断发展。联盟的任务主要集中在肉牛品种改良、高效养殖、疫病防治、牛肉深加工、副产物综合利用、信息技术等方面，以科研单位为技术平台，以企业为技术示范基地，充分利用联盟沟通协调功能，拉通研发与市场两个环节，促进科技成果高效转化。具体任务为：①培育具有突破性的肉牛新品种 1 个，开发高效养殖技术 3~5 项，在联盟企业成员中形成 20000 头应用规模；②创建云南肉牛信息技术标准，在联盟企业成员中全面推广应用；③在牛肉深加工领域获得专利和新产品 3～5 个，在联盟企业成员中建设新产品生产线 2～3 条；④在副产物综合利用方面获得专利和新产品 3 个，建设生产线 3 条。

联盟以加快云南省草地动物科学研究院的肉牛新品种（BMY 牛）选育为主，利用联盟平台，在原有基础上扩大和新建了 5 个 BMY 牛的扩繁群，云南省科技厅重大专项的支持使 BMY 牛的选育成效显著，群体快速扩大。"BMY"牛已被命名为"云岭牛"，并于 2014 年 10 月 27 日通过了国家的畜禽遗传资源委员会的审定，公示期 2014 年 11 月 21 日后即可获得新品种证书。"云岭牛"是南方第一个专门化肉牛新品种，第一个适应热带、亚热带的肉牛新品种，由云南省草地动物科学研究院领导肉牛联盟的部分成员共同完成，拥有完全的自主知识产权。该项成果将从根本上提高云南省肉牛良种化水平、创建云南高原特色肉牛种业。联盟以核心成果肉牛新品种"云岭牛"为纽带，开展了一系列配套技术的研究开发及产业化示范项目，有效带动了整个产业的发展。

（一）积极争取多部门支持，产业发展见成效

肉牛产业技术涉及科技、农业、地方政府等多个部门，各部门间的有效协作将会大大提升产业发展的速度。联盟理事长单位云南省草地动物科学研究院将联盟成员单位有效地组织联合起来，争取到了一系列政府项目。2012 年，云南省科技厅支持了 5 项热带、亚热带肉牛新品种（BMY）产业化的示范项目，项目内容包括：构建 BMY 牛繁育技术及繁育体系、BMY 牛扩繁与饲养技术的集成与示范、BMY 牛扩繁及杂交的利用与示范、BMY 牛胚胎移植技术的应用与示范等。德宏州政府支持项目热带、亚热带肉牛新品种（BMY）产业化示范——德宏州肉牛产业化发展关键技术与研究示范。云南省农业厅支持中央基础母牛扩群项目 10 项，婆罗门牛和 BMY 牛良种防疫项目 1 项，婆罗门牛和 BMY 牛良种繁育项目 1 项，BMY 牛冻精示范推广项目 1 项，中央南方现代草地畜牧业发展项目 3 项。寻甸县支持绿色肉牛生产集成技术研究与产业化开发示范项目 1 项。曲靖市支持市级各类项目 5 项等。

附表 C-1　联盟取得的核心技术成果

序号	名称	完成时间（年月）	完成单位
1	肉牛新品种云岭牛通过国家审定	2014.10	云南省草地动物科学研究院、云南马龙双友牧业有限公司、云南省家畜改良站、禄丰彩云印象现代农业开发有限公司、彩云琵琶食品有限公司、大姚齐和牧业有限公司、云南爱伲农牧集团有限公司等
2	构建云岭牛的育种技术体系	2014.10	云南省草地动物科学研究院、云南马龙双友牧业有限公司、禄丰彩云印象现代农业开发有限公司、彩云琵琶食品有限公司、大姚齐和牧业有限公司、云南爱伲农牧集团有限公司
3	香蕉茎叶饲料化利用	2014.3	云南省草地动物科学研究院红河炆远牧业有限公司
4	大额牛杂交利用研究与产业化示范	2013.3	云南省草地动物科学研究院云南海潮集团天牧肉牛产业有限公司
5	利用中甸牦牛、犏牛生产高档雪花牛肉的技术	2014.5	云南省草地动物科学研究院
6	利用云南黄牛生产高档雪花牛肉的产业化技术集成	2013.12	云南省草地动物科学研究院红河炆远牧业有限公司广南谷多奶水牛有限公司

附表 C-2　联盟组织的技术转移及成果转化清单

序号	名称	转移时间（年月）	转移方式
1	灵活分栏牛舍	2013.2	专利许可
2	分牛栏设计	2013.2	专利许可
3	青贮窖设计	2013.3	技术转让
4	牛头保定架	2013.4	专利许可
5	香蕉茎叶饲料化技术	2013.12	技术转让
6	木薯渣饲喂肉牛技术	2012.12	技术转让
7	小黄牛生产高档雪花牛肉技术	2013.12	专利许可
8	母牛 20~24 月龄产犊技术	2013.5	技术转让
9	犊牛提前断乳技术	2014.4	技术转让
10	一种云南黄牛生产雪花牛肉育肥技术	2013.12	技术转让

续表

序号	名称	转移时间（年月）	转移方式
11	一种用于生产雪花牛肉的预混料及其制备方法	2012.12	技术转让
12	一种雪花牛肉的育肥方法及精料补充料	2012.12	技术转让
13	一种香蕉茎叶贮存调制方法	2013.12	技术转让
14	BMY牛生产雪花牛肉育肥技术方法	2012.12	技术转让
15	一种移动式牛称称重器及应用	2012.12	专利许可
16	一种缩短埋栓时间的同期发情技术方法	2014.4	技术转让
17	一种牦牛的服药方法	2013.5	技术转让
18	一种灵活分栏牛舍的建造方法及应用	2013.2	技术转让
19	分栏牛舍	2013.3	专利许可
20	一种全株甘蔗和大麦青贮技术及应用	2014.5	技术转让
21	云岭牛产业化开发	2014.11	协同发展

（二）充分利用联盟平台沟通产业信息，技术培训促进产业发展提质增效

联盟联合国家肉牛牦牛产业技术体系岗位专家团队和综合试验站团队举办了南方雪花肉牛精细分割暨烹饪技术培训会，现场讲解示范了肉牛精细分割的方法和步骤，并开展了我国雪花牛肉生产工艺水平分析、肉牛胴体分割的现状与发展趋势、我国肉牛副产品的利用及技术研究、牛血喷雾干燥血浆蛋白粉及血球蛋白粉产品的开发技术、浓缩牦牛骨汤料工艺技术的研究及应用、肉牛解剖及分割部位、牛中低值部位肉增值途径探析等学术讲座，而后由中国烹饪协会的两位著名厨师讲授了中餐牛肉的应用与菜品研发，西餐牛肉的选料及烹饪方法，还进行了现场演示。培训使联盟企业认识到了服务于高端餐饮业的雪花牛肉精细分割可以给养殖企业带来可观的利润空间，也理解了采用高效养殖技术生产安全优质牛肉的必要性。

联盟举办的牛肉深加工座谈会主要内容包括云南肉牛产业优势、云南牛肉产品市场取向、加工增值设计原则；牛肉精深加工的增值作用、发酵牛肉及其种类、发酵牛肉的发展、发酵牦牛肉的发展意义、市场地位等。联盟成员通过座谈讨论得出，云南肉牛增值准确定位的先决条件和模式创新将是云南牛产业的新增长点、科学加工是增值提效的重要手段、品牌建

设是持续发展的根本保障等共识。

联盟还精心组织了南方肉牛养殖技术培训会,邀请到国家肉牛、牦牛产业体系岗位的专家团队分别就南方肉牛品种及其饲养、牛疫病防治技术、高档牛肉的生产与产业链建设、粗饲料生产及加工利用、肉牛分割与加工增值技术、南方肉牛发展中的肉牛品种选择与培育、牧草栽培技术等方面进行了针对南方肉牛发展的专题讲座。联盟组织的云南小黄牛高档牛肉生产技术研讨会对利用香蕉茎叶育肥当地小黄牛生产高档牛肉的技术进行了推广,中央电视台 CCTV - 7 科技苑节目组对整个会议过程进行了全程报道。联盟已注册成立门户网站(www. yncu. net)。

联盟内部多次举办技术经验交流会,组织联盟成员到重庆恒都农业集团、陕西秦宝牧业股份有限公司、海南海荷牛业发展有限公司等省外大型肉牛养殖加工企业进行考察。联盟理事长单位云南省草地动物科学研究院向联盟成员开放了多项技术成果:向富滇农业开发有限公司三江并流肉牛养殖场共享了 TMR 全混日粮配方,向洱源益新硕庆肉牛养殖公司开放了玉米青贮制作技术、青贮窖设计和牛舍设计模式,向新入盟企业云南如意橡胶集团镇康康源农业科技有限公司共享了放牧牛管理技术、焦虫病防治技术和放牧牛体内外寄生虫防治技术。

四　云南省石斛产业技术创新战略联盟

目前,云南省已经把石斛作为生物资源创新发展的重要产业之一,并列入中药现代化产业,显示出省委、省政府把石斛产业做大做强的决心和信心。但是,石斛产业作为一种新兴涉农涉工产业,因其发展时间较短,高层次研究人员匮乏,技术相对薄弱且分散,配置不合理,企业间技术力量和创新能力存在较大差距,组培领域的新品种选育、种植领域的病虫害防治、加工领域的深加工技术和新产品开发、价格定位等均不同程度地存在一系列科技瓶颈问题,缺乏强有力的科技支撑,因此,企业亟须从单纯的技术自给转变为技术相互合作与技术相互依赖,利用合作共赢的梯级产品开发和市场渠道促使石斛产业企业积极寻求战略上的联盟,以应对竞争日益激烈的保健品和药品市场,达到优化产业结构、提高行业竞争力、强化知识产权保护、有效聚集创新要素、整合行业资源的目的。由此，组建全省性的"石斛产业技术创新战略联盟"势在必行。2011年8月，在云南省科技厅的大力支持和指导下，"云南省石斛产业技术创新战略联盟"正式成立。

（一）联盟目标清晰，任务切实可行

联盟以国家和云南省产业政策为导向，以"引导石斛产业发展、推动产业技术创新"为宗旨，通过资源整合、产学研合作、技术创新，实现云南省石斛产业链的配套建设，促进石斛产业的发展，全面提升云南省石斛产业的整体技术水平和科技贡献率，最终推进国家石斛产业发展。

联盟组织企业、大学和科研机构等围绕云南石斛产业技术创新的关键问题开展技术合作，突破产业发展的核心技术；建立公共技术平台，实现创新资源的有效分配与合理衔接，实行知识产权共享；实施技术转移，加速科技成果的商业化运用，提升产业整体竞争力；联合培养人才，加强人员的交流互动，为石斛产业持续创新提供人才支撑，有效提升云南省石斛产业的核心竞争力。

联盟成立一年来，在省科技厅的关心指导与联盟成员的共同努力下，按照既定目标和任务整体逐步推进各项工作。

产、学、研结合，初步形成了全面的石斛研发体系。在联盟的争取下，科研机构和大专院校也投入对石斛的研究中，通过与专家团队的战略合作，联盟企业不断提高自主研发的水平，很多企业会员正在积极申报自己的知识产权，自主知识产权核心技术逐步增多，云南省石斛产业从组培、种植到产品加工的核心技术也开始逐步完善起来，科学技术在云南省石斛产业的发展过程中，开始凸显出"第一生产力"的威力，使云南省石斛产业的科技转化成果持续增多，云南省石斛产业的整体实力和核心竞争力逐渐加强。科技支撑发展，也成为越来越多的外商选择云南发展石斛产业的主因。同时，加强企业之间的交流与合作还逐步形成了行业内互相帮助、取长补短的格局。

加强政企沟通，为会员搭建良好的沟通平台。联盟成立伊始，便积极宣传推广联盟的良好形象，扩大联盟在省、市（州）、县（市）各级政府和相关职能部门中的影响力。①联盟一系列的推广宣传活动引起了省委、省政府、各地州政府及相关部门对石斛产业健康发展的高度重视。和段琪副省长专门作出批示，要求成立由周俊院士作为首席科学家、盛军教授作为组长的石斛产业发展专家组，加强产业发展专家对产业的咨询建议，围绕重点问题进行研究，引领产业发展。各级政府部门都在研究制定促进石斛产业发展，尤其是精深加工环节发展和规范化种植的相关政策措施，促进产业健康可持续发展。②政府相关职能部门引导技术、人才、资金等资源向石斛产业集聚，推动石斛产业的技术创新与产业化发展。③红河、普洱、西双版纳、保山和德宏等州市组建了石斛产业发展领导小组，加强对石斛产业的引导。④依托"云药之乡"建设，结合云南铁皮石斛的专题宣传，加大媒体对云南石斛的宣传力度，为联盟的长足发展奠定了坚实的社会关系基础。

（二）健全联盟管理体制和运行机制

2012 年，联盟在年初和年末分别召开了理事会年会和专家委员会会议，制定了建设规划和年度计划，并在省科技厅的支持下，确定了四大项目的立项和论证，形成了联盟项目的内部共享机制。同时，结合国内外石斛产业的发展趋势，对云南省石斛产业发展的产业布局、产业规划、产业政策、产业技术创新、重大技术成果产业化等战略性、全局性的重大问题进行了讨论分析。为进一步开展和落实本联盟章程中的业务工作，在秘书处的组织下，联盟理事及专家委员分小组两次深入联盟企业进行走访调研活动，加强了联盟企业间的交流互动，促进了企业技术水平的融合与提高，建立了不同企业的石斛档案数据库，为后续的发展做好了准备工作。

此外，在联盟的积极奔走下，越来越多的相关职能部门对石斛产业的关注度不断加大，联盟还邀请科技、农、林、生物产业等政府部门到企业进行工作指导，并把相关扶持政策带给联盟会员企业，让他们能更好地对接扶持政策，继而从中受益，扩大发展。

为提升联盟的影响力，展示联盟负责任的态度和精深的技术水平，联盟在 2012 年分别对德宏、红河、普洱等地的个人会员和种植农户进了技术指导培训，并邀请专家与他们进行面对面交流的实践考察，构建起了服务于企业和种植户的技术平台。同时，联盟的企业还承办了在国家科技部备案、由云南省科技厅主办的"石斛栽培技术国际培训",受到了主办方和国外学员的高度赞誉,对石斛产业的推广起到了积极的推进作用。

(三)联盟成果不断涌现,创新平台建设力度不断加大

联盟工作的推进提升了企业的科技创新水平,在此基础上,多家联盟企业进行了省级、地州级重点实验室、研发中心和技术中心的申报,其中有部分企业在年内就获得了研发中心和技术中心的认定。这些创新平台的成功建立,为联盟注入了更为活跃的科技血液,形成了在科技创新上你争我赶的研发新局面,也进一步提升了云南石斛产业的核心竞争力。光明云南石斛公司更是率先完成了石斛行业的 GAP 认证和中药饮片 GMP 认证,大大提升了云南石斛在行业内的影响力。

2012 年,在省科技厅的领导和支持下,由石斛联盟和云南农大牵头,开展了非常有利于石斛产业发展的 4 个公共技术课题建设。

1. 由云南农大牵头完成云南省石斛科技产业发展规划项目。云南省为近年来石斛产业发展最为迅速的省份,虽然已形成一定规模,但产业发展规划滞后,该课题的实施为此提出了解决方案,促使云南省石斛产业向着健康有序的方向发展。《云南省石斛科技产业发展规划》广泛地征求意见并通过了专家评审,按照规划,云南省石斛产业的人工种植区域分布在滇南、滇东南、滇西南 3 个片区的 7 个州(市)20 个重点县。此规划的出台将为云南发展石斛产业提供了政策保障,并指导和调控云南省石斛产业进一步健康有序地发展。

2. 由中科院昆明植物研究所和昆明理工大学牵头完成铁皮石斛地方标准研究制定工作。铁皮石斛已成为目前发展速度最快、种植规模最大的石斛品种,但因缺失行业标准,令石斛产品质量参差不齐,市面存在以次充好、以假乱真、扰乱市场的行为,严重威胁到了云南铁皮石斛的品牌塑造。云南省铁皮石斛地方标准的制定将使云南省石斛组培、种植及加工的企业有标准可依,以标准规范行业,提振产业发展信心。

3. 由石斛联盟牵头完成铁皮石斛地理标志产品认证和地理标志产品证明商标的申报工作。云南省是铁皮石斛的原产地之一,良好的生态环境和自然条件造就了云南铁皮石斛的优良品质,但是目前国内的铁皮石斛行业

缺少云南省石斛的知名品牌。为了充分发挥云南铁皮石斛的资源优势，联盟积极开展云南铁皮石斛地理标志产品的认证工作，将培育地方产品品牌、提高云南铁皮石斛的产品质量及知名度和市场竞争力作为重点，着力打造云南铁皮石斛独特的地方性标志品牌，并最终成为全国知名的地理标志产品，引领全国石斛保健和医药市场的发展。

4. 由云南药物研究所牵头完成铁皮石斛新资源食品项目的申报。铁皮石斛为传统中药材，不在食品之列，故未被列入药食同源名录，但从古至今，铁皮石斛又被人们入膳食用，成为养身之极品。将铁皮石斛进行药食同源申报，不但能大大扩展其使用范围，为石斛行业带来新的春天，而且能为人们日常养身保健做出更多贡献，同时，还能更快更好地将石斛传统文化通过饮食推广至世界的各个角落，带动保健食品行业的又一次大发展。

在中科院昆明植物所、云南省农业大学、云南省药物研究所、云南中医学院、云南省理工大学等多所高等院校和科研院所组成的专家团队的鼎力支持下，联盟在石斛种苗新品种、化学成分分析、指纹图谱等领域取得了突破性进展，特别是铁皮石斛指纹图谱的编制完成，更是开了国内先河。

（四）人才培养、创新团队建设成果丰硕

联盟的发展离不开人才的培养，在专家委员会的基础工作上，联盟从各项技术创新、项目研究、管理培训等方面进行梯级人才培养。从各个环节把好质量关，提高企业的科技研发能力，形成老中青互补的人才阶梯。目前，联盟中的各企业通过专家在技术研究、项目研究和管理研究的指导和帮助，涌现出了一大批科技研究人员和高素质管理人员，这有效地促进了联盟和行业的发展。

参考文献

生步兵：《供应链联盟关系稳定性及其对联盟绩效影响的实证研究》，扬州大学硕士学位论文，2009。

蔡继荣、胡培：《国外战略联盟稳定性研究评析》，《外国经济与管理》2006 年第 6 期。

蔡继荣：《盟伙伴特征、可置信承诺与战略联盟的稳定性》，《科学学与科学技术管理》2012 年第 4 期。

蔡玲如等：《基于系统动力学的环境污染演化博弈问题研究》，《计算机科学》2009 年第 8 期。

陈菲琼、范良聪：《基于合作与竞争的战略联盟稳定性分析》，《管理世界》2007 年第 7 期。

陈雯、童李文、林晔：《我国产业技术创新战略联盟研究的文献分析（2007－2012）》，《现代情报》2013 年第 3 期。

陈耀、生步兵：《供应链联盟关系稳定性实证研究》，《管理世界》2009 年第 11 期。

董彪：《产学研合作利益分配策略与方法研究》，哈尔滨理工大学硕士学位论文，2006。

丁云龙：《技术创新对产业结构的影响分析》，《东北大学学报》（社会科学版）2000 年第 4 期。

冯鲁闻：《基于共生理论的产业技术创新联盟稳定性研究》，南京邮电大学硕士学位论文，2012。

龚红、李燕萍：《产业技术创新战略联盟研究综述及其最新进展》，《中国科技产业》2010 年第 7 期。

胡耀辉：《企业技术创新联盟持续发展研究》，《科学学与科学技术管理》2007 年第 2 期。

李瑞涵等：《合作理论及其稳定性分析》，《天津大学学报》2002 年第 6 期。

李瑞光、段万春：《产业技术创新战略联盟投机行为研究》，《技术经济与管理研究》2015 年第 2 期。

李新男：《创新"产学研结合"组织模式 构建产业技术创新战略联盟》，《中国软科学》2007 年第 5 期。

李旭军：《基于 logistic 模型的企业战略联盟的稳定性分析》，《科技信息》2010 年第 31 期。

李煜华、陈文霞、胡瑶瑛：《基于系统动力学的复杂产品系统技术创新联盟稳定性影响因素分析》，《科技与管理》2010 年第 6 期。

李新运等：《产业技术创新战略联盟利益分享博弈分析》，《经济管理研究》2013 年第 2 期。

刘娴等：《不确定环境下分配公平与信任对战略联盟绩效的影响》，《工业工程与管理》2013 年第 4 期。

林萍：《组织动态能力与绩效关系的实证研究：环境动荡性的调节作用》，《上海大学学报》（社会科学版）2009 年第 6 期。

刘林舟等：《产业技术创新战略联盟稳定性发展模型研究》，《科技进步与对策》2012 年第 6 期。

龙勇等：《战略联盟中的诚信机制》，《工业技术经济》2004 年第 3 期。

吕健：《我国产业技术联盟形成的主要原因和风险分析》，《商场现代化》2008 年第 34 期。

贾仁安、徐南孙：《SD 流率基本入树建模法》，《系统工程理论与实践》1998 年第 6 期。

江旭等：《战略联盟的范围、治理与稳定性间关系的实证研究》，《管理工程学报》2009 年第 2 期。

姜翰：《非对称竞争对联盟成员机会主义行为倾向影响的实证研究——以我国运动用品（鞋服）制造业为例》，《南方经济》2007 年第 10 期。

蒋国平:《业战略联盟高失败率原因分析及其成功之路》,《现代财经·天津财经学院学报》2001 年第 1 期。

蒋樟生:《不完全信息下基于投资收益预测的技术创新联盟稳定性分析》,《统计与决策》2012 年第 14 期。

蒋樟生等:《基于知识转移价值的产业技术创新联盟稳定性研究》,《科学学研究》2008 年第 S2 期。

邱晓燕、张赤东:《产业技术创新战略联盟的类型与政府支持》,《科学学与科学技术管理》2011 年第 4 期。

单汨源、彭忆:《战略联盟的稳定性分析》,《管理工程学报》2000 年第 3 期。

邢乐斌等:《基于资源投入的技术创新战略联盟稳定性研究》,《科技进步与对策》2010 年第 13 期。

邢乐斌等:《产业技术创新战略联盟利益分配风险补偿研究》,《统计与决策》2010 年第 14 期。

宋波、黄静:《非对称性合作视角下战略联盟的稳定性分析——基于鹰鸽博弈模型》,《软科学》2013 年第 2 期。

荣春节:《产业技术创新战略联盟创新能力评价研究》,大连理工大学硕士学位论文,2013。

苏晓华等:《战略联盟稳定性影响因素研究——基于柯达与乐凯联盟的深度案例分析》,《华东经济管理》2008 年第 4 期。

孙霞、赵晓飞:《基于 KMRW 声誉模型的渠道联盟稳定性研究》,《科研管理》2009 年第 6 期。

王向晖、胡继云等:《战略联盟的稳定性初探》,《技术经济与管理研究》2001 年第 4 期。

王其藩:《系统动力学》,清华大学出版社,1994。

苑清敏、齐二石:《中小型制造企业的动态联盟模式及其相对稳定性研究》,《科学学与科学技术管理》2004 年第 1 期。

邬备民、李政:《产业技术创新战略联盟运行机制及策略研究》,《中国高校科技与产业化》2010 年第 7 期。

原毅军、田宇、孙佳:《产学研技术联盟稳定性的系统动力学建模与仿真》，《科学学与科学技术管理》2013 年第 4 期。

杨光：《高层人员的商业友谊与战略联盟的稳定性研究》，《科学学与科学技术管理》2009 年第 2 期。

俞舟：《基于声誉模型的产学研联盟稳定性研究》，《科技管理研究》2014 年第 9 期。

俞舟：《基于声誉模型的产学研联盟稳定性研究》，《科技管理研究》2014 年第 9 期。

张健、韩茂祥：《战略联盟的形成机理及其稳定性研究》，《现代管理科学》2004 年第 4 期。

张耀辉：《产业创新的理论探索：高新产业发展规律研究》，中国计划出版社，2002。

张清山、张金成：《企业战略联盟不稳定性生成及治理机制》，《生产力研究》2009 年第 16 期。

张明、江旭、高山行：《战略联盟中组织学习、知识创造与创新绩效的实证研究》，《科学学研究》2008 年第 4 期。

郑士源等：《基于系统动力学的集装箱港口博弈模拟研究》，《系统仿真学报》2007 年第 15 期。

周青、马香媛、毛崇峰：《产业技术创新战略联盟的阶段性冲突演化研究》，《软科学》2013 年第 7 期。

A. Ariño, "To Do or Not to Do? Noncooperative Behavior by Commission and Omission in Interfirm Ventures," *Group & Organization Management* 26 (2001): 4 – 23.

A. B Sim and M. Y. Ali, "Determinants of Stability in International Joint Ventures: Evidence From a Developing Country Context," *Asia Pacific Journal of Management* 17 (2000): 373 – 397.

A. C. Inkpen and P. W. Beamish, "Knowledge, Bargaining Power, and the Instability of International Joint Ventures," *Academy of Management Review* 22 (1997): 177 – 202.

A. H. Van de Ven and G. Walker, "The Dynamics of Inter Organizational Coordination," *Administrative science quarterly* (1984): 598 – 621.

A. Larson, "Network Dyads in Entrepreneurial Settings: A Study of the Governance of Exchange Relationships," *Administrative Science Quarterly* (1992): 76 – 104.

A. Parkhe, "Strategic Alliance Structuring: A Game Theoretic and Transaction Cost Examination of Interfirm Cooperation," *Academy of Management Journal* 36 (1993): 794 – 829.

A. Yan and M. Zeng, "International Joint Venture Instability: A Critique of Previous Research, a Reconceptualization, and Directions for Future Research," *Journal of International Business Studies* (1999): 397 – 414.

B. A. Weitz and S. D. Jap, "Relationship Marketing and Distribution Channels," *Journal of the Academy of Marketing Science* 23 (1995): 305 – 320.

B. G. Casseres, *The Alliance Revolution:The New Shape of Business Rivalry* (Harvard University Press, 1996), p. 22.

B. Kogut, "The Stability of Joint Ventures: Reciprocity and Competitive Rivalry," *The Journal of Industrial Economics* (1989): 183 – 198.

B. Sadowski and G. Duysters, "Strategic Technology Alliance Termination: an Empirical Investigation," *Journal of Engineering and Technology Management* 25 (2008): 305 – 320.

C. Butler, "Problems in Global Strategic Alliance Management for European Defence Manufacturing Firms," *Management Decision* 46 (2008): 330 – 341.

C. C. Snow and R. E. Miles, "Causes for Failure in Network Organizations," *California Management Review* 34 (1992): 53 – 57.

C. Moorman and A. S. Miner, "The Impact of Organizational Memory on New Product Performance and Creativity," *Journal of Marketing Research* (1997): 91 – 106.

D. E. Zand, "Trust and Managerial Problem Solving," *Administrative Science Quarterly* (1972): 229 – 239.

D. Faulkner, *International Strategic Alliances:Co – operating to Compete* (London: McGraw Hill, 1995), p. 221.

E. Anderson and B. Weitz, "Determinants of Continuity in Conventional Industrial Channel Dyads," *Marketing Science* 8 (1989): 310 – 323.

E. Mansfield, "Academic Research and Industrial Innovation," *Research Policy* 20 (1991): 1 – 12.

F. Bidault, et al. , "Stability and Complexity of Inter – Firm Co – operation," *European Management Journal* 19 (2001): 619 – 628.

G. L. Frazier, "Organizing and Managing Channels of Distribution," *Journal of the Academy of Marketing Science* 27 (1999): 226 – 240.

G. P. Pisano, "The R&D Boundaries of The Firm: An Empirical Analysis," *Administrative Science Quarterly* 35 (1990): 153 – 176.

G. Von Krogh, et al. , "Making the Most of Your Company's Knowledge: a Strategic Framework," *Long Range Planning* 34 (2001): 421 – 439.

H. Ushimaru, "Managing Strategic Alliances," 経営行動科学 18 (2005): 127 – 133.

H. Yujie, et al. , "The Effect of Uncertainty and Experience on Alliance Governance in High – tech Industry," *Forecasting* 4 (2007): 7.

I. Geyskens, et al. , "The effects of Trust and Interdependence on Relationship Commitment: A Trans – Atlantic Study," *International Journal of Research in Marketing* 13 (1996): 303 – 317.

J. Barney, "Firm Resources and Sustained Competitive Advantage," *Journal of Management* 17 (1991): 99 – 120.

J. Bell, et al. , "Dynamics of Cooperation: At the Brink of Irrelevance," *Journal of Management Studies* 43 (2006): 1607 – 1619.

J. B. Heide and G. John, "Do Norms Matter in Marketing Relationships?," *The Journal of Marketing* (1992): 32 – 44.

J. E. Oxley and Rachelle C. Sampson, "The Scope and Governance of International R&D Alliances," *Strategic Management* 25 (2004): 723 – 749.

J. J. Reuer and A. Ariño, "Contractual Renegotiations in Strategic Alliances," *Journal of Management* 28 (2002): 47 – 68.

J. M. Geringer, "Strategic Determinants of Partner Selection Criteria in International Joint Ventures," *Journal of International Business Studies* (1991): 41 – 62.

Jr G. A. Churchill, "A Paradigm for Developing Better Measures of Marketing Constructs," *Journal of Marketing research* (1979): 64 – 73.

J. Mohr and J. R. Nevin, "Communication Strategies in Marketing Channels: A Theoretical Perspective," *The Journal of Marketing* (1990): 36 – 51.

J. M. Geringer and L. Hebert., "Control and Performance of International Joint Ventures," *Journal of International Business Studies* (1989): 235 – 254.

J. Stiles, "Partner Selection: Motivation and Objectives," *International Business Partnership* (2001): 577.

K. D. Brouthers, et al., "Strategic Alliances: Choose Your Partners," *Long Range Planning* 28 (1995): 2 – 25.

K. R. Harrigan, "Joint Ventures and Competitive Strategy," *Strategic Management Journal* 9 (1988): 141 – 158.

K. Ruckman, "Technology Sourcing Acquisitions: What They Mean for Innovation Potential," *Journal of Strategy and Management* 2 (2009): 56 – 75.

L. Hailén, et al., "Interfirm Adaptation in Business Relationships," *Journal of Marketing* 55 (1991): 25.

L. M. Meade, et al., "Justifying Strategic Alliances and Partnering: a Prerequisite for Virtual Enterprising," *Omega* 25 (1997): 29 – 42.

L. P. Bucklin, et al., "Organizing Successful Co – Marketing Alliances," *The Journal of Marketing* (1993): 32 – 46.

M. L. Perry, et al., "Effectiveness of Horizontal Strategic Alliances in Technologically Uncertain Environments: are Trust and Commitment Enough?," *Journal of Business Research* 57 (2004): 951 – 956.

M. V. Makhija and U. Ganesh, "The Relationship Between Control and Partner Learning in Learning – Related Joint Ventures," *Organization Science* 8 (1997): 508 – 527.

M. Zineldin, "Co – opetition: The Organisation of the Future," *Marketing Intelligence and Planning* 22 (2004): 780 – 790.

O. E. Williamsson, *Markets and Hierarchies, Analysis and Antitrust Implications: A Study in the Economics of Internal Organization* (New York: Free Press, 1975), p. 14.

P. Dussauge and B. Garrette, "Determinants of Success in International Strategic Alliances: Evidence from the Global Aerospace Industry," *Journal of International Business Studies* 26 (1995): 505 – 530.

P. Dussauge et al., "Asymmetric Performance: the Market Share Impact of Scale and Link Alliances in the Global Auto Industry," *Strategic Management Journal* 25 (2004): 701 – 711.

P. Lorange et al., "Why some Strategic Alliances Succeed and Others Fail," *Journal of Business Strategy* 12 (1991): 25 – 30.

P. Killing, *Strategies for Joint Venture Success* (Routledge, 2012), p. 48.

P. Manzini and M Mariotti, "Alliances and Negotiations: An Incomplete Information Example," *Review of Economic Design* 13 (2009): 195 – 203.

P. W. Beamish and J. C. Banks, "Equity Joint Ventures and the Theory of the Multinational Enterprise," *Journal of International Business Studies* (1987): 1 – 16.

P. W. Beamish and A. C. Inkpen, "Keeping International Joint Ventures Stable and Profitable," *Long Range Planning* 28 (1995): 2 – 36.

R. Bennett and H. Gabriel, "Reputation, Trust and Supplier Commitment: the Case of Shipping Company/Seaport Relations," *Journal of Business & Industrial Marketing* 16 (2001): 424 – 438.

R. D. Stephens, *Strategic Alliance Block Stability in International Technology Partnering Networks* (ProQuest, UMI Dissertations Publishing, 1998), p. 19.

R. Gulati and H. Singh, "The Architecture of Cooperation: Managing Coordination Costs and Appropriation Concerns in Strategic Alliances," *Administrative Science Quarterly* (1998): 781 – 814.

R. M. Morgan and S. D. Hunt, "The Commitment – Trust Theory of Relationship Marketing," *The Journal of Marketing* (1994): 20 – 38.

S. H. Park and G. R. Ungson, "The effect of National Culture, Organizational Complementarity, and Economic Motivation on Joint Venture Dissolution," *Academy of Management Journal* 40 (1997): 279 – 307.

S. K. Muthusamy, et al., "An Empirical Examination of the Role of Social Exchanges in Alliance Performance," *Journal of Managerial Issues* (2007): 53 – 75.

S. Kumar and A. Seth, "The Design of Coordination and Control Mechanisms for Managing Joint Venture – Parent Relationships," *Strategic Management Journal* 19 (1998): 579 –599.

S. Martin and J. T. Scott, "The Nature of Innovation Market Failure and the Design of Public Support for Private Innovation," *Research Policy* 29 (2000): 437 –447.

S. Muthusamy. , *Performance and Stability of Strategic Alliances : An Examination of the Influence of Social Exchange Processes* (PhD. , Oklahoma State University, 2000), p. 103.

T. Rowley, et al. , "Redundant Governance Structures: An Analysis of Structural and Relational Embeddedness in the Steel and Semiconductor Industries," *Strategic Management Journal* 21 (2000): 369 –386.

T. K. Das and B. Teng, "Instabilities of Strategic Alliances: an Internal Tensions Perspective," *Organization Science* 11 (2000): 77 –101.

U. Zander and B. Kogut, "Knowledge and The Speed of The Transfer and Imitation of Organizational Capabilities: An Empirical Test," *Organization Science* 6 (1995): 76 –92.

V. Mummalaneni, "Determinants of Source loyalty in Buyer – Seller Relationships," *Journal of Supply Chain Management* 26 (1990): 21.

X. Jiang, et al, "The Stability of Strategic Alliances: Characteristics, Factors and Stages," *Journal of International Management* 14 (2008): 173 –189.

Y. L. Doz, "The Evolution of Cooperation in Strategic Alliances: Initial Conditions or Learning Processes?," *Strategic Management Journal* 17 (1996): 55 –83.

Y. Wang and D. Miao, "Using Strategic Alliances to Make Decisions about Investing in Technological Innovations," *International Journal of Management* 22 (2005): 626.